텍스트 결속성과 NODA

정상철

오사카대학 문학박사
현 한국외국어대학교 일본어통번역학과 교수

〈주요 저서〉

정상철(2018), 『일본어 부정의문문에 관한 연구』, 한국외대 지식출판원.
정상철 외 12명(2020), 『현대일본어 기초문법』, 한국외대 지식출판원.

텍스트 결속성과 NODA

초판 1쇄 인쇄 2022년 3월 24일
초판 1쇄 발행 2022년 4월 15일

지 은 이 정상철
펴 낸 이 이대현

책임편집 임애정
편   집 이태곤 권분옥 문선희 강윤경
디 자 인 안혜진 최선주 이경진
마 케 팅 박태훈 안현진
펴 낸 곳 도서출판 역락
        서울 서초구 동광로 46길 6-6 문창빌딩 2층
전화 02-3409-2058(영업부), 2060(편집부)
팩시밀리 02-3409-2059
이메일 youkrack@hanmail.net
홈페이지 www.youkrackbooks.com
등록 1999년 4월 19일 제303-2002-000014호
ISBN 979-11-6742-295-8 93730

정가는 뒤표지에 있습니다.

＊ 이 저서는 2017년 정부(교육부)의 재원으로 한국연구재단의 지원을 받아 수행된 연구임(NRF-2017S1A6A4A01018881)
＊ This work was supported by Hankuk University of Foreign Studies Research Fund Of 2022.

텍스트 결속성과 NODA

Textual Cohesion and "NODA"

정상철

텍스트(text)

문장(sentence)

단어(word)

역락

머리말

　본서는 현대일본어의 NODA(のだ・ノダ)문을 대상으로 하여 텍스트 결속성이라는 관점에서 기존에 발표된 논문과 이번에 새롭게 내용을 추가하여 한 권의 책으로 만든 일본어 문법에 관한 전문서이다. 예문을 한국어로 번역하여 새롭게 추가한 것은 일본어를 모르는 다른 언어 전공자들과의 학문적인 소통을 하고자 하는 이유에서이다.

　필자는 1987년경부터 일본어 문법연구를 시작하여 관심 분야는 문법 중에서도 현대 일본어의 모달리티, 특히 「ダロウ」 중심으로 한 인식 모달리티(epistemic modality)를 대상으로 연구를 시작하였다. 그 다음 단계에서는 문말에 나타나는 술어구조를 구성하는 중요한 문법 카테고리인 애스팩트(aspect), 텐스(tense), 모달리티(modality)가 삼위일체(三位一体)의 관계에 있다는 점에 크게 공감하고 깨우치는 바가 많아서 자연스럽게 연구 분야를 애스팩트와 텐스까지 확대하게 되었다. 물론 주로 문말에서 기능하는 이 세 문법범주의 근간이 되는 시간적한정성(temporal localization)이라는 개념을 이해하고 교육하며 한국어학계나 일본어학계에 소개하는 작업을 포함한다. 또한 2005년경 공간된 WALS(The World Atlas of Language Structures)의 영향

을 받아서 최근에는 일반언어학 중에서도 언어유형론(typology)의 관점에서 한국어나 일본어 문법연구를 해야 할 필요성을 많이 느끼게 되어 이 분야에도 관심을 갖게 되었다.

이러한 학문적인 배경을 갖고 있는 필자가 「텍스트 결속성과 NODA」라는 과제로 2017년 한국연구재단 저술출판지원사업의 지원을 받게 되었다. NODA라는 형식은 하나의 문장을 넘어서 다른 문장과 의미적으로 유기적인 결속관계를 이루는 형식이다. 따라서 한 문장(one sentence)보다는 단락이나 텍스트 등 보다 큰 단위를 대상으로 할 필요가 있다. 종래의 문법연구가 전통적으로 한 문장을 주된 대상으로 해 온 것은 모두가 주지하는 사실이다. 하지만 이러한 연구는 긍정적인 측면과 부정적인 측면이 있다. 부정적인 측면에서 보자면 한 가지 한계는 지시사 연구 분야의 예를 상기해 보면 너무나 자명하다. 지시사 연구는 한 문장이라는 단위만으로는 연구가 성립되지 않기 때문이다. 또한 텐스나 애스펙트의 분야에서도 연구가 심화됨에 따라 문장과 문장 간의 시간적인 순서를 의미하는 택시스(taxis) 등의 개념이 등장하게 되었다. 이러한 개념은 기본적으로 텍스트나 단락을 대상으로 한다. 본서의 대상이 되는 일본어의 모달리티의 NODA도 그 본질적인 기능을 전후 문장의 의미를 <설명>하는데 있다고 한다면, 텍스트를 대상으로 하지 않으면 안 된다. 만약 그렇지 않는다면 적절하고 유익한 결과를 기대하기 어려울 것이다.

마지막으로 이 책의 출간까지는 많은 분들의 도움이 있었다는 점을 밝히고 싶다. 먼저 오래전부터 지금까지 국제적인 연구회를 만들어 필자에게 많은 논의와 가르침을 통해 오쿠다 선생님의 논문과 학문을 이해하고, 문법 연구, 일반언어학의 세계 등으로 이끌어 주신 구도 마유미 교수님에게 감사의 말씀을 드리고 싶다. 또한, 흔쾌히 본서의 출간을 맡아준 이대현 역락출판사 사장님을 비롯해, 보이지 않는 곳에서 힘들고 어려운 작업을 해주신 여러분들께도 감사드리고 싶다. 다음으로 일본어 예문의 번역을 해 준 박성윤(한국외대 석사과정) 님, 그리고 바쁜 일정인데도 불구하고 몇 개월간 초고를 다듬고 수정하고, 마지막 단계까지 교정 작업을 맡아준 박재형(한국외대 박사과정) 님과 허재경(한국외대 박사과정) 님에게 진심으로 감사한 마음을 전하고 싶다.

2022년 1월 저자

차례

머리말 / 5

제1부 서론

1. 본 연구의 배경과 목적 • 17

1.1. 본 연구의 배경 ·· 17
1.2. 본 연구의 목적 ·· 19

2. 「ノダ」의 연구사 • 20

2.1. 설명설 ·· 21
2.2. 무드·모달리티설 ·· 24
2.3. 기성명제설 ·· 25

3. 이론적인 배경 • 26

3.1. 문법화(grammaticalization) ··· 26
3.2. 시간적한정성(temporal localization) ··· 30

4. 본서의 구성과 배경 • 33

제2부 본론

제1장 설명의 모달리티란? • 37

1. 들어가기 _ 39
2. 선행연구의 검토 _ 40

   2.1. 寺村(1984) ··· 40

   2.2. 奧田(1990)(1992)(1993)(2001) ··················· 41

   2.3. 日本語記述文法研究会編(2003) ··················· 44

   2.4. 문제점 ·· 46

3. 시간적한정성과 설명문 _ 47

   3.1. 설명의 구조와 구성요소 ···························· 48

   3.2. 유표형식의 설명문 ·································· 50

   3.3. 무표형식의 설명문 ·································· 57

4. 나오기 _ 62

제2장 인과관계의 「ノダ」 • 65

1. 들어가기 _ 67
2. 고찰의 전제 _ 69

   2.1. 선행연구 ··· 70

   2.2. 「ノダ」설명문의 3분류 ····························· 72

   2.3. 인과관계 「ノダ」설명문의 하위 타입 ··········· 73

3. 문법적·의미적인 특징 _ 76

   3.1. 대상적인 내용 ··· 76

   3.2. 시간성 ·· 79

   3.3. 모달리티 ··· 87

4. 나오기 _ 96

제3장 비인과관계의 「ノダ」 • 97

1. 들어가기_ 99
2. 선행연구와 본 연구의 입장_ 101

　2.1. 선행연구 ·· 101
　2.2. 「ノダ」설명문의 3분류 ······································· 104

3. 분석 및 고찰_ 105

　3.1. 비인과관계의 「ノダ」문의 하위타입 ················· 106
　3.2. 전체보충설명 ·· 108
　3.3. 부분보충설명 ·· 118

4. 나오기_ 122

제4장 강조의 「ノダ」 • 125

1. 들어가기_ 127
2. 선행연구와 본서의 입장_ 130

　2.1. 선행연구 ·· 130
　2.2. 본서의 입장 ··· 132

3. 「ノダ」에 의한 강조 용법의 하위 타입과 문법적인 특징_ 136

　3.1. 비설명구조의 강조 ·· 137
　3.2. 설명구조의 강조 ··· 147

4. 나오기_ 151

제5장 「ノダロウ」의 설명성 • 153

1. 들어가기_155
2. 예비적 논의_158
   2.1. 설명 모달리티의 구조 ·· 158
   2.2. 인식 모달리티의 구조 ·· 159
3. 구체적인 고찰_161
   3.1. 의무적 용법 ··· 163
   3.2. 임의적 용법 ··· 171
4. 나오기_175

제6장 「ノダロウ」의 추량성 • 177

1. 들어가기_179
2. 선행연구_181
   2.1. 日本語記述文法研究会編(2003) ···································· 182
   2.2. 奥田靖雄(1984-5) ·· 182
3. 「ノダロウ」와 「ラシイ」의 차이_184
   3.1. 추론방법 ··· 185
   3.2. 전제문의 타입 ·· 192
   3.3. 결합 방법의 종류 ·· 201
4. 나오기_206

제7장 회화문의 NODA ● 209

1. 들어가기 _ 211
2. 선행연구와 문제점 _ 212

   2.1. 吉田(1988) ·· 212
   2.2. 田野村(1990) ·· 213
   2.3. 野田(1997) ·· 213
   2.4. 名嶋(2003) ·· 214

3. 대화문의 「ノダ」 _ 215

   3.1. 「의문문＋평서문」 ···································· 216
   3.2. 「평서문＋평서문」 ···································· 218
   3.3. 「명령문＋평서문」 ···································· 220
   3.4. 「의뢰문＋평서문」 ···································· 222
   3.5. 「권유문＋평서문」 ···································· 223

4. 명령의 「ノダ」 _ 227

   4.1. 담화구조 ·· 227
   4.2. 감동사(さあ、おい)와의 공기 ················· 230
   4.3. 문법화 ·· 236
   4.4. 명령형 명령문과의 차이 ························· 242

5. 나오기 _ 248

제8장 「ノダ」와 <-ㄴ 것이다> ● 251

1. 들어가기 _ 253
2. 선행연구 _ 255

   2.1. 박소영(2001) ··· 255
   2.2. 안인경·강병창(2009) ································ 257

3. 예비적 논의 _ 259

    3.1. 설명의 구조와 구성요소 ·· 260

    3.2. 시간적한정성 ··· 262

4. 〈-ㄴ 것이다〉의 기능과 하위용법 _ 263

5. 인과관계 설명문의 특징 _ 268

    5.1. 명제내용의 의미적 타입 ·· 268

    5.2. 시간성 ··· 269

    5.3. 존재론적 모달리티 ·· 271

6. 명사화의 메커니즘 _ 273

7. 나오기 _ 275

제3부 결론

1. 각 장의 결과 요약 • 279

2. 남겨진 과제 • 286

참고문헌_288

제1부

서론

1. 본 연구의 배경과 목적

1.1. 본 연구의 배경

현대일본어의 문말 표현에는 영어 등에서는 보이지 않는 다음과 같은
표현이 있다.

(1) 「失礼」
   「いえ……」夏目も、その女性も短い言葉を交わしたものの、お互いを
   見ようともせずに本探しに熱中している。目当ての本が見つからなく
   て、棚からつり下げられた新刊のチラシを見ていた夏目は何となく気
   になってもう一度その女性に目をやった。そして……。
   「篠崎……」夏目は息をのんだ。先程ぶつかった女性はアキだったのだ。

                                                    (最後)
   ("실례했습니다" "아닙니다" 夏目도 그 여성도 짧은 말을 나눈 채

로, 서로를 보려고도 하지 않고 책 찾기에 열중하고 있다. 찾고 있
는 책이 보이지 않아서 책장에 걸려있는 신간 광고지를 보고 있었
던 夏目는 왠지 신경이 쓰여서 다시 한번 그 여성에게 눈길을 줬다.
그리고.. "篠崎..." 夏目는 숨을 삼켰다. 조금 전에 부딪혔던 여성은
アキ였던 것이다.)

(2) たまらんなあ、と受話器を置き、ため息をつく。これで九十八、いや
九十九回目のお見合いが失敗したことになる。<u>いよいよ大台突入が見
えてきたわけだ。</u>(101)

(죽겠네, 하고 수화기를 내려놓고 한숨을 쉰다. 이것으로 98번째,
아니 99번째 맞선이 실패한 것이 된다. 드디어 대망의 100번째 돌
파가 보이기 시작한 것이다.)

상기 예문에서 밑줄 친「ノダ」「ワケダ」의 문말 표현형식은 텍스트 결
속성을 유지하는 문법 형식으로 전제가 되는 선행문과의 유기적인 관계
를 갖고 있다. 즉 (1)에서는「夏目は息をのんだ」라는 문장과「先程ぶつ
かった女性はアキだった」라는 문장과의 관계, 또한 (2)에서는「これで九十
八、いや九十九回目のお見合いが失敗したことになる」라는 문장과「いよ
いよ大台突入が見えてきた」라는 문장과의 유기적인 관계를 나타낸다.

일본어 문법 연구에서 이러한 현상을 ≪설명≫이라는 용어를 사용해
연구해 왔다. 예를 들면 田中望(1979:54)는「ノダ」문을 대상으로 하여「ノダ」
문은 단독으로 검토하는 것은 의미가 없고 반드시 전제가 되는 문장이나
상황과 관련지어 분석하지 않으면 안 된다고 했다.

이후 1980-90년대에 들어와서도 이러한 연구들을 비판적으로 계승하
여 寺村秀夫(1984), 仁田義雄(1991), 益岡隆志(1991) 등에 의해 이 형식들은
≪설명≫의 무드나 ≪설명≫의 모달리티라는 용어로 불리기 시작했고

모달리티라는 범주 안에서 논의되고 있는 것으로 보인다.

1.2. 본 연구의 목적

본서의 목적은 무엇보다도 먼저 하나의 문장을 넘어서 의미적으로 텍스트 결속성에 일조하는 문법 형식이라고 생각되는 현대일본어의「ノダ」형식을 대상으로 하여 구체적인 예문을 사용하는 실증적인 방법론에 입각하여 보다 체계적인 문법범주와 체계 안에서 그 기능과 본질을 보다 명확하게 규명하는 데 있다.

조금 부연 설명을 하자면 텍스트의 의미적인 결속성을 갖게 하는 문법 형식으로는 종래 지시대명사나 텐스, 애스펙트 등의 문법 형식이 주로 언급되거나 논의되어 왔다. 하지만 이하 각 장에서 구체적인 논의가 진행되겠지만 선행문과「ノダ」문과의 유기적인 관계를 생각하면「ノダ」도 텍스트 결속성에 기여하는 중요한 문법 형식이 된다.

이하에서는 구체적인 논의에 들어가기 전에 몇 가지 준비적인 논의를 하기로 한다. 우선 최근까지「ノダ」형식을 비롯한 ≪설명≫의 무드/모달리티라고 불리는 문법범주와 그 구체적인 형식, 또한 여기에 관한 선행 연구 등을 소개 및 검토하고 그 자리매김을 확인하기로 한다. 더불어 <설명의 구조>와 그 구성요소의 성질에 대하여 살펴보고「ノダ」「ワケダ」형식을 포함한 설명문에 관하여 기술문과의 대립 관계 속에서 그 내연(內緣)과 외연(外延)을 보다 명확히 규명하기로 한다.

그 다음으로는「ノダ」의 본질과 기능을 규명하는 데 도움이 되고, 또한 각 장의 논의의 바탕이 되고 있는 중요한 이론적인 배경과 관점에 대해서도 간단히 소개하고 「ノダ」형식과의 유기적인 관계도 살펴보기로 한다. 먼저 이론적인 배경으로는 문법화(grammaticalizaton)이론과 시간적한정성(temporal localization)을 들 수 있다. 또한 「ノダ」가 문장의 타입(sentence type)과 대상적인 내용(proposition)이라는 관점과도 유기적인 관계에 있다는 점에 대해서도 검토하기로 한다.

2. 「ノダ」의 연구사

일본어 문법연구에서 「ノダ」형식에 관한 언급이 보이기 시작된 것은 松下大三郎(1924), 三上章(1953) 등이라고 생각된다. 하지만 본격적으로 활발하게 「ノダ」형식에 관하여 연구가 보이는 것은 1950년 이후부터이다.

본서에서는 우선 전후부터 최근까지 「ノダ」형식에 관한 연구를 필자가 이해한 범위 내에서 정리해 보기로 한다. 또한 이와 관련해서 금후의 연구에 도움이 될 수 있도록 지금까지 논쟁이 되고 있는 몇 가지 문제점들을 지적하여 소개하기로 한다.

「ノダ」형식에 관한 연구는 연구자의 분류기준에 따라 다르겠지만 크게 설명설, 무드설, 기성명제설, 화자/청자지향설, 관련성설, 인칭설 등으로 나눌 수 있다. 이하에서는 각 입장의 구체적인 소개와 검토를 해보기로 한다.

2.1. 설명설

초기의 「ノダ」형식에 관한 연구에서부터 최근까지 설명설에 속하는
연구는 주류를 이루고 있다. 예를 들면 国立国語研究所(1951)를 비롯하여
久野(1973), 松岡(1987/1993), 奥田(1990/2000), 益岡(1989/1991) 등이 여기에 속한
다. 이하에서는 이러한 연구의 대표로 奥田(1990)의 논의를 보다 상세히
소개하기로 하겠다. 奥田(1990/2000)에서는 우선 설명을 다음과 같이 규정하고,

> さしあたって、物や出来事をめぐって、これらの内部のおくふかくにかく
> されている、直接的な経験ではとらえることのできない、本質的な特徴
> をあきらかにすることが≪説明≫であると、規定しておこう。また、物
> のあいだの相互作用のなかから、原因・結果の関係のような、法則的な
> むすびつきをとりだすことが≪説明≫であると、ひとまず規定しておこ
> う。(奥田(1990:177))
> (우선, 사물이나 사건을 둘러싼, 이들 내부 깊은 곳에 숨겨져 있는 직접
> 적인 경험으로는 파악할 수 없는, 본질적인 특징을 밝히는 것이 <설
> 명>이라고 규정해 두자. 또한 사물 간의 상호작용으로 인하여, 원인·
> 결과의 관계와 같은 법칙적인 관계를 밝히는 것이 <설명>이라고, 우
> 선 규정하기로 하자.)

설명[1]이라는 용어로 나타내는 설명문과 선행문[2]과의 의미/논리적인
관계를,

---

1) 여기에서의 설명이란 논리적인 설명뿐만이 아니라 일상의 논리로써의 설명을 포함한다.
2) 奥田(1990)에서는 「≪説明≫の文」、「≪説明され≫の文」이라는 용어를 사용하고 있다.

①原因、②理由、③動機、④感情の源泉、⑤判断の根拠、⑥意義づけ、
⑦具体化、精密化、いいかえ、⑧思考の内容、⑨本質的な特徴

등3)으로 하위분류하고 있다. 각 용법 별로 예문을 하나씩만 검토해 보기
로 하자.

<原因>

· この学期末のいそがしいさいちゅうに、ながいあいだ病院にはいってい
た、沢田先生の夫人がなくなった。衰弱したからだが、七月のあつさ
をしのぎきれなかったのだ。(人間の壁)

<理由>

· 勤務時間が不規則で、深夜まで仕事があることもめずらしくないとい
う理由から、ひとりだけ彼はアパート住まいをしていた。実はそれが
和彦の口実であって、ほんとうは父や母の監督からのがれて、勝手
な、自由な生活をしたかったのだ。父はわかっていたが、だまってだ
してやった。けだものだって、鳥だって、一人前になれば、みんな親
からはなれていくのだ。(洒落た関係)

---

3) 이상은 ≪つけたし≫의 하위 타입이고 ≪ひきだし≫의 하위 타입은 지면상 생략하기로
한다.
또한 연구자에 따라 설명의 하위 타입이 조금씩 차이가 있다. 예를 들면 松岡(1987)에서는
크게 「因果關係・對比・對立關係、表裏關係」 등으로, 또한 吉田(1988)에서는 「ノダ」형식
의 표현효과를 「換言・告白・教示・強調・決意・命令・發見・再認識・確認・調整・客體
化」 등으로 나누고 있다. 하지만 이들의 연구는 대상과 관점, 연구방법론이 다르기 때문에
같은 레벨에서의 비교는 불가능하리라 보여진다.

＜動機＞
・レーンコートの襟をかきあわせながら、かれらは一番ちかい停留所をみ
　つけて、電車にのる。バスにのる。一刻もはやくかれらの場所へかえ
　りたいのだ。(人間の壁)

＜源泉＞
・私はいつも新聞社のかえりかなしくなる。ひろい砂漠にまよいこんだみ
　たいに、よりどころがないのだ。(放浪記)

＜判断の根拠＞
・十七、八の娘って、どうしてこうシンビ眼がないのだろう。きたない
　男のまえで、ベニはくるくるした目をして、だまっているのだ。

(放浪記)

＜具体化、精密化、いいかえ＞
・女は自分のからだを罠にして、男をからめとろうと考える。男という
　けだものは、あんがい律儀で、正直だから、女がみごもったといえ
　ば、責任は自分にすると思う。その責任をはたさなくては、男がすた
　ると考えるのだ。(洒落た関係)

＜思考の対象的な内容＞
・いっそのこと……と和彦は思った。なにをのませても、よわない女な
　ら、ただの酒ではなく、酒のなにかに毒をまぜる、という手段もある

のだ。よわない奴はしびらせてやる。しかし、それは和彦のような平
和的な紳士にはやれる仕事ではなかった。(洒落た関係)

＜意義づけ＞
・私はくやしいけれども、十五円の金をもらうと、なつかしい停車場へ
　いそいだ。汐の香のしみた、私のふる里へかえってゆくのだ。(放浪記)

(以上、奥田(1990:181-195))

　이상의 예문은 ≪つけたし≫의 하위 타입으로 각 용법별로 예문만을
소개한 것이다. 유사성과 지면 관계로 ≪ひきだし≫의 하위 타입의 예문
은 생략하기로 한다.

2.2. 무드·모달리티설

　무드·모달리티설에는 寺村秀夫(1984), 仁田義雄(1991), 野田春美(1997), 日
本語記述文法研究会編(2003) 등이 있다. 대표적인 연구로 寺村秀夫(1984)를
소개하기로 한다.
　寺村秀夫(1984)에서는 다음과 같이 「ノダ」를 설명 모달리티를 구성하는
형식으로 취급하고 있다.

　　この節では、前節の概言の助動詞と同様、動詞、形容詞の確言形に後接
　　して、その動詞または形容詞をかなめとしてまとめられたコト全体に対す
　　る話し手の態度を表わす形式のもう一つのグループのものについて観察す

る。具体的には、次の六つの典型的な形式とそのバリエーションが対象
となる。

(이 절에서는 선행절 개언의 조동사와 같이 동사, 형용사의 확언형(단정
형)에 접속하여, 그 동사 혹은 형용사를 축으로 하여 완성되는 것(コト)
전체에 대한 화자의 태도를 나타내는 형식인 또 하나의 그룹에 대하여
관찰한다. 구체적으로는, 다음 6개의 전형적인 형식과 그 변이형이 대
상이 된다.)

(1) ハズダ、ワケダ、トコロダ、コトダ(コトニナル、コトニスル、コトガ
   アル、コトニナッテイル)、モノダ、ノダ (寺村(1984:261))

2.3. 기성명제설

여기에 속하는 연구로는 三上章(1953), 林大(1964), 佐治圭三(1986), 国広哲
弥(1984), 田野村忠温(1990) 등이 있다. 개략적으로 말하자면 이들의 연구에
서는 「ノダ」의 본질을 「ノ」문장에서 앞에 오는 부분들의 내용을 이미
성립하는 것으로 보고 거기에 「ダ」를 첨가하여 표현하는 것으로 보고 있
다는 점에서 일치하고 있다.

구체적으로 三上章(1953)의 논의를 소개하자. 三上章(1953:239)는 문장을
다음과 같이 분류한 다음 <단순시>와 <반성시>로 가칭하고,

<単純時>
「何々スル，シタ」
<反省時>
「何々スル，シタ＋ノデアル，ノデアッタ」

「連体部分「何々する」を既成命題とし、それに話手の主観的責任の準詞部分「ノデアル」を添えて提出するというのが反省時の根本的意味だろう」

(以上、三上章(1953:239))

(연체부분인 [무엇무엇한대를 기성명제로 하여, 거기에 화자의 주관적인 책임인 준사부분 [ノデアル]를 덧붙여 표현하는 것이 반성시의 근본적인 의미일 것이다.)

라고 지적했다.

이 밖에도 화자/청자지향설에 해당하는 吉田茂晃(1988/2000), 관련성이론, 인칭설 등과 같은 관점에서의 연구도 많이 논의되고 있지만 생략하기로 한다.

3. 이론적인 배경

본 연구의 이론적인 배경으로는 대표적으로 문법화(grammaticalization)와 시간적한정성(temporal localization)을 들 수 있다. 이들 중 두 가지 이론적인 배경에 대해서만 개략적으로 설명하기로 한다.

3.1. 문법화(grammaticalization)

문법화(grammaticalization)에 관해서는 너무 많이 알려진 이론인 점을 상기한다면 재차 소개나 설명할 필요가 없다고 생각된다. 다만 여기에서는 「の

だ」형식이 문법화 과정을 거치면서 나타나는 몇 가지 현상에 대하여 살펴보기로 한다.

첫 번째로는 「のだ」가 어휘적인 의미에서 문법적인 의미로 변화되는 과정이다. 이미 佐治(1969), 野田(1997) 등과 같이 선행연구에서도 지적되어 있듯이 명사화의 기능을 수행하고 소위 준체조사(準体助詞)라고 하는 「ノ」에는 다음과 같은 용법이 있다.

(ア)格助詞(下の体言の省略) ………… 私のは机の上にあります。
準代名助詞 …………………… 私が買ったのは辞書です。
狭義の準体助詞 ………… 私が辞書を買ったのを知っていますか。

(以上은 野田(1997:12)에서 재인용)

위와 같이 「ノ」의 용법 중에서 佐治(1969)(1972)는 협의의 준체조사 「ノ」에 「ダ」가 결합되어 「のだ」라는 형식이 성립됐다고 한다. 협의의 준체조사란 「具体的な意味のない、形だけの体言として、上の文を受けとめる働き(구체적인 의미가 없는, 형식뿐인 체언으로서 앞의 문장을 이어받는 기능)」라고 규정하고 있다. 필자도 기본적으로 위와 같은 견해를 계승하지만 여기서는 어휘적인 의미가 소실되어 가는 문법화라는 관점에 주목하고 싶다.

「のだ」가 「ノ」와 「ダ」라는 각각의 형태소가 결합한 하나의 단어인지, 아니면 아직 접미사인지는 여기서는 자세히 논의하지 않기로 하고 다만 하나의 계사(copula)로 취급하기로 한다.

이러한 「のだ」가 문말이라는 특정한 구문적인 위치에서 술어와 결합하여 쓰이게 되면 무드/모달리티에 속하는 문법적인 형식인 「ノダ」가 만들어진다. 그 과정에서 실질적인 의미는 상실되고, 문법적인 의미로 변화하여 한국어의 [~인 것이다]에 상당하는 의미를 갖게 된다. 이러한 과정을 거친 「ノダ」는 단문을 넘어서 선행문과 의미적으로 유기적인 관계를 갖게 되어 텍스트 결속성(cohesion)에 기여하게 된다.

두 번째로는 문법적의미가 또 다른 문법적의미로 변화하여 가는 과정이다. 「ノダ」문이 대화문이라는 문체에 나타나 명령의 용법으로 사용되면서 정도의 차이는 있지만 문법화가 진행되고 있는 것으로 보이는 몇 가지 점을 지적하기로 한다.

먼저 「のだ」가 명령의 용법에서는 「んだ」로 형식화, 문법화가 진행되고 있다는 것이다. 일반적으로 「のだ」는 「のだ、のだった、のです、のでした、んだ、んだった、んです、んでした、のである、のであった、んである、んであった、のであります、のでありました、んであります、んでありました」 등의 변이형을 대표하여 표시한 것이다. 설명의 용법에서는 이들 변이형이 모두 나타나지만, 명령의 용법에서는 그렇지 않고 「んだ」로 형식화된다는 것이다.[4] 다음 예문을 비교해 보자.

(1) 徹が聞いても聞かなくても、食事時には学校の話や、読んだ本の話を
した。
「ねえ、おにいさんはどう思う」と、
こだわりなく話しかける陽子に、徹の表情はやさしくなって、一言
二言返事をする。しかし夏枝と啓造にはろくに返事をしない。自

---

4) 하지만, 정중체인 「です」와 접속된 형식인 「んです」의 예문이 전혀 없는 것은 아니다. 다음 예문을 보자.
  ・久保は包丁を投げ出すと、うずくまっている衣子へと駆け寄った。
  「しっかりして!」ネクタイを外すと、食い込んだ跡が痛々しく残っている。久保は必死に衣子を搖さぶった。
  「しっかりするんです! 奥さん!」(書下がり)

然、啓造も夏枝も、陽子を通して徹と話をすることが多くなり、陽
子の存在だけが辻口家の灯となっていった。<u>遂に徹は、高校入試も
白紙提出をして、啓造と夏枝の期待を全く裏切ってしまったのであ
る</u>。(氷点下)

(徹가 듣든 말든, 식사 중에는 학교의 이야기나, 읽은 책의 이야기
를 했다. "저기 오빠는 어떻게 생각해?" 하고 해맑게 말을 건네는
陽子에게 徹은 부드러운 표정을 하고 한 두 마디 대답한다. 그러
나 夏枝와 啓造에게는 제대로 대답하지 않는다. 자연스레 啓造도
夏枝도 陽子를 통해 徹와 이야기를 하는 것이 많아져, 陽子의 존
재만이 辻口 가문의 등불이 되어 갔다. 결국 徹는 고등학교 입학
시험도 백지를 제출하여, 啓造와 夏枝의 기대를 완전히 저버리고
말았던 것이다.)

(2) 村瀬は、燃える背広を必死で脱ごうともがいていた。

「転がれ!」走りながら、杉山はそう叫んだ。

<u>「転がって消すんだ!」</u>(哀しい)

(村瀬는 불타는 양복을 필사적으로 벗으려고 몸부림치고 있었다.

"굴러!" 달리면서 杉山는 그렇게 외쳤다.

"뒹굴러서 꺼!")

또한 긍정형인 「ノダ」보다 다음과 같이 부정형인 ンジャナイ가 보다
형식화가 진행되고 있는 것 같다. 예문을 먼저 보기로 하자.

(3) 「おい!」と佐久間は武を怒鳴りつけて、

<u>「失礼なこと言うんじゃねえ! 早く中へ案内しろ! お茶を淹れるんだ!」</u>

「あ、あの……僕らは別に……」(セーラー)

("야!" 하고 佐久間는 武에게 호통치며,

"실례되는 소리 하지 마! 어서 안으로 안내해! 차를 내와!"

"아, 저기... 우린 별로...")

(4) 「気安く手を動かしたらブッ放す。動くんじゃない……よし、そのナン
バープレートのカラクリとやらを聞かせてくれたら命を助けてやろう
じゃないか。」(雇われ探偵)

("멋대로 손을 움직이면 죽인다. 움직이지 마라... 좋아 그 번호판
장치인지 뭔지를 알려주면 목숨은 살려주도록 하지.")

이하 각론에서 상세히 논의하겠지만 상기 예문은 「ノダ」문장이 하나
의 형식으로 문법화가 되어 기능적인 변화가 일어나고 있다는 것을 시사
하고 있는 것이다.

3.2. 시간적한정성(temporal localization)

이미 이 개념의 소개와 중요성에 대해서는 정상철(2012), 정상철 외 12
명(2020)에서도 소개한 바와 같이, 시간적한정성(temporal localization)이란 奧田
(1988) (1996)(2015), 工藤(2002)(2014)에서 규정하고 있듯이 「모든 술어를 파악
하는 <의미·기능적인 카테고리>로서 대상적인 내용이 우발적(accidental)
이고 일시적인(temporary) <現象>인지 퍼텐셜한 恒常的(permanent)인 <本質>
인지의 스케일적인 차이」를 나타내는 개념이다.

시간적한정성의 유무는 문장 레벨에서 대상적인 내용이 나타내는 개
념인데, 시간적한정성이 있는 것은 현상(現象)을 나타내는 <동작><변
화><상태>이고 반면 시간적한정성이 없는 본질(本質)을 나타내는 것이

<특성><관계><(본)질>이다.

이러한 개념을 술어문과 연관하여 잘 나타내 주고 있는 것이 Givón (2001)의 다음 <표 1>이다. 필자를 포함하여 많은 연구자들이 자주 인용하지만 생소한 독자들의 이해를 돕기 위해 다시 인용하기로 한다.

Givón(2001)은 the scale of temporal stability의 관점에서 시간적한정성이 있는 술어문은 동사술어문이고 시간적한정성이 없는 술어문은 명사술어문이다. 명사술어문에 가까운지 동사술어문에 가까운지에 따라 형용사술어문은 두 가지로 분류되며 또한 동사술어문도 전형적인 운동(동작과 변화)을 나타내는 동사와 상태를 나타내는 동사, 두 가지로 분류가 된다.

〈표 1〉 The scale of temporal stability

most stable					least stable
tree,	green	sad,	know	work	shoot
noun	adj	adj	verb	verb	verb

(Givón(2001:54))

<운동(동작, 변화)>과 <본질>의 중간에는 <상태> <특성> <관계>가 위치하는데 이들은 동사일 수도 형용사일 수도 명사술어문이 될 수도 있다.

그런데 이러한 시간적한정성과 「ノダ」문과는 어떠한 관련성이 있는가? 우선 구체적인 예문을 보기로 하자.

(5) 粉雪が舞うゲレンデを撮影した写真を添付し、佐藤と鈴木にメッセージを送った。昨夜遅く、急遽里沢温泉スキー場に行くことになったと伝えたら、ブーイングのメッセージが届いたのだ。(疾風)

(가랑눈이 흩날리는 스키장을 촬영한 사진을 첨부해, 佐藤와 鈴木에게 문자를 보냈다. 어젯밤 늦게 급히 사토자와 온천 스키장에 가게 됐다고 전했더니 항의 문자가 온 것이다.)

(6) 「よし。武、急げ!」
車はスピードを上げた。日高組のボロ車ではない。
<u>真由美の車なのである</u>。(セーラー)
("좋아. 武 서둘러!"
차는 속도를 올렸다. 日高組의 고물차가 아니다.
真由美의 차인 것이다.)

예문 (5)는 <동작>를 나타내는 시간적한정성이 있는 동사술어문이다. 여기서 「ノダ」는 생략이 불가능하고 사용이 의무적이다. 만약 「ノダ」를 생략하면 항의 문자에 대한 응답 문자라는 다음과 같은 현실 세계의 시간적 순서를 잘 묘사할 수 없게 되어 부자연스러운 문장이 된다.

(7) 「항의 문자」 → 「사진을 첨부한 문자」

반면 (6)의 「ノダ」는 생략이 가능하다. 생략해도 전후 문맥상 자연스럽게 의미적인 결속성도 유지된다. 이러한 문장에서는 「ノダ」가 명사술어문에 후접하여 시간적한정성이 없는 문장이다.
또한 본론의 각 장에서 자세하게 논의하겠지만 「ノダ」의 용법도 전자는 <설명>의 기능을 담당하지만 후자는 <강조>의 용법으로 기능하고 있다.
이와 같이 「ノダ」문은 시간적한정성과 유기적인 관계에 있다. 물론 이것은 다른 말로 바꾸어 말하면 문장의 대상적인 내용과 술어문의 종류와

도 밀접하게 연관된다고도 할 수 있다.

4. 본서의 구성과 배경

본서는 필자가 2014년부터 발표한 기존의 논의들을 모아 기본적인 틀로 하고 예문들을 추가하고 <텍스트 결속성과 NODA>라는 하나의 논지로 통일하여 다듬은 것이다. 또한 다른 언어를 연구하는 연구자들과 소통하고 교류하고자 하는 목적으로 일본어로 쓰인 논문들은 한국어로 논문 내용이나 예문을 번역하기도 하였고, 내용을 수정하고 보완하기도 하였다. 하지만 여러 논문을 한 권의 책으로 했기 때문에 중요한 이론이나 개념 등 중복되는 부분도 많다는 점도 양해를 부탁드린다.

본서는 먼저 소설의 지문 등 문장체에서 나타나는 대표적이며 전형적인 NODA문의 문법적인 성질에 관하여 논의를 하였다. 우선 필자 나름대로 대표적인 NODA문을 인과관계와 비인과관계를 나타내는 것을 중심으로 분류하고 설명을 하였다. 또한 기술문과 설명문으로 이루어진 텍스트기능과 <설명의 구조>라는 관점에서 비전형적인 NODA는 강조를 나타나는 것으로 분류하여 그 문법적인 특징에 대해서 검토하였다.

다음으로 회화문에서 나타나는 NODA와 한국어 [-n kesita]와의 대조 연구를 시도하여 텍스트 기능적인 관점에서 공통점과 차이점에 대하여 고찰하였다. 회화문에서의 NODA는 <설명의 구조>와 기능적인 관점에서 전형적인 것과 비전형적이고 주변적인 NODA로 분류하고 그 문법적인 특징에 관하여 논의한 것이다.

제2부

본론

설명의 모달리티란?

제1장
설명의 모달리티란?

1. 들어가기

「ノダ」는 이미 선행연구에서 언급한 바와 같이 寺村(1984) 등에서 「ワ
ケダ」「ハズダ」 등의 형식과 더불어 명시적으로 모달리티라는 범주에 속
하는 것으로 지적되어 왔다.

이하에서는 문법범주와 시간적한정성이라는 관점에서 <설명의 모달
리티>에 주목하여 「ノダ」 등과 같은 유표형식(marked form)만 존재하는 것
이 아니라 무표형식(unmarked form)도 존재하는 점에 대하여도 지적하고 논
의하기로 한다.

2. 선행연구 검토

종래 「ノダ」「ワケダ」「ハズダ」 등의 형식을 비롯한 설명문에 관한 연구는 1980년대 이후 비교적 활발히 이루어져 왔고 지금까지 양적으로나 질적으로도 상당한 연구 성과의 축적이 있다.

연구자의 입장과 관점에 따라 다를 수도 있겠지만 이하에서는 필자가 이해한 범위 내에서 대표적인 연구로 寺村(1984)、奥田靖雄(1990)(1992)(1993)(2001)、 日本語記述研究会編(2003)의 중요한 논점을 소개하고 그 문제점을 검토하기로 한다.[1]

2.1. 寺村(1984)

寺村(1984)는 확언의 무드와 개언의 무드를 소개하고 그 이외에 화자의 태도를 나타내는 또 하나의 범주로 ≪설명≫의 무드가 있다고 하면서 여기에 속하는 형식으로는 구체적으로 다음과 같은 형식들을 들고 있다.[2]

> この節では、前節の概言の助動詞と同様、動詞、形容詞の確言形に後接して、その動詞または形容詞をかなめとしてまとめられたコト全体に対する話し手の態度を表わす形式のもう一つのグループのものについて観察する。具体的には、次の六つの典型的な形式とそのバリエーションが対象となる。
>
> (이 절에서는 선행절 개언의 조동사와 같이 동사, 형용사의 확언형(단정

---

1) 「ノダ」에 관한 연구사는 田野村(1990)를 참조. 또한 그 이후의 문헌은 井島(2010)을 참조.
2) 서론의 2.2. 무드・모달리티설 참조.

형)에 접속하여 그 동사 혹은 형용사를 축으로 하여 완성되는 것(コト) 전체에 대한 화자의 태도를 나타내는 형식인 또 하나의 그룹에 대하여 관찰한다. 구체적으로는 다음 6개의 전형적인 형식과 그 변이형이 대상이 된다.)

(1) ハズダ、ワケダ、トコロダ、コトダ(コトニナル、コトニスル、コトガ アル、コトニナッテイル)、モノダ、ノダ (寺村(1984:261))

이들 중에서도 「ノダ」의 ノ는 실질적인 개념을 완전히 상실한 것이라고 지적하고 있다. 이들 형식을 대표하여 「ノダ」「ワケダ」의 예문을 인용하기로 한다.

(41)[3] 信吾は東向きに坐る。その左隣りに、保子は南向きに坐る。信吾の 右が修一で、北向きである。菊子は西向きだから、信吾と向かい 合っているわけだ。 (川端康成「山の音」) (寺村(1984:274))
(128) 父はひとりで便所に行くとき転び、庭石に頭を打って死にましたが、 あれは母が父を殺したのです。(寺村(1984:308))

2.2. 奥田(1990)(1992)(1993)(2001)

奥田(1990)(1992)(1993)(2001)는 「ノダ」「ワケダ」「ハズダ」의 ≪설명≫의 유표 형식을 차례로 논의하고 있다. 먼저 奥田(1990)(2001)는 「ノダ」에 관한 논의 인데 전자는 문장체를 대상으로 하여 텍스트 논리로서의 ≪설명≫에 관

---

3) 인용 논문의 번호를 그대로 유지하기로 한다.

하여 논의하였고 후자는 회화체를 대상으로 하여 화자와 청자의 상호작용으로서의 일상적인 ≪설명≫에 대하여 논의하고 있다. 문장체의 평서문, 그 중에서도 문말의 「ノダ」형식을 대상으로 한 奥田(1990)에서는 우선 ≪설명≫을 다음과 같이 규정하고 있다.

> さしあたって、物や出来事をめぐって、これらの内部のおくふかくにかく
> されている、直接的な経験ではとらえることのできない、本質的な特徴
> をあきらかにすることが≪説明≫であると、規定しておこう。また、物
> のあいだの相互作用のなかから、原因・結果の関係のような、法則的な
> むすびつきをとりだすことが≪説明≫であると、ひとまず規定しておこ
> う。(奥田(1990:177))[4]
>
> (우선, 사물이나 사건을 둘러싼, 이들 내부 깊은 곳에 숨겨져 있는 직접
> 적인 경험으로는 파할 수 없는, 본질적인 특징을 밝히는 것이 <설명>
> 이라고 규정해 두자. 또한 사물 간의 상호작용으로 인하여, 원인・결과
> 의 관계와 같은 법칙적인 관계를 밝히는 것이 <설명>이라고, 우선 규
> 정하기로 하자.)

또한 ≪설명≫[5]이라는 용어로 나타내는 설명항과 피설명항[6]과의 논리적인 관계를 ①原因、②理由、③動機、④感情の源泉、⑤判断の根拠、⑥意義づけ、⑦具体化、精密化、いいかえ、⑧思考の内容、⑨本質的な特徴 등[7]으로 하위 분류하고 있다. 지면 관계로 원인과 이유의 예

---

4) 서론(2.1)도 참조.
5) 여기에서의 ≪설명≫이란 논리적인 설명뿐만이 아니라 일상의 논리로써의 설명을 포함한다.
6) 奥田(1990)에서는 「≪説明≫の文」、「≪説明され≫の文」이라는 용어를 사용하고 있다.
7) 이상은 ≪つけたし≫의 하위 타입이고 ≪ひきだし≫의 하위 타입은 지면상 생략하기로
   한다. 또한 연구자에 따라 ≪설명≫의 하위 타입이 조금씩 차이가 있다. 예를 들면 松岡

문만 보기로 하자.

- この学期末のいそがしいさいちゅうに、ながいあいだ病院にはいっていた、沢田先生の夫人がなくなった。衰弱したからだが、七月のあつさをしのぎきれなかったのだ。(人間の壁)(奥田(1990:181))
- 勤務時間が不規則で、深夜まで仕事があることもめずらしくないという理由から、ひとりだけ彼はアパート住まいをしていた。実はそれが和彦の口実であって、ほんとうは父や母の監督からのがれて、勝手な、自由な生活をしたかったのだ。父はわかっていたが、だまってだしてやった。けだものだって、鳥だって、一人前になれば、みんな親からはなれていくのだ。(洒落た関係)(奥田(1990:186))

한편 奥田(1992)에서는 「ワケダ」를 대상으로 하여 「ワケダ」가 개략적으로 「想像・思考過程における帰結」와 「結果的な出来事」를 나타낸다고 한다. 대표적인 예를 하나씩 인용해 보기로 하자.

- 「……死因は青酸カリで、これは死体のそばにウイスキーのビンがのこっていたことでわかりました。鑑識では、そのウイスキーのビンに青酸カリの混入をみとめております。つまり、本多さんはこのウイスキーをのんだわけです。」(ゼロの焦点)(奥田(1992:194))
- この高価な網や船をそのままあそばせておくのはもったいないと、つい

(1987)에서는 크게 「因果關係、對比・對立關係、表裏關係」 등으로, 또한 吉田(1988)에서는 「ノダ」형식의 표현효과를 「換言・告白・教示・強調・決意・命令・發見・再認識・確認・調整・客体化」 등으로 나누고 있다. 하지만 이들의 연구는 문말과 비문말 등의 출현위치, 또는 회화문과 문장체의 분리 등 본질적인 부분 즉 연구대상과 연구방법론에 관하여 관점과 입장이 다르기 때문에 같은 레벨에서의 단순비교는 무의미하고 불가능하리라 보여진다.

漁に手をだした。あたればおおきいが、はずれれば損害はさらにおおき
い。そんなことの失敗もいく度かかさなり、ついには売りぐい十二年
で素寒貧になったわけです。(道ありき)(奥田(1992:204))

마지막으로 奥田(1993)에서는 「ハズダ」를 대상으로 하여 「ハズダ」가 개
략적으로 「出来事の出現が当然である、必然である」라는 판단을 나타내
고 소위 ≪みこみ≫≪さとみ≫라는 두 개의 하위 타입이 있다고 한다.
대표적인 예를 하나씩 인용해 보기로 하자.

· 刑事はしばらくだまって彼の顔をみていたが、やがておもい口調でいっ
た。「お前は法科の学生だったな。そんなら、お前はわかっているはず
だ。法律というものは善良な市民の味方だ。しかし、犯罪人の味方な
んかしてくれないよ。」(青春の蹉跌)(奥田(1993:181))
· 「……母にきくと、おとっさんはいまにかえる、いまにかえる、といっ
てました。しかし、とうとうかえってきません。かえられないはずで
す。肺病になって、牢屋のなかでしんでしまったんです。それもずっと
あとできました。……」(野分)(奥田(1993:182))

2.3. 日本語記述文法研究會編(2003)

마지막으로 日本語記述文法研究会編(2003)는 ≪설명≫의 모달리티라는
용어로 다음과 같이 이 범주에 속하는 형식과 용법들에 대하여 설명하고
있다.

◆ 説明のモダリティとは、文と先行文脈との関係づけを表すもので、お
　もに「のだ」「わけだ」によって表される。

・遅れてすみません。渋滞してた<u>んです</u>。

・バスで20分、それから電車で10分。つまり、30分かかる<u>わけです</u>。

◆ 話し手が、すでに知っていた事実を、論理的帰結として納得すること
　を表すときには、「わけだ」と「はずだ」が同じように用いられる。

・事故があったのか、どうりで渋滞している {わけだ/はずだ}。

◆ 「のだ」「わけだ」と成り立ちが類似した助動詞に「ものだ」「ことだ」があ
　る。「もの」「こと」に「だ」が加わって助動詞化したもので、それぞれ複
　数の用法をもつ。

・これは、手紙の封を切る<u>ものだ</u>。(名詞「もの」)

・人間というのは、孤独な<u>ものだ</u>。(助動詞「ものだ」)

・夏祭りには、毎年ゆかたで出かけた<u>ものだ</u>。(助動詞「ものだ」)

(日本語記述文法研究会編(2003:189))

　이상「ノダ」형식을 중심으로 ≪설명≫의 무드/모달리티에 관한 선행
연구를 보아 왔다. 상기 선행연구를 검토해 보면 의미/용법의 분류나 연
구대상의 범위, 문장 스타일 등 문제도 있지만 보다 주목되는 점은 대부
분의 연구가「ノダ」「ワケダ」「ハズダ」 등 유표형식을 중심으로 논의가
전개되어 왔다는 것을 알 수 있다.[8]

---

8) 또한 설명문의 일반적인 설명과 본질적인 문제를 다룬 중요한 문헌으로는 佐藤(2001)가
　있다.

2.4. 문제점

하지만 다음과 같은 예문에서 확인할 수 있듯이 무표형식도 ≪설명≫
의 기능을 하는 것을 알 수 있다.

(3) 泉にとって、父、星貴志はただ一人の家族だった。<u>母を幼い頃に亡く
し、兄弟もない泉にとって、父は、親友であり、恋人だった。</u>

(セーラー)

(泉에게 있어서 아버지 星貴志는 유일한 가족이었다. 어머니를 어
린시절 여의고, 형제도 없는 泉에게 아버지는 친구이자, 연인이었다.)

(4) 「うれしいけど……」麻子が口ごもった。またしても沈黙が訪れた。<u>先
程のものよりそれは重かった。</u>(イントロ)

("기쁘긴 하지만..."麻子가 우물거렸다. 또다시 침묵이 찾아왔다.
조금 전의 침묵보다 그것은 무거웠다.)

(5) 料理が運ばれてきた。<u>スープの中に、炒めた野菜や卵焼き、豚肉など
が入っている。</u>(疾風ロンド)

(요리가 나왔다. 스프 속에 볶은 채소나 계란말이, 돼지고기 등이
들어있다.)

위 예문들은 구체적인 텍스트 안에서 모두 「기술문-설명문」의 구조를
갖추고 있으며 설명적인 결합 관계를 나타내고 있다. (3)에서는 선행 문
장의 「父」에 대해서 무표형식의 명사술어문 「父は、親友であり、恋人
だった」를 제시하여 부연 설명을 하고 있다. 또한 (4)에서는 「沈黙」의 추
가적인 설명으로 「先程のものよりそれは重かった」라는 무표형식의 형용
사술어문이 사용되고 있다. (5)에서도 「料理」의 내용에 대한 보충 설명

으로 무표형식의 동사술어문인 「入っている」가 사용되고 있다.

상기 예문으로부터 무표형식도 설명문으로 사용될 수 있다는 사실은 충분히 확인이 가능하다고 볼 수 있다. 이 사실을 인정한다면 물론 유표형식과의 유의미한 차이가 문제가 된다. 이 점을 규명하기 위한 한 가지 단서가 되는 흥미로운 사실이 있다. 상기 예문에서 밑줄 친 무표형식의 설명문의 대상적 의미는 대부분 시간적한정성[9]이 없는 문장이다, 라는 점이다.

이하에서는 시간적한정성이라는 개념이 ≪설명문≫과 유기적인 관련이 있다는 입장에서 연구대상을 문장체에 나타나는 평서문의 종지형(종결형) 용법에 국한 시켜[10] 무표형식과 유표형식의 설명모달리티에 대하여 보다 면밀히 검토해 보기로 한다.

3. 시간적한정성과 설명문

여기에서는 종래 그다지 주목하지 않았던 시간적한정성이라는 관점에서 무표형식을 포함한 설명문을 고찰하기로 한다. 먼저 설명의 구조와 그 구성요소에 대하여 간단히 살펴 본 다음 유표형식, 무표형식의 설명문을 고찰하기로 한다.

---

9) 보다 상세히는 奧田(1988), Givón(2001), 工藤(2014) 등을 참조.
10) 연구의 초기 단계부터 회화체나 비종지형용법을 포괄하여 논의하는 것은 화용론적인 관점을 포함하여 여러 가지 요소를 고려해야 하므로 정확하고 타당한 고찰 결과를 기대하기 어렵다고 판단하기 때문이다.

3.1. 설명의 구조와 구성요소

우선 ≪설명의 구조≫란 텍스트 레벨에서 의미적인 결속력을 갖는 「기술문-설명문」의 유기적인 결합 관계를 말한다. 이때 구문적으로 설명대상을 제시하는 선행 문장이 ≪기술문≫[11]이라는 구성요소가 되고 설명대상에 관하여 설명하는 후속 문장이 ≪설명문≫이라는 구성요소가 된다. 이 두 구성요소는 부분(part)으로서는 상호작용과 의존 또한 동시에 대립 하면서 전체(whole)로서는 ≪설명의 구조≫를 구축해 간다. ≪설명의 구조≫밖에 있는 선행문과 후속문은 물론 설명의 범주에는 무관심하며 더 이상 이 범주의 구성요소로서 기능하지 않게 된다.

이러한 설명의 구조에서 전형적인 기술문에는 원인설명문과 같이 기본적으로 화자가 직접 관찰에 의해서 입수한 사실을 제시한 시간적한정성이 있는 동사술어문이 된다.[12] 또한 전형적인 설명문에는 시간적한정성이 없고 사고에 의한 일반화라는 인식을 통한 명사술어문이 온다[13]. 만약 시간적한정성이 있는 동사술어문이 설명문으로 기능하기 위해서는 아래 예문에서 확인할 수 있듯이 「ノダ」와 같은 유표형식이 필요하게 된다.[14]

---

11) 여기서 기술문이란 편의적인 용어인데 즉, 발화형태(기술문, 의견문, 지식문)를 의미하는 것이 아니라 설명의 구조에서 선행하는 구문을 말한다. 따라서 본서의 기술문/설명문은 奧田(1990)의 ≪說明され≫文/≪說明≫の文이나 피설명항/설명항 등의 용어와 같은 의미이다.

12) 물론 설명이라는 결합 관계가 원인설명에 한정되지 않고 그 외의 이유, 보충설명문에서는 시간적한정성이 없는 술어문도 기술문으로 제시할 수 있다.

13) 명사술어문에 관해서는 佐藤(1997)(2009)를 참조.

14) 또 다른 경우 즉, 무표형식의 동사술어문이 설명문으로 기능하기 위해서는 운동의 추상화/일반화가 진행되어 후술하는 바와 같이 시간적한정성이 없는 문장이다.

(6) くらい庭に電灯の光がさっと流れた。啓造たちの寝室に灯りがついたの<u>である</u>。夏枝が風呂から上がったらしい。夏枝が布団でもしいているのか、時々黒い影が庭にゆれた。(氷点上)

(캄캄한 정원에 전등 빛이 휙 들어왔다. 啓造부부 침실에서 불이 켜진 것이다. 夏枝가 욕실에서 나온 것 같다. 夏枝가 이불이라도 깔고 있는 것일까, 때때로 검은 그림자가 정원에 어른거렸다.)

즉 「くらい庭に電灯の光がさっと流れた」라는 문장과 「啓造たちの寝室に灯りがついた」라는 문장이 연속해서 배치되는 경우는 부자연스러운 문장이 되거나 텍스트적인 의미의 변경을 초래한다. 따라서 설명의 구조 속에서 설명문으로서 기능하기 위해서는 「ノダ」와 같은 유표형식의 첨가가 의무적이다.

이러한 설명의 구조 속에 나타나는 설명문은 화자의 이중적인 판단이 보여진다. 즉 먼저 단문 레벨에서 화자의 인식 판단이 이루어지고 또한 텍스트 레벨에서는 선행 문장에 대하여 원인이라는 논리적인 판단이 성립되어 이중적인 판단이 된다.[15]

다음으로 지금까지는 기본구조인 「기술문-설명문」의 경우만을 전제로 검토해 왔는데 설명의 구조에는 다음과 같은 확대 구조도 많이 보인다.

(7) しかし、座席を一三十分間の安らぎと眠りを確保した人間にとっては、周囲の喧嘩が人殺しになろうと関係ない。佐々木も、今朝この幸運な組に入っていて、電車が重そうに一揺れして動き出すと、目を閉じた。<u>この手順が毎朝くり返されているのだ</u>……。(昼)

---

15) 이것은 필자의 주장이 아니고 이미 奥田(1990)에 유사한 견해가 있다.

(그러나, 좌석을 - 삼십분간의 편안함과 숙면을 확보한 사람들에게 있어서는, 주위의 싸움이 살인이 되더라도 관계없다. 佐々木도, 오늘 아침 이러한 운 좋은 그룹에 속해있어, 전차가 묵직하게 한번 흔들리며 움직이기 시작하자, 눈을 감았다. 이런 순서가 매일 아침 반복되고 있는 것이다.)

(8) さて、お時が十四日の午後八時半ごろに宿についたのは、≪あさかぜ≫から下車したことでわかります。≪あさかぜ≫は熱海着十九時五十八分ですから、まさしく彼女は、佐山と東京からここまで同車し、途中下車したのです。<u>あなたの推理された「御一人様」は適中したわけです</u>。(点)

(그런데, お時가 14일 오후 8시 반 즈음에 숙소에 도착한 것은 ≪あさかぜ≫에서 하차한 것으로 알 수 있습니다. ≪あさかぜ≫는 아타미 도착이 19시 58분이므로, 틀림없이 그녀는 佐山와 도쿄에서 이곳까지 동행하여, 도중에 하차한 것입니다. 당신이 추리한 '한 분'은 적중한 것입니다.)

전자는 「기술문/기술문-설명문」의 구조를 갖고 있으며 후자는 「기술문-설명문/설명문」의 구조를 갖고 있는 문장이다. 보통 인과관계를 나타내는 「ノダ」「カラダ」「タメダ」의 경우는 전자의 구조를 취하며 한편 「ワケダ」의 경우는 귀결 설명이라는 의미/용법의 성격상 후자의 구조를 취하여 사용되는 경우가 많다.

3.2. 유표형식의 설명문

설명문의 유표형식의 인정에도 연구자에 따라서 약간씩 차이가 보이

지만 본서에서는 텍스트 레벨에서 설명 기능이 중심적인 설명문의 대표적인 형식으로 「ノダ」「ワケダ」「カラダ」「タメダ」를 인정하기로 한다.[16] 그 밖에 「ハズダ」「モノダ」「コトダ」 등은 주변적인 형식으로 보기로 한다.

이하에서는 「ノダ」「ワケダ」「カラダ」「タメダ」순으로 대표적인 용법만을 개관하기로 한다.

3.2.1. 「ノダ」[17]

「ノダ」형식에 관해서는 상당한 선행연구의 축적과 성과가 있다. 그것을 전부 소개하기는 불가능하지만 여기서는 개략적인 필자의 분류를 간단히 소개하기로 한다.[18] 설명문의 유표형식으로 기능하는 「ノダ」는 크게 인과(因果)설명문과 비인과설명(보충설명)문으로 나누어진다. 또한 전자는 원인설명과 이유설명문으로 하위분류되며 후자는 전체보충설명과 부분보충설명문이라는 하위 타입이 존재한다.[19]

(9) 抜けるような晴天の下。ママス&パパスの『夢のカリフォルニア』の曲

---

16) 유사한 입장으로는 日本語記述文法研究会編(2003) 등이 있다.

17) 「ノダ」의 변이형에는 「のである」「のです」 등이 있는데 대표해서 표기하기로 한다. 또한 「ノダ」의 성립 사정도 중요한 문제이나 본서에서는 심도 있게 논의할 여유가 없다.

18) 奥田(1990)에서는 ≪引き出し≫의 타입을 비중 있게 다루고 있으나 이번 조사에서는 거의 발견되지 않았기에 생략하기로 한다.

19) 「ノダ」형식의 의미/용법에 관해서는 「ノダ」형식의 본질적인 규명에 관한 문제를 포함하고 있으므로 다음 기회에 보다 상세히 논의할 예정이다. 또한 물론 다음과 같이 ≪설명의 구조≫밖에서 쓰이는 「ノダ」형식도 있다.
① 「もしよかったら、別の會社紹介するぞ。轉職は、いま、恥ずかしいことじゃないんだから」その氣持は涙が出るほどありがたかった。しかし、篤は、あえて明るく答えたのだ。「もうちょっとがんばってみるよ。」(愛:127)

をかけながら、真二はるうを助手席に乗せ、車を飛ばしていた。開店準備をしているクラブテアトロンという店の前で、真二は車を止めた。店の入口で、さっと髪を整えてばっちりきめると。中に入っていく。<u>今日は、職探しに来たのである。</u>(ロング)

(탁 트인 맑은 하늘 아래. 마마스&파파스의 '꿈의 캘리포니아' 라는 곡을 틀며 真二는 るう를 조수석에 태우고, 차를 몰고 있었다. 개점 준비를 하고 있던 클럽 테아트론이라는 가게 앞에서, 真二는 차를 세웠다. 가게 입구에서, 살짝 머리카락을 정돈하여 빈틈없이 만든 후 안으로 들어간다. 오늘은 구직을 하러 온 것이다.)

(10) くらい庭に電灯の光がさっと流れた。<u>啓造たちの寝室に灯りがついたのである。</u>夏枝が風呂から上がったらしい。夏枝が布団でもしいているのか、時々黒い影が庭にゆれた。(=(6))

(11) そこへドアが開いて、中年の女中が来客を告げた。浜口はどうやら独身らしい。<u>家の中に、家族らしい人間がまるで見えないのだ。</u>

(セーラー)

(그곳의 문이 열리고, 중년의 하녀가 내빈을 불렀다. 浜口는 아무래도 독신인 것 같다. 집안에, 가족다운 사람이 전혀 보이지 않는 것이다.)

(12) 若い頃は怖くないから突っ込んでいける。やがて怖さを知るようになるが、それを克服することでさらに強くなれる。しかし年を取ると、怖さを感じているわけではないのに突っ込めなくなる。<u>反応が鈍ってくるのだ。</u>(疾風)

(젊은 시절은 두려울 게 없으니 깊이 파고들 수 있다. 이윽고 두려움을 알게 되면, 그것을 극복함으로 더욱더 강해질 수 있다. 그러나 나이를 먹으면, 두려움을 느끼지 않는데도 깊이 파고들 수 없게 된다. 반응이 무뎌지는 것이다.)

(13) あきらかに、情死とわかったので、刑事たちの顔には、弛緩した表情

があった。犯罪がなかったという手持無沙汰がどこかにあった。<u>つ
まり、犯人を捜査する必要がなかったのである。</u>(点)

(명백하게, 동반 자살이라고 알았기에, 형사들의 얼굴은 이완된 표
정이었다. 범죄가 없었다는 무료함이 어딘가에 있었다. 즉, 범인을
수사할 필요가 없었다는 것이다.)

(14) 薫は、故郷の静岡にいた。<u>そろそろ再婚しろという母親</u>と、<u>その前に
東京暮らしを切り上げてこっちに戻ってこいという父親の言葉を聞
き流しながら、ひさしぶりにのんびりした気分で田舎の空気を味
わっていたのである。</u>(101)

(薫는, 고향인 시즈오카에 갔다. 슬슬 재혼하라는 어머니와, 그 앞
에서 도쿄생활을 정리하고 이곳에 돌아오라 하시는 아버지의 말씀
을 흘려들으면서, 오랜만에 느긋한 기분으로 시골의 공기를 만끽
하고 있었던 것이다.)

(15) 貴子には清絵の心配が痛いほどわかる。<u>結婚の話を喜びながらも、生
活環境の差を気にしているのだ。</u>(愛)

(貴子에게는 清絵의 걱정이 뼈저리게 이해된다. 결혼이야기를 기
뻐하면서도, 생활환경의 차이를 걱정하는 것이다.)

(16) 歩き出した夏目は、スニーカーの紐がほどけていることに気づいた。
結び直してまた歩き出した時に、空を何かが横切っていった。潤が
好きだった飛行機だ。<u>それは、星空を切り取るようにすいっと横
切って行ったのだ。</u>(最後)

(걷기 시작한 夏目는 운동화 끝이 풀린 것을 깨달았다. 다시 묶고
다시 걷기 시작할 때 무언가가 하늘을 가로질러 갔다. 潤가 좋아
한 비행기다. 그것은 별이 빛나는 하늘을 가르듯이 휙 하고 가로
질러 간 것이다.)

상기 예문에서 우선 인과관계에 의한 설명문은 앞 4개의 예문인데 그

중 (9)(10)이 「결과-원인」 설명문이며 (11)(12)가 「결과-이유」 설명문이다. 전자는 시간적한정성이 있는 동사술어문이 의무적이며 시간적으로도 「설명문-기술문」의 순서로 계기 관계를 이루고 있다. 또한 후자의 경우는 시간적한정성의 관점에서도 제한이 없고 술어문의 종류도 제한도 없고 시간적으로도 동시적이다. 한편 비인과관계에 의한 설명문은 뒤 4개의 예문인데 이 타입의 설명문은 시간적한정성과 술어문의 제약이 없다.[20] 그 중 (13)(14)는 선행문의 의미를 다른 말로 쉽게 설명한다든지 구체적으로 상세하게 설명하는 전체보충설명문이고 (15)(16)는 선행문의 일부분을 보충하여 설명하는 부분보충설명문이다.

3.2.2. 「ワケダ」

「ワケダ」[21]는 寺村(1984)나 奧田(1992) 등의 선행연구에서 이미 의미/용법에 관해서도 많은 논의가 있지만 상세한 논의를 할 여유가 없으므로 본서의 논지에서 개략적인 소개만 하고자 한다. 이미 많은 선행연구에서 지적되어 있듯이 「ワケダ」는 귀결 설명이 대표적인 용법으로 생각된다. 구체적인 예문을 보자.

(17) 安田の北海道行きの問題はこれで消されました。つぎは、旅客機の乗客だが、これは乗船客名簿の裏返しだと気がつきました。有の条件が無の条件と入れかわったわけです。(点と線)

---

20) 부분보충 설명문의 경우는 기술문의 일부분에 대하여 <특성>이나 <본질>을 나타내는 경우가 대부분이기 때문에 시간적한정성이 없는 예문이 많다.

21) 연구자에 따라서는 「ハズダ」「コトニナル」 등의 형식도 인정하지만, 여기에서는 주변적인 형식으로 취급한다.

(安田의 홋카이도行 문제는 이것으로 해결되었습니다. 다음은 여객기 승객 문제인데, 이것은 탑승객 명부의 뒤집기라고 깨달았습니다. 유에서 무로, 조건이 바뀐 것입니다.)

(18) 三十年勤めて、やっと手に入れたのは、通勤に一時間四十分の遠隔地に建つ、マッチ箱のような二階家で、バス停まで五分歩き、私鉄の駅まで十五分バスに乗り、十五分並んで各駅停車に座席を取り、三十分居眠りをする……。<u>会社へ着いた時には、若いサラリーマンでもいい加減疲労しきっているというわけだ</u>。(昼)

(30년 근무하면서 겨우 손에 쥔 것은, 통근시간 1시간 40분 거리에 세워진 성냥갑 같은 2층 집으로, 버스 정류장까지 5분 걷고, 민영철도 역까지 15분 버스를 타고, 15분 정도 한 줄로 서서 완행열차에 좌석을 잡고, 30분 정도 쪽잠을 잔다... 회사에 도착했을 때에는 젊은 샐러리맨이라도 어지간히 지쳐 있다는 것이다.)

「ワケダ」는 상기 예문에서 확인할 수 있듯이 기본구조보다는 주로 확대 구조인「기술문/기술문 - ワケダ」의 구조를 취하여 결과적인 혹은 귀결적인 설명을 하는 것이 특징이라고 할 수 있다.

3.2.3. 「カラダ」「タメダ」

또한 다음「カラダ」와「タメダ」[22])는 아래 예문과 같이 인과관계의 설명문을 나타내기 위해 쓰인다.

(19) 葬式の時だった。焼香に村井の名が呼ばれると、彼は深くうなだれて

---

22) 「セイダ」도 이 타입에 속한다고 생각된다.

立ち上がった。その時、啓造は思わずはっとして村井をみた。瞬間
であったが、村井が犯人ではないかと疑ったからである。(氷点上)

(장례식 때였다. 분향소에서 村井의 이름이 불리자 그는 깊게 고개
를 숙인 채 일어섰다. 그때 啓造는 무심결에 퍼뜩 村井을 쳐다보
았다. 순간적이었지만 村井가 범인이지 않을까 하고 의심했기 때
문이다.)

(20) 「緊張感がなくなってるってこと?」うん、と彼女は顎を引いた。
「ほんと、その通り。肝心なところでふっと緩む。ここ一番、神経を
研ぎ澄ませなきゃいけないって時に、それができなくなる」根津は黙
り込んだ。千晶のいうことはよくわかった。彼もそうだったから
だ。(疾風)

("긴장감이 사라졌다는 거야?" 응, 하고 그녀는 턱을 당겼다.
"정말, 말 그대로야. 중요한 순간에 갑자기 누그러져. 여기 가장
신경을 곤두세우지 않으면 안 되는 때에 그럴 수 없게 돼." 根津는
침묵했다. 千晶가 하는 말을 잘 알았다. 그 또한 그러하기 때문이
다.)

(21) 鳥飼重太郎は目をつむった。一分間ばかり考えた末、汽車に乗ること
をやめて、駅前を横切って店の方へゆっくりと歩きだした。あるこ
とを質問するためであった。彼は予感に胸騒ぎを覚えた。(点)

(鳥飼重太郎는 눈을 감았다. 1분 정도 생각한 끝에 기차에 타는 것
을 그만두고 역 앞을 가로질러 가게 방향으로 천천히 걷기 시작했
다. 어떤 것을 묻기 위해서였다. 그는 예감으로 가슴이 설렜다.)

먼저 「カラダ」는 주로 원인이나 이유 설명문에 쓰이며 「タメダ」는 이
밖에 예문 (21)과 같이 목적을 나타내기 위해서도 사용된다.

3.3. 무표형식의 설명문23)

이상 유표형식의 설명문을 개괄적으로 살펴보았는데 사실은 다음과 같이 설명문이라는 표식이 없는 제로 혹은 무표형식의 설명문도 있다.

> (22) 薫は、毎晩、昔の夢を見た。<u>三年前まで、真壁が生きていたころの夢だ</u>。真壁はピアニストだった。ショパンの『別れの曲』が好きだった。(101)
>
> (薫는 매일 밤 옛날 꿈을 꾼다. 3년 전까지 真壁가 살아 있었던 때의 꿈이다. 真壁는 피아니스트였다. 쇼팽의 '別れの曲'을 좋아했었다.)
>
> (23) 結婚前のカップル、特に女性のほうは、しばしば心が不安定になってしまう。<u>専門家は、それを"マリッジ・ブルー"と呼ぶ</u>。(101)
>
> (결혼 전의 연인, 특히 여자 쪽은 종종 마음이 불안해진다. 전문가는 그것을 '메리지 블루'라고 부른다.)

상기의 무표형식의 설명문은 예문에서 확인할 수 있듯이 명사술어문, 형용사술어문, 동사술어문 등 모든 술어문에서 만들어 진다. 이러한 무표형식의 설명문은 모두「기술문-설명문」이라는 ≪설명의 구조≫안에서 후자의 설명문으로 기능하고 그러한 구문적인 순서가 문법적인 특징이 되기 때문에 기술문이 선행된다는 구문적인 규칙은 의무적이다. 또한 대부분의 대상적 내용이 시간적한정성이 없는 특성이나 본질을 나타낸다는 점도 주목된다.24)

---

23) 여기에서는 논의를 단순화시키기 위해서 가능성 표현과 필연성 표현은 논의대상에서 제외시키기로 하고 현실성이라는 존재 방식의 평서문만을 대상으로 한다.

24) 대부분의 경향이라는 배경에는 명사술어문의 대상적 의미가 본질, 특성, 상태, 운동 등을 나타내고 형용사술어문 또한 특성과 상태를 나타내기 때문이다. 물론 다음과 같이 시간

이하에서는 대표적인 유표형식인「ノダ」설명문과 비교하면서 무표설명문인 명사술어문부터 살펴보기로 하자.

> (24) 泉にとって、父、星貴志はただ一人の家族だった。<u>母を幼い頃に亡くし、兄弟もない泉にとって、父は、親友であり、恋人だった。</u>(セーラ)
> (泉에게 있어서 아버지 星貴志는 유일한 가족이었다. 어머니를 어린 시절 여의고, 형제도 없는 泉에게 아버지는 친구이자, 연인이었다.)
> (25) ふたりは、しばらく黙って酒を飲んだ。<u>ふたりとも、ウイスキーの水割りだった。</u>(イブ)
> (두 사람은 잠깐 동안 침묵한 채 술을 마셨다. 두 사람 모두, 물 탄 위스키였다.)
> (26) 達朗とは対照的に、弟の純平は、もてる。<u>昔からそうだった。</u>大学生の達郎に彼女がいないのに、幼稚園の純平には、毎朝、近所の美代ちゃんが迎えに来ていた。(101)
> (達朗와는 대조적으로, 남동생 純平은 인기가 있다. 옛날부터 그러했다. 대학생인 達朗에게 여자친구가 없는데 유치원생 純平에게는 매일 아침 이웃집 美代가 마중하러 나왔다.)

이미 지적한 바와 같이「ノダ」설명문은 인과관계와 비인과관계의 설명문의 용법이 있다. 이에 반해 상기 예문에서 확인할 수 있듯이 무표의 명사술어문은 주로 선행하는 기술문의 일부분의 특징이나 본질을 밝히

적한정성이 있는 명사술어문도 있다.
・「でも、助かったわ、行き先が同じエメラルド・ホテルで」
「そうじゃなきゃ乗せねーよ」ふん、と千惠は頰をふくらませる。
けっ、と純平はギアを一束落とし、アクセルを戻してスピードをゆるめた。<u>また赤信号だ。</u>(101)

는 설명문의 기능을 하고 있다. 바꾸어 말하자면 텍스트 결속성을 유지해 가는 비인과관계 설명문 중에서도 부분보충설명문으로 많이 쓰이는 것 같다.25)

다음은 형용사술어문이다. 먼저 예문을 보자.

(27) 「やっぱり……とはどういうことでしょうか」栗林は机の前に立ったまま訊いた。東郷が、じろりと見上げてきた。<u>顔が大きく目つきが鋭い</u>。学者というより政治家の雰囲気を持った人物だ。(疾風)

("역시……란 어떤 것일까요." 栗林은 책상 앞에 선 채 물었다. 東郷가 힐끗 올려다보았다. 얼굴이 크고 눈빛이 날카롭다. 학자라기보다는 정치가의 분위기를 지닌 인물이다.)

(28) 啓造は軒のつららに目をやった。生まれて間もなかった陽子を、今まで育てたということが、夏枝にとってどんなに大変であったかを、啓造は思った。<u>自分の腹を痛めた子供でさえ、一人前に育てあげるということは容易ではない</u>。(氷点下)

(啓造는 처마의 고드름에 눈길을 돌렸다. 태어난 지 얼마 안 된 陽子를 지금까지 키웠다는 것이 夏枝에게 있어서 얼마나 힘들었을까를 啓造는 생각했다. 자기 배 아파 낳은 아이조차 한 사람 몫으로 키워낸다는 것은 쉬운 것은 아니다.)

(29) その夜、薫は、目前に迫ったコンサートのリハーサルをつづけていた。つまらないところで、いくつもミスしてしまう。<u>調子が悪い</u>。技術ではなく、精神的なものだ。(101)

(그날 밤 薫는 눈앞에 다가온 콘서트의 리허설을 계속하고 있었다.

---

25) 물론 여기서는 이러한 경향을 지적하고자 하는 것이다. 주지하다시피 명사술어문의 경우 그 대상적인 내용이 운동을 나타내는 경우도 있기 때문에 이러한 경향을 의무적이라고 할 수는 없을 것이다.

시시한 대목에서 몇 번이나 실수해버린다. 컨디션이 나쁘다. 기술이 아니라, 정신적인 것이다.)

(30) 佐々木は黙々と顔を洗った。水が頬に張りつくように冷たい。湯沸器
のお湯で洗いたいところだが、寒さを苦にしていないことを妻に示
すためのやせ我慢である。<u>実際、今朝は格段に寒い。</u>(昼)
(佐々木는 묵묵히 세수를 했다. 물이 뺨에 달라붙듯이 차다. 온수
기의 뜨거운 물로 씻고 싶지만, 추위가 아무렇지도 않는다는 것을
아내에게 보여주기 위한 오기다. 실제로 오늘 아침은 유달리 춥다.)

예문(27)(28)은 특성형용사[26]의 예문으로 전자는 비인과관계의 부분보
충설명, 후자는 전체보충설명의 용법이다. 또한 (29)(30)은 상태형용사의
예문인데 전자는 비인과관계의 전체보충설명, 후자는 인과관계의 이유설
명의 예문으로 생각된다.[27]

다음은 동사술어문의 경우이다. 먼저 구체적인 예문을 보자.

(5) 料理が運ばれてきた。<u>スープの中に、炒めた野菜や卵焼き、豚肉など
が入っている。</u>(疾風)
(요리가 나왔다. 스프 속에 볶은 채소나 계란말이, 돼지고기 등이
들어있다.)

(31) 泉にとって、父、星貴志はただ一人の家族だった。母を幼い頃に亡く
し、兄弟もない泉にとって、父は、親友であり、恋人だった。四十
五歳の働き盛り。<u>中規模の貿易会社で、営業部長として活躍してい</u>

---

26) 형용사의 분류에 관해서는 樋口(1996)(2001), 八亀(2008), 工藤(2014) 등을 참조.
27) 시간적한정성이 있는 상태를 나타내는 형용사술어문은 텍스트 구조 속에서 다음과 같이
기술문으로 기능하는 경우도 보여진다.
・<u>佐山憲一とお時だとすれば、會社員の見た西鐵香椎驛の男女が、もっともそれに近
い。</u>女の言った言葉が強く彼をとらえるのである。(点)

<u>た</u>。(セーラー)

(泉에게 있어서 아버지 星貴志는 유일한 가족이었다. 어머니를 어린 시절 여의고, 형제도 없는 泉에게 아버지는 친구이자, 연인이었다. 45세의 한창 일할 나이. 중견급 무역회사에서 영업부장으로 활약하고 있었다.)

(23) 結婚前のカップル、特に女性のほうは、しばしば心が不安定になってしまう。<u>専門家</u>は、それを"マリッジ・ブルー"と呼ぶ。(101)

(결혼식의 연인, 특히 여자 쪽은 종종 마음이 불안해진다. 전문가는 그것을 '메리지 블루'라고 부른다.)

(32) <u>月曜の朝</u>は、みんな何となく<u>不機嫌な顔をしている</u>。また忙しい一週間が始まると思うと、気が重いのだ。出勤時間も、いつもより遅めになる。(イブ)

(월요일의 아침은 모두가 왠지 불쾌한 얼굴을 하고 있다. 또 바쁜 한 주가 시작된다고 생각하면, 마음이 무거운 것이다. 출근 시간도 평소보다 늦어진다.)

예문(5)(31)은 설명문이 계속상 형식을 취하고 있는 예문인데 대상적 내용이 추상화되어 특성을 나타내고 있다. 설명문의 기능으로는 비인과관계 중「料理」의 내용과「星貴志」의 직업에 관하여 부분보충설명의 역할을 하고 있다. 반면 뒤의 두 예문은 완성상의 형식을 취하고 있는데 전자는 결혼 전 여성의 심리를 일반화시켜서 설명하므로 비인과관계 중 전체보충설명을, 후자는 출근 시간도 보통 때보다 늦어진다는「月曜の朝」의 상황에 관한 부분보충설명의 기능을 하고 있다.

이상의 무표형식의 용법을 정리해 보면 (30)과 같이 이유설명을 나타내는 예문도 없지는 않지만 대부분의 무표형식은 시간적한정이 없는 문

장이며 또한 부분보충설명이나 전체보충설명 등 비인과관계의 설명적인 기능을 수행하고 있는 것 같다. 이러한 현상은 유표형식을 대표하는 「ノダ」형식이 인과관계, 비인과관계의 결합을 포함한 광범위에 걸친 다양한 의미/용법을 갖고 있는 것에 비하면 대조적이라고 할 수 있다. 그 이유는 ≪설명≫을 직접인식에 의해서 파악이 안 되는 배후에 있는 본질적인 특징을 밝히는 것이라고 한다면 무표형식의 설명문은 이미 그 대상적 내용이 설명문으로 기능할 수 있는 조건을 충족시키고 있다는 점에서 찾을 수 있을 것 같다.

4. 나오기

종래 설명의 모달리티에 관한 연구는 주로 유표형식을 대상으로 연구되어 왔다. 본서에서는 무표형식도 설명이라는 텍스트 기능을 수행한다는 점에 주목하여 무표형식을 포함한 현대일본어의 설명모달리티를 대상으로 하여 시간적한정성의 관점에서 일본어 설명문을 고찰했다. 중요한 논점을 정리하면 다음과 같다.

첫 번째로 ≪설명의 구조≫는 「기술문-설명문」이라는 하위 구성요소로 이루어진다. 기술문은 기본적으로 시간적한정성이 없는 화자가 직접 확인한 동사술어문이 오고 설명문에는 사고에 의한 일반화라는 인식을 통한 명사술어문이 오는 경우가 많다. 만약 시간적한정성이 있는 동사술어문이 설명문으로 기능하기 위해서는 「くらい庭に電灯の光がさっと流れた。啓造たちの寝室に灯りがついたのである」의 경우와 같이 「ノダ」라는 유표형식이 필요하게 된다.

두 번째로 유표형식의 설명문에는 대표적으로 「ノダ」「ワケダ」「カラダ」 「タメダ」 등의 형식이 있다. 먼저 「ワケダ」는 「기술문, 기술문 - 설명문」 과 같은 확대구조를 취하면서 귀결 설명의 기능을 한다. 또한 「カラダ」「タ メダ」는 기본구조를 이루어 인과관계에 의한 설명을 하는 데 사용된다. 한편 「ノダ」는 이유나 원인 등의 인과관계뿐만 아니라 전체보충설명이 나 부분보충설명 등 비인과관계에 의한 설명에도 쓰이는 폭넓은 의미/용 법을 갖는 대표적인 형식이라고 할 수 있다.

세 번째로 무표형식의 설명문은 동사술어문, 형용사술어문, 명사술어 문 모든 술어문에서 가능한데 기본적으로 시간적한정성이 없는 <본질> 과 <특성>을 나타내는 경우가 많다. 대상적 내용이 본질이나 특성이라 는 것은 이미 그 자체로 설명문으로 기능할 수 있는 조건을 충족하고 있 는 것이다. 또한 무표의 설명문보다 기술문이 선행된다는 구문적인 특징 이 무표형식의 설명문에서는 의무적이라고 할 수 있다.

이상이 본서에서 논의한 주요 논점인데 지면 관계상 혹은 필자의 능력 의 한계로 인하여 비종결법의 용법이나 회화체의 용법 등 충분히 논의하 지 못한 점도 많다. 모두 향후의 과제로 남겨두기로 하겠다.

2

인과관계의「ノダ」

제2장

인과관계의 「ノダ」

1. 들어가기

일본어의 「ノダ」형식은 이미 많은 선행연구에 의해 다양한 의미/용법을 갖고 있는 것으로 알려져 있다. 하지만 선행문과 후행문이 텍스트론적인 사실로써 그 논리적인 관계가 인과관계로 이루어진 용법만을 한정시킨다면 다음과 같이 원인설명문과 이유설명문의 두 가지 하위 타입이 있다고 할 수 있다.

(1) 粉雪が舞うゲレンデを撮影した写真を添付し、佐藤と鈴木にメッセージを送った。昨夜遅く、急遽里沢温泉スキー場に行くことになったと伝えたら、ブーイングのメッセージが届いたのだ。(疾風)
(가랑눈이 흩날리는 스키장을 촬영한 사진을 첨부해, 佐藤와 鈴木에게 메세지를 보냈다. 어젯밤 늦게 급히 사토자와 온천 스키장에

가게 됐다고 전했더니 항의 메시지가 온 것이다.)

(2) 気が進まないが、ともかく野田と会わねばならない。「よっこらせ」と
声を出してベンチから立ち上がると、安男は神田駅の方角に向かっ
て歩き出した。何のことはない。<u>はなから野田の事務所を訪ねるつ
もりでここまで来ていたのだ</u>。(天国)

(내키지 않지만, 어쨌든 野田와 만나야 한다. "웃차"하고 소리를
내며 벤치에서 일어서자, 安男은 칸다역 방향으로 걷기 시작했다.
별것 아니다. 처음부터 野田의 사무소를 방문할 생각으로 여기까
지 와 있었던 것이다.)

상기 예문(1)은 원인설명문의 예인데 선행하는 기술문[1](粉雪が舞うゲレン
デを撮影した写真を添付し、佐藤と鈴木にメッセージを送った)과 후행하는 설명문(昨
夜遅く、急遽里沢温泉スキー場に行くことになったと伝えたら、ブーイングのメッセージ
が届いた)과의 텍스트론적인 논리 관계를 「결과―원인」의 관계에 의한 것
으로 파악하는 설명문이다.[2] 한편 (2)는 이유설명문의 예로 「결과(「よっこ

---

1) 설명의 구조는 기술문과 설명문으로 이루어지고 선행하는 문장을 기술문, 후행하는 문장
을 설명문이라고 부르기로 한다. 설명문은 유표형식인 「ノダ」가 접속되는 것이 대표적인
경우이고 그 밖에도 「ワケダ」「カラダ」 등의 형식이 있지만 이하에서는 주로 「ノダ」문만
을 고찰대상으로 한다.
2) 설명에 관한 사전적인 정의를 살펴보면 다음의 ①②와 같다. 본서에서는 이러한 사실을
반영한 보다 적절한 것으로 ③의 奧田(1990)을 따르기로 한다.
 ① ときあかすこと。特に、物事がなぜこうあるのかの根據をあきらかにすること。
(西尾實他2人(1982)『岩波國語辭典』第3版)
 ② 記述が、事象の單なる描寫や確認であるのに對して、ある事象がなぜそうであるかと
いう根據を法則からの演繹によって明らかにすること。科學的認識はこの段階に
入って初めて予見が可能となる。(『大辭林 第三版』)
 ③ さしあたって、物や出來事をめぐって、これらの內部のおくふかくにかくされてい
る、直接的な経驗ではとらえることのできない、本質的な特徴をあきらかにするこ
とが≪說明≫であると、規定しておこう。また、物のあいだの相互作用のなかか
ら、原因・結果の関係のような、法則的なむすびつきをとりだすことが≪說明≫で

らせ」と声を出してベンチから立ち上がると、安男は神田駅の方角に向かって歩き出した」―理由(はなから野田の事務所を訪ねるつもりでここまで来ていた)」의 논리관계를 나타내는 설명문이다.

이하 본서에서는 이와 같은 인과관계를 나타내는「ノダ」설명문에 주목하여 주로 문장체의 문말이라는 구문적인 위치에 나타나는「ノダ」형식을 주된 고찰대상으로 한다. 이러한 인과관계의「ノダ」설명문을 우선 원인설명문과 이유설명문으로 크게 하위분류하여 1)대상적인 내용의 성질(의미적 타입과 시간적한정성) 2)시간성(택시스와 애스펙트, 추상화 단계) 3)모달리티(인식모달리티와 존재론적 모달리티) 등의 관점[3])에서 양자의 차이점과 공통점을 실증적인 자료를 바탕으로 하여 체계적이며 포괄적으로 고찰하여「ノダ」형식에 의한 일본어 설명문의 본질을 규명하는 데 일조하고자 한다.

2. 고찰의 전제

구체적인 분석에 들어가기 전에 여기서는 준비적인 작업으로 대표적인 선행연구와「ノダ」문장의 분류, 인과관계의「ノダ」등에 관하여 살펴보기로 한다.

あると、ひとまず規定しておこう。(奥田(1990:177))
3) 설명문에 관한 개괄적인 설명은 佐藤(2001)을 참조.

2.1. 선행연구

전후 国立国語研究所(1951), 三上(1953) 등을 시작으로 寺村(1984), 田野村 (1990), 野田(1997), 益岡(2001) 등「ノダ」에 관해서는 많은 연구가 이루어져 이미 상당한 축적이 있다. 본서의 관점에서 보자면 인과관계의 용법을 인정한 것과 그렇지 않은 것이 있는데 제일 밀접한 관련이 있다고 보여 지는 奥田(1990)를 대표적인 것으로 소개하기로 한다.

奥田(1990)은 문장체의 문말에 나타나는「ノダ」를 대상으로 하여 텍스 트 논리로서의 ≪설명≫에 관하여 논의하고 있는데「ノダ」설명[4]문을 논리적인 악센트가 어디에 있는가에 따라 우선 ≪つけたし≫와 ≪ひき だし≫로 분류한다. 그 다음 설명문과 기술문[5]과의 논리적인 관계를 분 류하고 있는데 전자의 하위 타입에는 ①原因、②理由、③動機、④源 泉、⑤判断の根拠、⑥具体化、精密化、いいかえ、⑦思考の内容、⑧ 意義づけ、등[6]이 있고, 후자의 경우는 ①結果(原因の)、②結果(理由の)、 ③発見的な判断、④必然の判断、⑤評価的な判断、⑥一般化の判断 등 으로 하위타입을 나누고 있다. 지면 관계도 있으므로 대표하여 ≪つけた し≫의 원인과 이유의 예문만 보기로 하자.

---

4) 여기에서의 ≪설명≫이란 논리적인 설명뿐만이 아니라 일상의 논리로써의 설명을 포함한다.
5) 奥田(1990)에서는 「≪説明≫の文」, 「≪説明され≫の文」이라는 용어를 사용하고 있다. 또 한 설명항과 피설명항이라는 용어도 보인다.
6) 또한 연구자에 따라 ≪설명≫의 하위 타입이 조금씩 차이가 있다. 예를 들면 松岡(1987)에 서는 크게「因果關係、對比・對立關係、表裏關係」등으로, 또한 吉田(1988)에서는「ノダ」 형식의 표현효과를「換言・告白・教示・強調・決意・命令・發見・再認識・確認・調整・ 客体化」등으로 나누고 있다. 하지만 이들의 연구는 문말과 비문말 등의 출현 위치, 또는 회화문과 문장체의 분리 등 기본적이고 본질적인 부분 즉, 연구대상과 연구방법론에 관하 여 관점과 입장이 다르기 때문에 같은 레벨에서의 단순비교는 무의미하고 불가능하리라 보인다.

- この学期末のいそがしいさいちゅうに、ながいあいだ病院にはいっていた、沢田先生の夫人がなくなった。<u>衰弱したからだが、七月のあつさをしのぎきれなかったのだ。</u>(人間の壁)(奥田(1990:181))
- 勤務時間が不規則で、深夜まで仕事があることもめずらしくないという理由から、ひとりだけ彼はアパート住まいをしていた。実はそれが和彦の口実であって、ほんとうは父や母の監督からのがれて、勝手な、自由な生活をしたかったのだ。父はわかっていたが、だまってだしてやった。<u>けだものだって、鳥だって、一人前になれば、みんな親からはなれていくのだ。</u>(洒落た関係)(奥田(1990:186))

이러한 奥田(1990)의 실증적이며 체계적인 연구는 후속되는 이 분야의 연구에 막대한 영향력을 발휘하고 있다. 하지만 본서에서는 다음과 같은 의문점도 갖고 있다.

먼저 용법이 너무나 세분화되어 각 용법의 경계가 알기 어렵고, 또한 일본어 교육 현장에서도 사용하기 힘들다는 점이다.

두 번째는 실제 자료를 모아 분석해 보면 ≪ひきだし≫의 타입의 용례가 거의 발견되지 않는다는 점이다.[7]

따라서 이하에서는 본서의 입장에서 「ノダ」설명문을 분류해 보기로 한다.

---

7) 奥田(1990)에서는 「彼は大學を辭めた。田舎に歸ったのだ。」와 같은 예문도 인과관계로 파악하고 있다. 여기에서도 선행문과 후행문의 논리 관계는 「원인-결과」의 관계로 생각하지만 여기에서 원인설명문과는 시간 구조, 결과설명 등 약간 차이가 있는 것으로 생각된다.

2.2. 「ノダ」설명문의 3분류

본서에서는 「ノダ」설명문을 크게 인과관계 설명문과 비인과관계 설명문, 그리고 강조문 등의 3분류를 제안한다.

(3) 若い頃は怖くないから突っ込んでいける。やがて怖さを知るようになるが、それを克服することでさらに強くなれる。しかし年を取ると、怖さを感じているわけではないのに突っ込めなくなる。<u>反応が鈍ってくるのだ</u>。(疾風)

(젊은 시절은 두려울 게 없으니 깊이 파고들 수 있다. 이윽고 두려움을 알게 되면, 그것을 극복함으로 더욱더 강해질 수 있다. 그러나 나이를 먹으면, 두려움을 느끼지 않는데도 깊이 파고들 수 없게 된다. 반응이 무뎌지는 것이다.)

(4) あきらかに、情死とわかったので、刑事たちの顔には、弛緩した表情があった。犯罪がなかったという手持無沙汰がどこかにあった。<u>つまり、犯人を捜査する必要がなかったのである</u>。(点と線)

(명백하게, 동반 자살이라고 알았기에, 형사들의 얼굴은 이완된 표정이었다. 범죄가 없었다는 무료함이 어딘가에 있었다. 즉, 범인을 수사할 필요가 없었던 것이다.)

(5) 「もしよかったら、別の会社紹介するぞ。転職は、いま、恥ずかしいことじゃないんだから」その気持は涙が出るほどありがたかった。<u>しかし、篤は、あえて明るく答えたのだ</u>。
「もうちょっとがんばってみるよ。」(愛)

("만약 괜찮으면, 다른 회사를 소개할게. 이직은 지금 부끄러운 일이 아니니까" 기분은 눈물이 날 정도로 고마웠다. 그러나 篤는 굳이 밝게 대답했던 것이다.
"조금 더 노력해 볼게.")

먼저 예문(3)은 인과관계의 설명문을 나타내는 것인데(이 경우는 「결과-이유」) 여기에 속하는 예문들은 설명문 앞에 「なぜなら」와 같은 접속사를 첨가할 수 있다는 것이 특징이 될 수 있다. 또한 예문(4)는 비인과관계, 이 경우 부분보충설명의 예문인데[8] 이 타입은 「つまり、いいかえれば」 등과 같은 접속사가 설명문의 앞에 올 수 있다. 마지막으로 예문(5)는 소위 강조문의 예문인데 이 경우는 「ノダ」를 생략해도 문장의 의미적인 차이에 큰 변화가 없다는 특징이 있다.

이러한 설명문의 경우는 이미 선행연구에서도 지적되어 있듯이 <이중판단>[9]이 성립한다는 사실을 주목해야 한다. 즉, 하나는 화자(작가/관찰자)가 대상적인 내용에 대하여 인식적인 판단을 하는 것이고 다른 하나는 기술문과의 관계에서 설명문으로 제시하여 논리적인 판단을 하는 것이다.

2.3. 인과관계 「ノダ」설명문의 하위 타입

본서에서는 인과관계의 설명문을 원인설명문과 이유설명문을 나누는 입장인데 그 이론적인 근거를 사전적인 정의에서부터 검토해 보기로 한다. 우선은 사전의 예를 검토하기로 하자.

---

8) 물론 비인과관계의 설명문에도 여러 하위 타입이 존재하지만, 논지와는 조금 벗어나므로 다음 기회에 자세히 소개하기로 한다.

9) 이 용어에 대해서는 奧田(1990)에서도 같은 취지의 설명이 보인다. 또한 國立國語硏究所 (1951)에도 같은 용어가 보이지만 여기에서와 같은 의미인지는 확인할 수 없다.

◆ 原因：1) ある物事や状態をひき起したもの(として働くこと)。

　　　　　　(어떤 사물이나 상태를 일으킨 것으로 작용하는 것)

(西尾実他2人編(1982)『岩波国語辞典』)

　　　　2) ある物事や、ある状態・変化を引き起こすもとになること。
　　　　　また、その事柄。(松村明編(2006)『大辞林』)

　　　　　(어떤 사물이나, 상태/변화를 야기시키는 원인이 되는 것.
　　　　　또한 그 사항)

◆ 理由：1) 物事がそのようになった、わけ。すじみち。また、それをそ
　　　　　う判断した、よりどころになる、またはする事柄。

(西尾実他2人編(1982)『岩波国語辞典』)

　　　　　(사물이 그렇게 된 이유. 경위. 또는 그것을 그렇게 판단한
　　　　　근거가 되는 또는 근거로 하는 사항)

　　　　2) なぜそうなったかという筋道。また、なぜそうするかという根拠。
　　　　　わけ。事情。(松村明編(2006)『大辞林』)

　　　　　(어떻게 그렇게 되었는가 하는 경위. 또는, 어떻게 그렇게
　　　　　하는가 하는 근거. 이유. 사정.)

다음은 철학 사전의 예이다.

◆ 原因：原因とはある出来事や状態を引き起こすもととなる事柄ないし
　　　　は条件のことであり、生起した出来事や状態は結果と呼ばれ
　　　　る。(広末渡外6人(1988)『岩波哲学・思想辞典』)

　　　　(원인이란 어떤 사건이나 상태를 야기시키는 근거가 되는 사
　　　　항 내지는 조건이며, 일어난 사건이나 상태는 결과라 불린다)

◆ 理由：理由は根拠とも言われ、広義には物事が成立するための＜実在
　　　　的根拠＞ならびに命題が主張されるための＜論理的な根拠＞
　　　　をともに意味する。前者は事実どうしの実在的な関係を表すも

ので原因とほぼ同義であり、時間的に先行する事実を原因、
それに後続する事実を結果と呼ぶ。後者は狭義の理由であ
り、命題どうしの論理的な関係を表すもので＜認識根拠＞と
も言う。その際、推論の上で論理的に先行する命題を理由(前
提)、後続する命`題を帰結(結論)と呼ばれる。

(広末渡外6人(1988)『岩波哲学・思想辞典』)

(이유는 근거라고도 하며, 광의로는 사물이 성립하기 위한
＜실재적 근거＞ 및 명제가 성립하기 위한 ＜논리적인 근거＞
를 의미한다. 전자는 사실 간의 실재적 관계를 나타내는 것으
로 원인과 거의 같은 의미이며, 시간적으로 선행하는 사실을
원인, 그것에 후속하는 사실을 결과라고 한다. 후자는 협의의
이유이며, 명제 간의 논리적인 관계를 나타내는 것으로 ＜인
식 근거＞라고도 한다. 그때 추론상 논리적으로 선행하는 명
제를 이유(전제), 후속하는 명제를 귀결(결론)이라고 불린다.)

  상기의 사전적인 정의를 참고하여 정리해 보자면 ≪원인≫이란 실제
적인 관계(계기)를 나타내는 것으로 어떤 사건이나 상태를 일으키는 선행
하는 근거나 조건으로 볼 수 있다. 반면 ≪이유≫란 사태가 성립하기 위
한 근거라 볼 수 있는데 이 경우는 논리적인 관계뿐만 아니라 실제적인
관계(동시성)도 나타낸다.
  다음 장에서는 이러한 사실이 「ノダ」설명문에 언어적인 특징으로 어
떻게 반영되어 있는지를 자세히 고찰하기로 한다.

3. 문법적 · 의미적인 특징

기술한 바와 같이 「ノダ」형식이 사용된 인과관계의 설명문을 크게 원인설명문과 이유설명문으로 나누었는데[10] 이하에서는 양자의 차이를 설명문으로 사용되는 문장의 대상적인 내용[11]의 성질을 비롯하여 시간성과 모달리티 등의 관점에서 살펴보기로 하자.

3.1. 대상적인 내용

대상적인 내용의 성질을 시간적한정성[12]과 또한 이 개념과 연동되는 의미적인 타입(운동, 상태, 특성, 질)[13]의 관점에서 검토해 보기로 한다.

시간적한정성이란 문장이 나타내는 대상적 내용을 화자가 직접 경험에 의해 확인하는 <운동>이나 <상태>를 의미하는 시간적한정성이 있는 경우와 사고에 의한 일반화를 통하여 파악하는 시간적한정성이 없는 <본질>이나 <특성>을 의미하는 경우가 있다. 이러한 시간적한정성의 관점에서 원인설명문과 이유설명문을 살펴보기로 하자.

    (6) その日の夕方、貴子は学校の近くの喫茶店で尚美と会った。
        「撮影で近くまで来たから」と尚美から電話がかかってきたのだ。

(愛)

---

10) 奧田(1990)에서는 인과관계 안에 動機, 源泉, 判斷の根據 등도 포함시키고 있다.
11) 대상적인 내용이란 명제(proposition)나 コト, 事柄的な内容, 言表事態 등과 같은 것을 의미한다.
12) 보다 상세히는 奧田(1988), Givón(2001), 工藤(2014), 정(2012)(2013) 등을 참조.
13) 이 밖에도 의미적 타입으로 <관계>와 <존재>도 있지만 논의의 편의상 생략하기로 한다.

(그날 저녁, 貴子는 학교 근처의 카페에서 尚美와 만났다.

"촬영 때문에 근처까지 와서"라고 尚美로부터 전화가 걸려온 것이다.)

(7) 扉の外の真二も、しばらくそこにたたずんでいた。すると、部屋の中から、ピアノの音がこぼれてきた。<u>涼子が、レッスンをまた始めたのだ。</u>(ロング)

(문 밖의 真二도 잠시 동안 그곳에 서 있었다. 그러자 방 안에서 피아노 소리가 흘러나왔다. 涼子가 레슨을 다시 시작한 것이다.)

(8) 土曜日の午後、いつもより早く帰ると家の中が静かであった。洗濯機の音がひくくうなって、水の音がしていた。茶の間に一歩足を踏み入れた啓造は、思わずハッとして立ちどまった。<u>シュミーズ一枚の姿で、陽子がデッキチェアに眠っていたのである。</u>(氷点下)

(토요일 오후, 여느 때보다 일찍 돌아오니까 집 안이 조용했다. 세탁기 소리가 작게 울리고, 물소리가 나고 있었다. 안방에 한걸음 들어선 啓造는 무심코 흠칫 멈추어 섰다. 슈미즈 한 장만 걸친 채 陽子가 접의자에서 잠들어 있던 것이다.)

(9) 玄関ドアは、軽く触れただけで、ゆっくり開いた。<u>内開きのドアが、きっちりとドア枠に収まっていないのだ。</u>(鍵)

(현관문은 가볍게 건드린 것만으로 천천히 열렸다. 안쪽 여닫이 문이 제대로 문틀에 들어가지 않은 것이다.)

앞의 두 예문이 「원인-결과」[14]의 관계를 나타내는 설명문이고 뒤의 두 예문이 「이유-결과」의 관계를 나타내는 설명문이다. 이상의 예문에서는 밑줄 친 부분이 모두 <운동>을 나타내는 동사술어문이며 시간적 한정성이 있는 설명문이다. 전자인 원인설명문은 기본적으로 시간적한정

---

14) 여기에서의 「결과-원인」 등의 인과관계란 과학적인 레벨에서의 용어가 아니라 일상생활의 경험을 반영한 언어 세계의 논리이다.

성이 있는 것이 의무적인데 반하여 후자인 이유설명문은 다음과 같은 시간적한정성이 없는 예문도 어렵지 않게 발견된다.

(10) くるみは浮かない剛を笑わせようといっしょうけんめい冗談を言ったりした。そのけなげさが剛を感動させた。だが、だからといって、雪子に抱いたのと同じ気持を、くるみには抱けなかった。<u>剛にとってくるみはやはりもう通りすぎてしまった相手なのだった。</u>

(イヴ)

(くるみは 우울한 剛를 웃기려고 열심히 농담을 하곤 했다. 그 갸륵함이 剛를 감동시켰다. 하지만 그렇다고해서 雪子에게 안긴 것과 같은 기분을 くるみ에게서는 느끼지 못했다. 剛에게 くるみ는 역시 이미 지나가 버린 상대인 것이었다.)

(11) 廊下に出てきたくるみが聞いた。声が弾んでいる。<u>知り合って間もない雪子の突然の訪問は、くるみにとってうれしい驚きだったのだ。</u>

(イヴ)

(복도로 나온 くるみ가 물었다. 목소리가 들떠 있다. 알게 된 지 얼마 안된 雪子의 갑작스런 방문은 くるみ에게 있어서 기쁜 놀라움이었던 것이다.)

(12) 「そんなにかわいいかなあ」
「かわいいさ。あの、フワーッと綿菓子みたいなところが魅力なんだよ」順平は、知恵の挑発に、いちいち素直に反応する。<u>プレイボーイを気取るわりには、根は純情で単純なのだ。</u>(101)
("그렇게 귀여울까?"
"귀엽지. 그 폭신한 솜사탕 같은 부분이 매력이야." 順平는 知恵의 도발에 하나하나 순순히 반응한다. 플레이보이인 척하는 것 치고는 본성은 순정적이고 단순한 것이다.)

(13) 「泉さんは意志は強いが、けっして無鉄砲な人じゃない。ただの好奇

心から、そんな真似をするだろうか?」哲夫は考え込み、周平は顔を
しかめてプイと横を向いた。<u>周平は考えるほうは苦手なのである。</u>

(セーラー)

("泉씨는 의지는 강하지만 결코 무모한 사람은 아니다. 단지 호기
심으로 그런 흉내를 낼까?" 哲夫는 골똘히 생각에 잠겼고, 周平는
얼굴을 찡그리며 휙 고개를 돌렸다. 周平은 생각하는 것이 어려운
것이다.)

   상기 예문은 모두 시간적한정성이 없는 이유설명문인데 앞의 두 예문
은 명사술어문[15])으로 <본질>을 나타내고 뒤의 두 예문은 형용사술어
문[16])으로 <특성>을 나타낸다.

   이상의 결과를 정리해 보면 원인설명문은 화자가 직접경험에 의해 대
상적내용을 확인하는 시간적한정성이 있는 <운동>이나 <상태>를 나타
내는 주로 동사나 형용사술어문의 문장이 오는 반면 이유설명문은 시간
적한정성이 있는 경우도 있고 없는 경우도 있어 제한이 없다고 생각된
다. 따라서 대상적 내용의 의미적인 타입으로는 <운동><상태><특성>
<본질>이 모두 가능하게 되며 모든 술어문이 나타난다.

3.2. 시간성

   여기서는 설명문의 시간성을 택시스(taxis),[17] 애스펙트형식, 추상화의

정도 등의 관점에서 검토해 보기로 한다.

먼저 택시스(temporal order)란 복수의 문장이 유기적인 관계로 결합된 텍스트에서 문장 사이의 시간 관계 즉, 계기적인가 동시적인가 등을 의미한다. 여기에서는 이러한 택시스의 관점에서 원인설명문과 이유설명문을 검토해 보기로 한다.

> (14) 同じころ、藤井と薫は『エチュード』で会っていた。<u>急用がある、と藤井が呼び出したのだ。</u>(101)
>
> (같은 시간, 藤井와 薫는『エチュード』에서 만나고 있었다. '급한 용무가 있어'라고 藤井가 불러낸 것이다.)
>
> (15) 扉の外の真二も、しばらくそこにたたずんでいた。すると、部屋の中から、ピアノの音がこぼれてきた。<u>涼子が、レッスンをまた始めたのだ。</u>(＝7)
>
> (문 밖의 真二도 잠시 동안 그곳에 서성거리고 있었다. 그러자 방 안에서 피아노 소리가 흘러나왔다. 涼子가 레슨을 다시 시작한 것이다.)

위 두 예문은 원인설명문의 예문인데 기술문인「藤井と薫は『エチュード』で会っていた」「部屋の中から、ピアノの音がこぼれてきた」라는 사건과 설명문인「急用がある、と藤井が呼び出した」「涼子が、レッスンをまた始めた」라는 사건과의 시간적인 관계가 계기적이다. 사실 여기에서는 현실 세계의 시간 관계가 언어 세계에서는 반대로 제시되어 있다. 즉,「急用がある、と藤井が呼び出した → 藤井と薫は『エチュード』で会っていた」,「涼子

문장과의 시간 관계를 나타내므로 여기에서는 기술문과 설명문과의 관계가 시간적으로 <계기적>인가 <동시적>인가를 문제시하게 된다.

が、レッスンをまた始めた → 部屋の中から、ピアノの音がこぼれてきた」라는 것이 현실 세계에서 일어난 시간순서이지만 화자는 이것을 언어 세계에서 반대로 제시하여 원인을 설명하고 있다. 이 경우「ノダ」형식의 사용은 의무적이다.

원인설명문은 시간적으로 선행문과 계기적인 관계를 나타내기 때문에[18] 애스펙트의 형식은 대부분 완성상의 형식인 スル(シタ)가 사용되는데 다음과 같이 퍼펙트용법의 シテイル의 예문도 보인다.

(16) 「奥さんが病気で寝ている家でしょう?」

巡査の方から言った。その言葉を聞いたとき、三原はがくんと妙な落胆をおぼえた。やっぱり、そうだったのか。安田は嘘をついてはいなかったのだ。(点と線)

("부인이 병으로 누워있는 집이죠?"

순경 쪽에서 말했다. 그 말을 들었을 때, 三原은 덜컥하고 묘한 낙담을 느꼈다. 역시나 그랬던 것인가. 安田는 거짓말을 하지는 않았던 것이다.)

(17) 「列車食堂の領収証? 妙なものをもっているもんだね」

係長は、それをとって、ていねいに皺を伸ばした。それはポケットの底に何気なしに残っていたという様子で、くたくたになっていたのだ。(点と線)

---

18) 다음 예문은 명사술어문이나 형용사술어문으로 설명문이 상태를 나타내는 것인데 원인설명문의 용법으로 생각된다.

・そんなふうに二人が和んでいるとき、店のドアが開き、二人連れの客がやってきた。笑顔のまま、なにげなくドアのほうを向いた薫。次の瞬間、その笑顔が変わった。客は、達郎と涼子だったのだ。(101)

・二人で、お好み焼き屋に入った。純は上機嫌だった。尚美に紹介してもらった出版者の編集者に小説を讀んでもらった。その感触がなかなかよかったのだ。(愛)

("기차식당 영수증? 이상한 걸 갖고 있는 녀석이군"
계장은 그것을 집어 조심스럽게 구김을 폈다. 그것은 주머니 속에
아무렇게나 남아 있었던 것 같은 모습으로 너덜너덜해져 있었던
것이다.)

이 경우도 현실 세계의 시간 순서와는 반대로 제시되는 점은 동일하
다. 다음은 이유설명문의 경우를 검토해 보자.

(18) 土曜日の午後、いつもより早く帰ると家の中が静かであった。洗濯機
の音がひくくうなって、水の音がしていた。茶の間に一歩足を踏み
入れた啓造は、思わずハッとして立ちどまった。<u>シュミーズ一枚の
姿で、陽子がデッキチェアに眠っていたのである。</u>(氷点下)
(토요일 오후, 여느 때보다 일찍 돌아오니까 집 안이 조용했다. 세
탁기 소리가 작게 울리고, 물소리가 나고 있었다. 안방에 한걸음
들어선 啓造는 무심코 흠칫 멈추어 섰다. 슈미즈 한 장만 걸친 채
陽子가 접의자에서 잠들어 있던 것이다.)
(19) 玄関ドアは、軽く触れただけで、ゆっくり開いた。<u>内開きのドアが、
きっちりとドア枠に収まっていないのだ。</u>(鍵)
(현관문은 가볍게 건드린 것만으로 천천히 열렸다. 안쪽 여닫이 문
이 제대로 문틀에 들어가지 않은 것이다.)

상기의 이유설명문은 모두 시간적 한정성이 있는 운동이나 상태를 나
타내는 경우인데 기술문과 설명문의 시간 관계는 예문(18)이 「茶の間に
一歩足を踏み入れた啓造は、思わずハッとして立ちどまった」 ≒ 「シュミ
ーズ一枚の姿で、陽子がデッキチェアに眠っていた」、예문(19)가 「玄関ドアは、

軽く触れただけで、ゆっくり開いた」 ≒ 「内開きのドアが、きっちりとドア枠に収まっていない」와 같이 동시적(simultaneity)이다. 따라서 애스펙트 형식은 계속상의 シテイル(シテイタ)가 많이 보여지고「ノダ」형식도 생략하면 텍스트의 유기적인 결합 관계를 유지하기 어려워진다.

하지만 다음과 같은 형용사술어문이나 명사술어문의 설명문도 이유설명문이 된다는 점을 생각한다면 계속상형식의 사용이 의무적이지는 않은 것 같다. 또한 본질이나 특성술어가 설명문으로 쓰여지면「ノダ」형식의 사용도 임의적이 되는 것 같다.[19)]

(20)「泉さんは意志は強いが、けっして無鉄砲な人じゃない。ただの好奇心から、そんな真似をするだろうか?」哲夫は考え込み、周平は顔をしかめてプイと横を向いた。<u>周平は考えるほうは苦手なのである。</u>

(＝13)

("泉씨는 의지는 강하지만 결코 무모한 사람은 아니다. 단지 호기심으로 그런 흉내를 낼까?" 哲夫는 골똘히 생각에 잠겼고, 周平은 얼굴을 찡그리며 휙 고개를 돌렸다. 周平은 생각하는 것이 어려운 것이다.)

(21) そしてふと顔を上げると、近くのテーブルに座っている女性に気づき、思わず顔が硬直した。<u>エスコートクラブの麗子だったのだ。</u>

(最後)

(그리고 문득 얼굴을 들자, 근처의 테이블에 앉아 있던 여성을 눈치채고 갑자기 얼굴이 경직되었다. 에스코트 클럽의 麗子였던 것이다.)

---

19) 이와 같은 현상은 이유설명문에 한정되는 것 같지는 않다. 다음 장에서 상세히 논의하겠지만 비인과적인 설명문에서도 같은 현상이 보인다.

(22)「父さん、飲み過ぎだよ」

その頃、中華料理店では敏夫がひとり、すっかり出来上がっていた。敏夫は上機嫌で、美紗子に老酒をついでもらっている。店には、夏目と美紗子と敏夫の三人だった。<u>美紗子の父は、学会が長引いて突然来られなくなってしまったのだ</u>。(最後)

("아버지, 너무 많이 마셨어요."

그 무렵, 중화요리점에서는 敏夫가 혼자서 완전히 만취해있었다. 敏夫는 들뜬 기분으로 美紗子에게 오래된 술을 따르게 하고 있다. 가게에는 夏目와 美紗子와 敏夫 세 명이었다. 美紗子의 아버지는 학회가 길어져서 갑작스럽게 못 오게 되어 버린 것이다.)

마지막 예문의 경우는 설명문은 동사의 완성상형식이지만 선행하는 기술문이 명사술어문이기 때문에 시간적인 관계가 동시적이 되는 경우이다.

이상을 정리해 보면 원인설명문은 기술문과 설명문이 시간적으로 계기 관계를 보이는데 두 문장 다 <운동>을 나타내기 때문에 완성상의 형식이 주로 나타낸다. 또한 현실 세계의 시간 순서를 반대로 제시하는 특징 때문인지 「ノダ」형식이 의무적이다. 반면 이유설명문의 경우는 기술문과 설명문이 동시 관계를 나타내는데 동사술어문의 경우는 계속상의 형식과 「ノダ」형식이 의무적이다.[20] 하지만 명사나 형용사술어문의 경우는 「ノダ」형식의 사용이 임의적이다.

다음은 대상적인 내용의 추상화에 관한 검토이다. 추상화의 정도란 대상적인 내용이 구체적인 것부터 일반적인 것까지의 정도를 의미한다. 즉

---

20) 후술하는 시간이 추상화되는 경우는 완성상이나 계속상이라는 문법적 형식이 의미가 없어지기 때문에 이 규칙은 일회성이며 개별적인 경우를 말한다.

사건이 일회성/개별적인가, 반복/습관적인가, 일반적[21]인가하는 것이다. 인과관계의 설명문을 이러한 관점에서 살펴보기로 하자.

(23) 「じゃあ、どうも!」愛想よく引越業者が引き上げていくと、南は荷物の整理を始めた。部屋は洋服や靴箱でいっぱいになる。結局瀬名は、ひと部屋明け渡してしまったのだ。(ロング)

("그럼, 고맙습니다!" 붙임성 좋은 이사업자가 일을 끝내자, 南는 짐 정리를 시작했다. 방은 양복이나 구두 상자로 가득 차 있다. 결국 瀬名는 방 하나를 내어줘 버린 것이다.)

(24) 顔に傷がつかなかったのがせめてもの幸いだわ。泉はパンタロンスーツに着替えると、洗面所へ行き髪をとかした。自分の部屋の鏡は例の泥棒に割られてしまったのだ。(セーラー)

(얼굴을 다치지 않은 것이 그나마 다행이네. 泉는 나팔바지로 갈아입고, 세면대에 가서 머리를 빗었다. 자기 방의 거울은 여느 때처럼 도둑에 의해 깨져버린 것이다.)

(25) 衣子は、この人は悪い人じゃないんだわ、と思った。夫を誘拐されておいて、そんな風に考えるのも妙だが、衣子は不思議な安心感を覚えるようになっていたのである。(昼)

(衣子는 '이 사람은 나쁜 사람이 아니구나'라고 생각했다. 남편이 납치된 상태에서 이런 식으로 생각하는 것도 묘하지만, 衣子는 이상한 안도감을 느끼게 된 것이다.)

(26) ドアをノックしたが、返事がない。お父さん、と声をかけてみたが同じことだった。試しにドアノブを回すとドアが開いた。鍵はかかっていなかったのだ。(疾風)

(문을 노크했는데 대답이 없다. "아버지"하고 말을 걸어 보았지만

---

21) 이러한 구별 또한 논의의 편의상 단순화시킨 것이다. 다회성의 엄밀한 분석 등은 다음 기회에 다시 논의하기로 한다.

마찬가지였다. 확인차 문고리를 돌렸더니 문이 열렸다. 잠겨 있지 않았던 것이다.)

상기 예문은 모두 개별적이고 일회성 사건을 나타내는 예문인데 앞의 두 예문이 원인설명문이고 뒤의 두 예문이 이유설명문이다. 전자의 경우는 개별적이고 일회성 사건에 한정되는데 후자의 경우는 다음과 같은 반복적이고 습관적인 사건의 예문도 보인다.

(27) 乗らなければならない。<u>遅すぎれば、次の電車が十八時一分にはいって、≪あさかぜ≫をみることが不可能になるのだ。</u>(点と線)

(타지 않으면 안된다. 너무 늦으면, 다음 열차가 18시 1분에 들어와서 ≪あさかぜ≫를 보는 것이 불가능해지는 것이다.)

(28) これ以上なにも言わないほうがよさそうだ、と判断した。<u>笑い出したら止まらない性格の薫は、怒り出しても止まらなくなるのである。</u>

(101)

(이 이상 아무것도 말하지 않는 것이 좋을 것 같다.라고 판단했다. 웃기 시작하면 멈출 수 없는 성격의 薫는 화를 낼 때도 멈출 수 없는 것이다.)

또한 다음의 예문은 일반적인 사건을 나타내는 예문들인데 이 경우는 모두 이유설명문이 되는 것 같다.

(29) しかし、こう空いていると……かえって座れないのはしゃくにさわる。谷口はいちばん後ろの車両まで、歩いて行った。<u>大体、電車というのは、いちばん前かいちばん後ろが空いているものなのだ。</u>(昼)

(그러나 이렇게 비어 있으면... 오히려 앉을 수 없는 것이 화가 난

다. 谷口는 맨 뒤의 차량까지 걸어갔다. 대체로 전철이라고 하는 것은 제일 앞이나 제일 뒤가 비어 있는 것이다.)

(30) 深雪を滑る時のポイントは重心の位置だ。いつもよりも後ろに置く。<u>すると自然にスキー板の尖端が上がり、雪の中に沈むことなく、浮揚するように滑っていけるのだ。</u>(疾風)

(깊이 쌓인 눈에서 미끄러질 때 포인트는 중심 위치다. 평상시보다도 뒤로 둔다. 그러면 자연스럽게 스키의 앞부분이 올라가 눈 속에 가라앉지 않고 부양하듯 미끄러져 갈 수 있는 것이다.)

(31) 二人は会社のことや仕事のことを話した。<u>サラリーマンの会話というのは、まずどうしてもそういうところから始まるのである。</u>(昼)

(두 사람은 회사나 업무 이야기를 했다. 직장인의 대화라는 것은, 우선 아무래도 그런 부분에서부터 시작하는 것이다.)

이상을 정리하면 원인설명문은 실제적인 관계만을 나타내는 개별적이고 일회성의 사건에 한정되지만, 이유설명문의 경우는 실제적인 관계만이 아니라 논리적인 관계도 나타내기 때문에 개별적 사건만이 아니라 반복/습관적, 일반적인 사건의 예문도 가능한 것 같다.

3.3. 모달리티

모달리티에 관해서는 존재론적인 모달리티와 인식적인 모달리티를 검토하기로 한다.

먼저 존재론적인 모달리티란 문장의 대상적인 내용이 존재하는 방법/방식을 의미한다. 바꾸어 말하자면 해당하는 문장의 대상적인 내용을 현실적인 것으로 파악하는가, 가능적인 것으로 파악하는가, 필연적인 것으로 파악하는가 하는 것이다.[22] 이러한 의미가 반영된 형태론적인 사실을 근거로 원인설명문과 이유설명문을 검토해 보기로 한다. 다음 예문부터 보기로 하자.

> (32) 篤が死んで以来、時男は仕事中に店長やフロア主任から怒鳴られることが増えた。<u>つい、ぼうっとしてしまうのだ。</u>(愛)
>
> (篤가 죽고서, 時男는 근무 중에 점장이나 매장 주임으로부터 꾸짖음을 듣는 일이 늘었다. 문득 넋을 놓고 마는 것이다.)
>
> (33) 啓造は、しかし、いつしか深い眠りにおちていた。どのくらい経った後か、啓造は背中を洗う冷たい波に目をさました。<u>二尺ほどのコンクリートを越えて、波がおしよせてきたのだった。</u>(氷点上)
>
> (그러나, 啓造는 어느덧 깊은 잠에 빠져 있었다. 얼마 정도 지난 후일까, 啓造는 등에 밀려오는 차가운 파도에 눈을 떴다. 2척 정도의 콘크리트를 넘어 파도가 밀려온 것이었다.)
>
> (34)「……」
>
> 「……」さっきから、どうも話が噛み合わない。<u>面白いと感じるところが、違うのだ。</u>(ロング)
>
> ("…"
>
> "…" 아까부터 도무지 대화가 잘 통하지 않는다. 재미있다고 느끼는 부분이 다른 것이다.)
>
> (35) 二人きりで会うのは、学生時代から通算しても数えるほどしかない。<u>性格があまりにも対照的なため、すぐに喧嘩になってしまうのだ。</u>
>
> (愛)
>
> (단둘이 만나는 것은 학창 시절 때를 포함해도 손에 꼽을 정도이

---

22) 소위 평서문의 존재 방식에는 위와 같은 현실/가능/필연 중 어느 것이 된다고 생각된다.

다. 성격이 너무나도 대조적이었기 때문에, 쉽게 싸움이 나버리는 것이다.)

상기 예문들은 모두 현실 세계의 내용을 반영한 것이다. 앞의 두 예문이 원인설명문이고 뒤 두 예문이 이유설명문이다. 전자의 경우는 현실세계의 용법으로 한정되는 것 같은데 후자의 경우는 다음 예문과 같이 가능성과 필연성의 예문도 확인할 수 있다.[23]

(36) ぎこちなさは、特に、健吾と貴子の間に濃く漂っていた。五時になると、佐々木は近くで夕食を取って、あの旅荘の近くへ行ってみた。まさかそう都合よく現れないだろうとは思ったが、何か見えない力に押しまくられているようで、立ち止まっていられないのだ。(昼)
   (어색함은 특히 健吾와 貴子사이에 짙게 감돌고 있었다. 5시가 되자 佐々木는 근처에서 저녁을 먹고 그 여관 근처로 가 보았다. 설마 그렇게 딱 맞추어 나타나지 않겠지 라고는 생각했지만 무언가 보이지 않는 힘에 짓눌리는 것 같아서 멈춰 서 있을 수만은 없는 것이다.)

(37) マニキュアをしていた杉作の手元が狂って、くるみは人さし指にけがをしてしまった。コレクションに出品するドレスは、未完成である。雪子が手伝いを申し出た。裾をまつるくらいなら、正式に洋裁を習ったことのない雪子にもできるのだった。(X)
   (매니큐어를 칠하고 있던 杉作가 실수하여, くるみ는 검지손가락을 다치고 말았다. 컬렉션에 출품할 드레스는 미완성이다. 雪子가 거

---

23) 물론 가능성을 나타내는 대표적인 형식은 가능 동사와 「することができる」 등이며 필연성을 나타내는 대표적인 형식은 「しなければならない(いけない)」「べきだ」「せざるをえない」「せずにはいられない」「しないわけにはいかない」 등이 있다.

들기를 자청했다. 옷자락을 감치는 것 정도는 정식으로 재단을 배운 적 없는 雪子라도 가능한 것이었다.)

(38) 薫は、黙りこくったままだった。夏の午後の陽射しは強かったけれど、まぶしさは、まだまだたりない。<u>目に映る風景がハレーションを起こして、光の中に藤井の姿が消えてくれないと、うまく言葉を出せないのだ</u>。(101)

(薫는 입을 다문 채 아무 말이 없었다. 여름의 오후 햇볕은 강했지만 아직은 눈부시지 않다. 눈에 비친 풍경이 헐레이션을 일으켜, 빛 속의 藤井의 모습이 사라져주지 않으면, 말을 제대로 할 수 없는 것이다.)

(39) 「おそらく心不全だろう、というのが病院の先生たちの見解です。以前から心臓の機能に問題があったんじゃないか、と」刑事の話を聞き、康代は後悔の念に襲われた。<u>やはり、もっと早くに精密検査を受けさせておくべきだったのだ</u>。(祈り)

("아마 심부전증 같습니다. 라는 것이 병원 의사들의 견해입니다. 예전부터 심장 기능에 문제가 있던 게 아닐까 하는" 형사의 말을 듣고, 康代는 후회스러웠다. 역시 좀 더 일찍 정밀검사를 받게 했어야 했다는 것이다.)

(40) 来る道々よく考えたみると、ルリ子を殺した犯人の娘と、同じ屋根の下に暮すだけでも至難なことに思われた。一日や二日ではない。<u>少なくとも今後二十年は、父として子として一つの屋根の下に生きて行かねばならないのだ</u>。(氷点上)

(오는 길에 곰곰이 생각해 보니 ルリ子를 죽인 범인의 딸과 한 지붕 아래 사는 것만으로도 극히 어려운 일이라 생각했다. 하루 이틀이 아니다. 적어도 앞으로 20년은 아버지로서 자식으로서 한 지붕 아래서 살아야 하는 것이다.)

(41) 安田が、たびたび時間を気にして腕時計を見ていた。これを単純に電

車にまに合うためと解釈してよいであろうか?まに合いたいのは、他
のことではなかったか。もしやあの四分間にまに合いたいためでは
なかったか？ なぜなら、≪あさかぜ≫を見通すためには、四分間よ
り、早すぎても遅すぎてもいけないのである。(点と線)

(安田が때때로 시간을 신경쓰며 손목시계를 들여다 보고 있었다.
이를 단순히 전철시간에 맞추기 위한 것으로 해석해도 좋은 것일
까? 시간을 맞추고 싶은 것은 다른 것이 아니었을까. 혹시 그 4분
사이에 맞추고 싶어서가 아닐까? 왜냐하면 ≪あさかぜ≫를 보기
위해서는 4분보다 너무 빨라도 너무 늦어도 안 되기 때문인 것이다.)

앞의 세 예문이 가능성을 설명문으로 제시한 것이다. 예를 들면 첫 번
째 예문의 경우를 보면「五時になると、佐々木は近くで夕食を取って、あ
の旅荘の近くへ行ってみた」라는 기술문에 대한 이유로서「まさかそう都合
よく現れないだろうとは思ったが、何か見えない力に押しまくられているよ
うで、立ち止まっていられない」라는 가능문을 제시하여 설명하고 있다.

또한 뒤의 세 예문은 필연성을 설명문으로 제시한 것인데 마지막 예문
을 보면「もしやあの四分間にまに合いたいためではなかったか」라는 기술
문에 대한 이유로「≪あさかぜ≫を見通すためには、四分間より、早すぎ
ても遅すぎてもいけない」라는 필연성을 나타내는 문장을 제시하여 설명
하고 있다.

이상의 검토를 정리해 보면 원인설명문의 경우는 액츄얼(actual)한 현실
성을 나타내는 문장만이 설명문으로 올 수 있는 반면 이유설명문에서는
현실성뿐만 아니라 포텐셜(potential)한 가능성과 필연성을 나타내는 문장도
설명문으로 올 수 있다는 점을 확인하였다.

다음은 인식적인 모달리티의 경우이다. 즉, 설명문으로 사용하는 대상적인 내용을 화자(작가)가 어떻게 확인했는지를 검토해 보기로 한다. 물론 직접 체험/확인한 것으로 제시하는 경우도 있고 간접적인 확인 방법도 있을 것이다.[24] 이하에서는 원인설명문과 이유설명문을 이러한 관점에서 살펴보기로 한다.

(42) 「どうですか、 足の具合いは?」

「ええ、まあ何とか」栗林は苦笑を浮べるしかない。病院で軽度の靭帯損傷という診察を受けた後、宿に戻って女将に事情を話し、ゴム長靴を貸してもらったのだ。(疾風)

("어떻습니까? 다리 상태는?"

"네, 뭐 어떻게든" 栗林은 쓴웃음을 지을 수 밖에 없다. 병원에서 경도 인대 손상이라는 진찰을 받은 뒤에 숙소로 돌아가 여주인에게 사정을 말하고 고무장화를 빌린 것이다.)

(43) 「じゃあ、どうも!」愛想よく引越業者が引き上げていくと、南は荷物の整理を始めた。部屋は洋服や靴箱でいっぱいになる。結局瀬名は、ひと部屋明け渡してしまったのだ。(=23)

("그럼, 고맙습니다!" 붙임성 좋은 이사업자가 일을 끝내자, 南은 짐 정리를 시작했다. 방은 양복이나 구두 상자로 가득 차 있다. 결국 瀬名는 방 하나를 내어줘 버린 것이다.)

(44) 衣子は、この人は悪い人じゃないんだわ、と思った。夫を誘拐されておいて、そんな風に考えるのも妙だが、衣子は不思議な安心感を覚えるようになっていたのである。(=25)

(衣子는 '이 사람은 나쁜 사람이 아니구나'라고 생각했다. 남편이

---

24) 인식 모달리티의 경우는 시간적한정성과 대상적인 내용의 의미적인 타입과도 유기적인 상관관계에 있다.

납치된 상태에서 이런 식으로 생각하는 것도 묘하지만, 衣子는 이상한 안도감을 느끼게 된 것이다.)

(45) ドアをノックしたが、返事がない。お父さん、と声をかけてみたが同じことだった。試しにドアノブを回すとドアが開いた。<u>鍵はかかっていなかったのだ。</u>(=26)

(문을 노크했는데 대답이 없다. "아버지" 하고 말을 걸어 보았지만 마찬가지였다. 확인차 문고리를 돌렸더니 문이 열렸다. 잠겨 있지 않았던 것이다.)

상기 예문에서 밑줄 친 부분의 설명문은 모두 직접체험에 의해 제시된 것들이다. 앞의 두 예문이 원인설명문이고 뒤 두 예문이 이유설명문이다. 전자의 경우는 현실 세계의 실제적인 관계들의 인과관계만을 문제시하기 때문에 액츄얼(actual)한 것 중에서도 화자의 직접체험에 의한 설명문이 자연스럽다. 반면 후자의 경우는 이러한 제약이 없는 것 같다. 다음의 예문들은 다양한 형식들의 사용을 통해 알 수 있듯이 간접적으로 확인한 내용을 설명문으로 제시한 이유설명문의 예문들이다.

(46) そんな茂木のところへ、加賀から連絡があった。力を貸してほしい、というのだった。話を聞いてみて驚いた。<u>新小岩で起きた殺人事件の被害者が、加賀に関わる人物らしいのだ。</u>(祈り)

(그런 茂木에게 加賀로부터 연락이 왔다. 도와달라는 것이었다. 이야기를 듣고 놀랐다. 신코이와에서 발생한 살인 사건의 피해자가, 加賀와 관련있는 인물 같다는 것이다.)

(47) 「小道具係は、駒井ですが、何か?」
大道は、目をしょぼしょぼさせて答えた。<u>たぶん、美女の質問に緊張したのだろう。</u>(鍵)

("소품 담당은 駒井입니다만, 무슨 일이신지?"

大道는 눈을 끔벅거리며 대답했다. 아마도 미녀의 질문에 긴장한 것이겠지.)

(48) 三原はそんなことを言いながら、病室をそれとなく見まわした。床の間の脇にたくさんの本が積み重なってあった。<u>病人だから退屈なのであろう。</u>(点と線)

(三原는 그런 말을 하면서, 병실을 슬며시 둘러보았다. 일본식 방의 상좌 옆에 많은 책이 쌓여있었다. 환자라 따분한 것이겠지.)

(49) そして、自分がかつてどんな罪を犯したのか、美樹は知らない……。だが、そんなことは、どうでもよかった。事態は一分一秒を争う。<u>もしかすると、大樹の命がかかっているかもしれないのだ。</u>(鍵)

(그리고, 자신이 일찍이 어떤 죄를 저질렀는지, 美樹는 모른다... 하지만, 그런 것은, 아무래도 좋았다. 사태는 일 분 일 초를 다툰다. 어쩌면 大樹의 목숨이 걸려있을지도 모르는 것이다.)

위 설명문에 사용된 형식은 「ラシイ」「ダロウ」「カモシレナイ」 등이다. 이들 형식 외에 다음과 같이 일종의 미실현 사태를 표현하는 화자의 희망이나 예정 등도 이유설명문에서는 가능한 것 같다. 또한 마지막 예문은 사고에 의한 일반화를 설명문으로 제시한 것이다.

(50) 高校入試に落ちてから、徹は次第にあかるくなった。<u>徹は高校に入らないということによって、せめて陽子への心ひそかなわびとしたかった[25)]</u>のである。(氷点下)

(고등학교 입시에 떨어진 후 徹는 점차 밝아졌다. 徹는 고등학교에

---

25) 「マチノゾミ」의 의미를 갖는 형식이 과거형을 취하면, 이미 평서문화 된 것으로 보는 것이 적절할 수도 있다.

들어가지 않는 것으로 인해 적어도 陽子에게 은근한 사과로 삼고
싶었던 것이다.)

(51) 「ねえ。誰かにホンネぶちまけて、それでわたし達の前では平気な顔
してんないの?」

美咲の言葉にはドゲが隠されていた。雪子の本音を聞きたいという
のも本当だったが、それ以上に、雪子が村上とどの程度の仲なのか
知りたいのだった。(イヴ)

("있잖아. 누군가한테 속마음을 털어놓고, 그리고 우리 앞에서는
태연한 얼굴 하고 있는 것 아니야?"

美咲의 말에는 가시가 숨겨져 있었다. 雪子의 속마음을 듣고 싶다
는 것도 사실이었지만, 그 이상으로 雪子가 村上와 어느 정도의
사이인지 알고 싶은 것이었다.)

(52) 「一気狂い!」

思わず出た声が震えていた。ではあの男は、自分を生きながら解剖
してしまうつもりなのだ。(セーラー)

("미치광이!"

무심코 나온 목소리가 떨리고 있었다. 그렇다면 저 남자는 자신을
살아가면서 해부해버릴 작정인 것이다.)

(53) 三原は日航の時刻表をまた調べた。東京発一五時、福岡着一九時二十
分という最終便があった。羽田まで車で飛ばせば三十分で行ける。
安田はよそをまわって上野駅に行くからといって、二時すぎに事務
所かどこかを出て行っても少しもおかしくはないのだ。(点と線)

(三原는 일본항공 시간표를 다시 살폈다. 도쿄 출발 15시, 후쿠오
카 도착 19시 20분인 마지막 편이 있었다. 하네다까지 차로 힘껏
달리면 30분이면 갈 수 있다. 安田는 다른 곳을 들렸다가 우에노
역으로 간다고 해서 2시 조금 넘어 사무실이나 어딘가를 나가도
조금도 이상하지 않은 것이다.)

이상의 검토를 요약하자면 원인설명문은 직접 확인에 의한 내용만을 설명문으로 제시하는 데 반해, 이유설명문의 경우는 이러한 제약이 없이 간접확인이나 또는 희망, 예정 등도 기술문에 대한 설명문으로 제시될 수 있다.

4. 나오기

본서에서는 인과관계를 나타내는 「ノダ」설명문을 대상으로 하여 먼저 원인설명문과 이유설명문으로 분류하였다. 이 두 가지 설명문을 대상적인 내용의 의미적 타입과 시간성 그리고 모달리티 등의 관점에서 고찰하여 다음의 <표 1>과 같은 차이를 확인하였다.

〈표 1〉

특징	종류	원인설명문	이유설명문
대상적 내용	시간적한정성	유	유/무
	의미적 타입	운동/상태	운동/상태/특성/본질
시간성	택시스	계기적	동시적
	애스펙트형식	완성상	계속상
	추상화	개별	개별/습관/일반
모달리티	존재론적 모달리티	현실	현실/가능/필연
	인식적 모달리티	직접	직접/간접

비인과관계의「ノダ」

제3장

비인과관계의 「*ノダ*」

1. 들어가기

전후 일본어 문법연구에서 「*ノダ*」형식에 관한 언급이 보이기 시작된
것은 松下大三郞(1924), 三上章(1953) 등이라고 생각된다. 하지만 본격적으
로 「*ノダ*」형식에 관한 연구가 활발해진 것은 1950년 이후부터이다.

1950년부터 최근까지 많은 연구자들에 의해 「*ノダ*」형식에 관한 연구
가 이루어져 많은 연구 성과의 축적이 있고 그로 인해 「*ノダ*」형식의 상
당 부분이 규명되었다고 생각된다. 하지만 아직 「*ノダ*」문의 특성이나 본
질이 밝혀지지 않은 부분도 또한 많이 남아 있는 것 같다. 예를 들면 「*ノ
ダ*」문의 분류조차 아직 연구자들의 의견이 일치하지 않는 것 같다.[1]

---

1) 「*ノダ*」문이나 「*ノダ*」형식의 분류로는 松岡(1987), 吉田(1988/2000), 野田(1997)도 있지만
   각기 입장과 관점이 다르기 때문에 단순비교는 의미가 없는 것 같다.

다음 예문은 아주 흔히 보이는 「ノダ」2)문의 예이다.

(1) 「小道具係は、駒井ですが、何か?」

大道は、目をしょぼしょぼさせて答えた。<u>たぶん、美女の質問に緊張したのだろう。</u>(鍵)

("소품 담당은 駒井입니다만, 무슨 일이신지?"

大道는 눈을 끔벅거리며 대답했다. 아마도 미녀의 질문에 긴장한 것이겠지.)

(2) ふたりは、しばらく黙って酒を飲んだ。ふたりとも、ウイスキーの水割りだった。<u>今夜は、とてもカクテルなど飲む心境ではなかったのだ。</u>

(イブ)

(두 사람은 잠깐 동안 침묵한 채 술을 마셨다. 두 사람 모두, 물 탄 위스키였다. 오늘 밤은 도저히 칵테일 따위를 마실 기분이 아니었던 것이다.)

(3) 千晶の説明を聞き、おおよその位置は把握できた。降雪後、多くのスキーヤーやスノーボーダーが侵入するアリアだ。<u>雪崩の危険は少ないが、木に激突するおそれがある上、下手をするとコースに戻ってこられなくなるので滑走禁止にしてあるのだ。</u>(疾風)

(千晶의 설명을 듣고 대략적인 위치는 파악할 수 있었다. 눈이 내린 후, 많은 스키어와 스노보더가 침입하는 지역이다. 눈사태 위험은 적지만 나무에 충돌할 우려가 있는 데다가 자칫 잘못하면 코스로 돌아올 수 없기에 활주 금지 조치를 한 것이다.)

(4) 予想していなかったわけではない。長年の経験から、苦戦は覚悟していた。しかし、戦うどころではなかった。<u>苦戦の「く」を言うために唇をすぼめかけたところで、「申し訳ありませんが……」の電話がかかて</u>

---

2) 이하에서는 「ノダ」「ノデス」「ノデアル」를 대표해서 「ノダ」로 표기하기로 한다.

きたのだ。(101)

(예상하지 않았던 것은 아니다. 오랜 경험으로부터, 고전은 각오하
고 있었다. 하지만, 싸울 처지가 아니었다. 고전의 '고'를 말하기 위
해 입술을 오므린 시점에서 "죄송하지만..."이라는 전화가 걸려온
것이다.)

    종래의 분류와는 달리 텍스트론적인 논리 관계의 관점에서 생각하면
예문(1)(2)는 선행문과 후속문이 인과관계로 해석되는 것이다. 이에 반해
예문(3)(4)의 경우, 인과관계로는 해석되지 않고(비인과관계의 설명[3])문) 선행
문의 명제내용[4]을 후속하는 「ノダ」문에서 보충하여 보다 상세히 설명하
는 것으로 보인다.

    본 연구의 일차적인 목적은 체계적이고 포괄적인 「ノダ」문 연구를 하
기 위한 기초적인 작업의 일환으로 우선 문장체의 문말에 나타나는 비인
과관계의 「ノダ」문을 대상으로 하여 그 문법적인 특징을 고찰하고자 하
는 것이다.

2. 선행연구와 본 연구의 입장

2.1. 선행연구

이미 많이 알려진 바와 같이 「ノダ」문에 관한 연구는 초기의 연구에서

---

3) 설명에 관한 정의는 田中(1979), 奧田(1990), 鄭(2014) 등을 참조.
4) 명제내용이라는 용어는 대상적인 내용, proposition, dictum, コート、言表事態 등과 같은
   것으로 이해하기로 한다.

부터 최근까지 소위 설명설에 속하는 연구가 주류를 이루고 있다. 예를 들면 国立国語研究所(1951)를 비롯하여 松岡(1987), 益岡(2001) 등이 여기에 속한다고 할 수 있다. 최근에는 설명의 모달리티로 계승되어 寺村(1984), 奥田(1990/1992/1993/2001), 仁田(1991), 野田(1997) 등에 의해 많은 연구의 진전이 보인다.[5]

하지만 문법론과 화용론의 혼동, 단문레벨과 텍스트레벨의 구별, 문장체와 회화체의 동일시 등의 난제도 금후의 과제로 남아 있다. 지면 관계상 이하에서는 본서와 직접적으로 관련이 있어 보이는 奥田(1990)의 관련되는 부분만 검토하기로 한다.[6]

奥田(1990)는 다음 예문을 ≪具体化・精密化・いいかえ≫ ≪思考の対象的な内容≫ ≪意義づけ≫의 예문으로 보고 있다.

・朝倉には良心がないと、総裁は思っていた。あの男は、渡りものの、ちいさな請負師のように、あらゆる手段をつくして、工事をごまかし、ごまかしことをわるいと思っていないのだ。(金環食)

・一匹の羊をみすてるか、いなか? ひとりで教室へかえって、そしらぬ顔をして、九十九匹の羊たちをおしえていれば、教師として落度にはならない。勤務評定には、きずはつかないのだ。(人間の壁)

・いっそのこと……と和彦は思った。なにをのませても、よわない女なら、ただの酒ではなく、酒のなかに毒をまぜる、という手段もあるのだ。よわない奴はしびらせてやる。しかし、それは和彦のような平和的な紳士にはやれる仕事ではなかった。 (洒落た関係)

---

5) 「ノダ」연구에 관해서는 田野村(1990), 井島(2010), 정(2014)도 참조.
6) 인과관계의 「ノダ」문을 포함한 전체적인 奥田(1990)의 소개와 검토는 佐藤(2001)과 정(2014)을 참조.

· 私はくやしいけれども、十五円の金をもらうと、なつかしい駐車場へ
  いそいだ。汐の香のしみた、私のふる里へ私はかえってゆくのだ。(放浪記)

(以上、奥田(1990:193-5))

앞의 두 예문이 ≪具体化・精密化・いいかえ≫의 예이며 동사「思う」
의 구체적 내용을 제시하고 있는 세 번째 예문이 ≪思考の対象的な内容≫
의 예이다. 또한 마지막 예문이 ≪意義づけ≫의 예이다. 하지만 이들의
구별이 쉽지 않고 다음 예문은 어디에 속하는지 의문이다.

(5) 安田はなんのために、そんな工作をしたのだろう? この答えは、三原の
　　仮説をすすめると簡単であった。安田という男は、佐山とお時とが特
　　急≪あさかぜ≫に乗るところを、八重子ととみ子に見せたかったの
　　だ。つまり、さりげなく目撃者をつくったのだ。(点と線)
　　(安田는 무엇을 위해, 그러한 공작을 한 것일까? 그 답은 三原의 가
　　설을 증명하니 간단했다. 安田라는 남자는 佐山와 お時가 특급≪あ
　　さかぜ≫를 타는 상황을 八重子와 とみ子에게 보여주고 싶었던 것
　　이다. 즉, 자연스럽게 목격자를 만든 것이다.)

奥田(1990)의 용법에서는 가장 가까운 용법으로는 ≪意義づけ≫라고 보
여지는데 텍스트론적인 논리 관계는「ノダ」설명문에서 선행하는 기술문
의 내용을 구체화나 정밀화시켜 제시하는 것과는 반대로 이 예문에서는
<일반화>를 제시하여 설명하는 예이다.

2.2. 「ノダ」설명문의 3분류

본 연구에서는 「ノダ」설명문을 크게 인과관계 설명문과 비인과관계 설명문, 그리고 강조문 등의 3분류를 제안한다.[7]

(6) 若い頃は怖くないから突っ込んでいける。わがて怖さを知るようになるが、それを克服することでさらに強くなれる。しかし年を取ると、怖さを感じているわけではないのに突っ込めなくなる。反応が鈍ってくるのだ。(疾風)

(젊은 시절은 두려울 게 없으니 깊이 파고들 수 있다. 이윽고 두려움을 알게 되면, 그것을 극복함으로 더욱더 강해질 수 있다. 그러나 나이를 먹으면, 두려움을 느끼지 않는데도 깊이 파고들지 않게 된다. 반응이 무뎌지는 것이다.)

(7) あきらかに、情死とわかったので、刑事たちの顔には、弛緩した表情があった。犯罪がなかったという手持無沙汰がどこかにあった。つまり、犯人を捜査する必要がなかったのである。(点と線)

(명백하게, 동반 자살이라고 알았기에, 형사들의 얼굴은 이완된 표정이었다. 범죄가 없었다는 무료함이 어딘가에 있었다. 즉, 범인을 수사할 필요가 없었다는 것이다.)

(8) 「もしよかったら、別の会社紹介するぞ。転職は、いま、恥ずかしいことじゃないんだから」その気持は涙が出るほどありがたかった。しかし、篤は、あえて明るく答えたのだ。

「もうちょっとがんばってみるよ。」(愛)

("만약 괜찮으면, 다른 회사를 소개할게. 이직은 지금 부끄러운 일이 아니니까" 기분은 눈물이 날 정도로 고마웠다. 그러나 篤는 굳

---

7) 제2장에서도 이미 같은 분류를 제안하였고 주로 인과관계의 「ノダ」문의 문법적인 특징을 고찰하였다.

이 밝게 대답했던 것이다.

"조금 더 노력해 볼게.")

먼저 예문(6)은 인과관계[8]의 설명문을 나타내는 것인데(이 경우는 「결과-이유」) 여기에 속하는 예문들은 설명문 앞에 「なぜなら」와 같은 접속사를 첨가할 수 있다는 것이 특징이 될 수 있다. 또한 예문(7)은 비인과관계의 경우 전체보충설명의 예문인데 이 타입은 「つまり、たとえば、いいかえれば」 등과 같은 접속사가 설명문의 앞에 올 수 있다. 마지막으로 예문 (8)은 소위 강조의 예문인데 이 경우는 「ノダ」를 생략해도 문장의 의미적인 차이에 큰 변화가 없다는 특징이 있다.

이러한 설명문의 경우는 이미 선행연구에서도 지적되어 있듯이 <이중판단>[9]이 성립한다는 사실을 주목해야 한다. 즉, 하나는 화자(작가/관찰자)가 대상적인 내용을 인식적인 판단을 하는 것이고 다른 하나는 기술문과의 관계에서 설명문으로 제시하여 논리적인 판단을 하는 것이다.

3. 분석 및 고찰

여기서는 먼저 비인과관계의 「ノダ」문의 하위 타입을 크게 부분보충설명문과 전체보충설명문으로 나누고 후자는 다시 3가지 유형이 있다는

---

8) 본 연구에서의 인과관계란 일상 언어생활에서 말하는 것으로, 바꾸어 말하자면 언어학 레벨을 의미하고 자연과학적인 레벨의 인과관계를 의미하는 것은 아니다.
9) 이 용어는 본서에 앞서 奧田(1990)에서도 같은 취지의 설명이 보인다. 또한 國立國語研究所(1951)에도 같은 용어가 보이지만 본서와 같은 의미인지는 확인할 수 없다.

사실을 살펴본 다음 각 타입의 특징을 고찰하기로 한다.

3.1. 비인과관계의 「ノダ」문의 하위타입

비인과관계의 「ノダ」문(보충설명문)은 크게 전체보충설명문과 부분보충 설명문으로 분류된다. 다음 예문을 보자.

(9) 達郎は、テーブルの上のチケットをちらりと見た。<u>ホールを出るときに、 薫が、わざわざ追いかけてきて渡してくれたのだ。</u>(101)

(達郎는 테이블 위에 있는 티켓을 힐끗 봤다. 홀을 나갈 때 薫가 일부러 쫓아와서 전해준 것이다.)

(10) この家にはステレオが二セットあって、二人は別々の音楽に耳を傾いていた。<u>従って、悲鳴が聞こえなかったのも無理からぬことで、夫の方はオペラのレコードでソプラノが張り上げる凄絶な声に耳を奪われていたし、妻の方はロックのガンガンと耳を突き破らんばかりの音響に酔っていたのだった。</u>(昼)

(이 집에는 스테레오가 2세트 있어서, 두 명은 서로 다른 음악에 귀를 기울이고 있었다. 따라서, 비명이 들리지 않았던 것도 무리가 아닌 것으로, 남편 쪽은 오페라 레코드로 소프라노가 내지르는 처절한 목소리에 귀를 빼앗겨 있었고, 아내 쪽은 락의 쨍쨍하고 귀를 찢을 정도의 음향에 취해 있었던 것이다.)

(11) 杉崎は、白いシャツにジーンズのラフな恰好をしているが、なかなか渋めでカッコいい。南と桃子の視線に気がついて、杉崎はなにげなく、ん?と、ふたりの方を見た。桃子と南はつい、ニコットとしてしまった。条件反射だ。<u>女の、悲しいサガなのだ。</u>(ロング)

(杉崎는 흰 셔츠에 청바지를 입은 거친 모습을 하고 있지만, 꽤 세련되고 멋있다. 南와 桃子의 시선을 느끼고 杉崎는 아무렇지도 않게 응? 하고 두 사람을 쳐다보았다. 桃子와 南는 그만 방긋 웃고 말았다. 조건반사다. 여자의 슬픈 습성인 것이다.)

(12) 谷口はシルバーシートの隅に座ろうとした。急に車内に、

「ああっ!」

という声が起きた。座りかけた中腰のまま、谷口はびっくりして車内を見回した。乗客たちが、じっと自分のほうを見つめている。<u>全員の視線が集中しているのである。</u>(昼)

(谷口는 노약자석의 구석에 앉으려 했다. 갑자기 차 안에서

"아악!"

하는 소리가 터져 나왔다. 앉으려던 엉거주춤한 자세로 谷口는 깜짝 놀라 차 안을 둘러보았다. 승객들이 물끄러미 자기 쪽을 바라보고 있다. 모두의 시선이 집중 되어 있는 것이다.)

예문(9)에서 선행하는 기술문[10]의 일부분인 「チケット」에 대한 상세한 설명을 후속하는 「ノダ」문에서 행하고 있다. 이러한 「ノダ」문의 용법을 본서에서는 부분보충설명문이라 부르기로 한다. 반면 예문(10)[11] (11)[12](12)의 「ノダ」문은 선행하는 기술문 전체를 대상으로 하여 「ノダ」문에서는 보다 상세히 구체적으로 설명하거나 일반화시키거나 혹은 다른 관점에

---

10) 기술문과 설명문의 용어에 관하여 奧田(1990)와 佐藤(2001)에서는 <說明され> <說明> 라는 용어를 사용하고 있다. 하지만 이해하기 쉬운 점을 생각하여 본서에서는 기술문과 설명문이라는 용어를 사용하기로 한다.

11) 「ノダッタ」에 대해서는 아직 논의할 준비가 되어 있지 않기 때문에 다음 기회로 미루지 않으면 안 된다.

12) 예문(11) 「ノダ」는 강조로 볼 수도 있는데 강조의 「ノダ」에 관해서는 다음 장에서 논의하기로 한다.

서 다른 말로 이해하기 쉽도록 바꾸어 설명하고 있다. 차례대로 <구체화><일반화><치환>이라고 부르기로 한다.

　이하에서는 각 용법 별로 상세히 고찰하기로 한다.

3.2. 전체보충설명

　전체보충설명의 「ノダ」문에서 이미 언급한 바와 같이 <구체화><일반화><치환> 등의 하위 타입이 있는데 순서대로 검토해 보기로 한다.

3.2.1. 구체화

　구체화 혹은 정밀화라는 것은 다음과 같이 기술문에서 제시된 내용을 「ノダ」문이 구체적인 예를 제시하면서 상세히 설명하는 경우이다.

> (13) 明日の英文法の試験のことは、まるで三人の頭にはないようだ。智生にはいともやさしい試験だし、あとの二人はもはや諦めの境地に達しているのだ。(セーラー)
>
> (내일 있을 영문법 시험은, 마치 세 명의 머릿속에 없는 듯하다. 智生에게는 너무나 쉬운 시험이었고, 나머지 두 사람은 이미 포기의 경지에 이르러 있는 것이다.)
>
> (14) 健吾には二日前に会ったばかりだった。マンションを訪ね、クビの危機を救ってくれた株券を返したのだ。(愛)
>
> (健吾와는 이틀 전에 만났던 참이다. 맨션을 찾아가 해고 위기를 구해 준 주권을 돌려준 것이다.)

(15) 彼は札幌で三時間をむだに費やしはしなかった。空港からのバスを終点で降りると、駅まで大股で歩き、十分後に発車する小樽までの普通列車に駆けこんだのだ。(点と線)

(그는 삿포로에서 3시간을 허비하지 않았다. 공항에서 출발하는 버스를 종점에서 내려 역까지 성큼성큼 걸어가 10분 뒤 출발하여 오타루까지 가는 보통열차로 달려 갔던 것이다.)

(16) しかも、夏枝はその後も、村井と通じていたのだ。無論、その場を目撃したわけではない。だが、村井がきたというその日の夜、わたしは夏枝のうなじにキスマークをみてしまったのだ。(氷点上)

(게다가 夏枝는 그 이후에도 村井와 계속 만남을 가졌던 것이다. 물론, 그 현장을 목격한 것은 아니다. 그러나, 村井가 왔다는 그 날밤, 내가 夏枝의 목덜미에 키스 마크를 보고 말았던 것이다.)

이러한 구체화 용법의 특징으로는 다음과 같은 점을 지적할 수 있다. 먼저 「ノダ」설명문의 문두에 「たとえば」와 같은 부사[13]가 자연스럽게 올 수 있다.

두 번째로는 명제내용(대상적인 내용)의 관점에서 보자면 이 타입의 「ノダ」문에는 시간적한정성[14]이 있는 운동이나 상태를 나타내는 문장이 주로 사용된다. 하지만 예문(13)과 같이 시간적한정성이 없는 특성이나 본질을 나타내는 문장도 보이기 때문에 의무적이지는 않은 것 같다.[15]

세 번째로는 시간성 관점에서 보자면 택시스(taxis)[16]적으로 기술문과

---

13) 사전적인 품사는 부사로 분류되어 있는 것 같지만 품사론이 본 논지가 아니기 때문에 더 이상 문제시 않기로 한다.

14) 보다 상세히는 奥田(1988), Givón(2001), 工藤(2014), 정(2012/2013)을 참조.

15) 특성은 주로 형용사술어문이 나타내는 경향이 있는데 자세히는 樋口(1996/2001), 八亀 (2008/2012) 등을 참조.

설명문이 동시적인 관계에 있다. 이것은 이 용법만의 특징이라기보다는 비인과관계의 설명문 전체의 특징이라고 생각된다. 따라서 운동을 나타내는 동사술어문의 경우 선행문이나 후행문에서 어느 한쪽이 シテイル등과 같은 계속상의 형식이 사용되는 경우가 많다. 또한 시간의 추상화 정도[17])에서 보자면 개별적인 사건의 경우가 많다.

마지막으로 모달리티의 관점에서 인식적인 관점에서는 직접 확인의 무드가 또한 존재론적인 관점에서는 현실을 나타내는 문장이 주가 된다.[18])

또한 다음 예문은「そのとおり」에 관한 내용을 설명문에서 구체적으로 제시한 것인데 부분보충설명과 연속선상에 있는 것으로 보여진다.

(17)「辛すぎる時って、女の胸じゃダメな時あるでしょう」
そのとおりだった。<u>雪子だって、くるみや美咲ではなく、村上に助けを求めるのだった。</u>(イヴ)
("너무 괴로울 때는 여자의 마음만으로는 안 될 때가 있잖아요"
그 말대로였다. 雪子마저, くるみ나 美咲가 아니라 村上에게 도움을 청하는 것이었다.)

---

16) 택시스(taxis)란 텍스트레벨에서 전후하는 문장들의 시간적 순서를 말한다. 하위타입으로는 <계기성><동시성><일시적후퇴성> 등이 있다. 보다 상세히 工藤(1995)(2014)를 참조.
17) 시간의 추상화 단계로는 개별적인 사건(single event)인가 습관적인 사건(habitual event)인가 일반적인 사건(generic event)인가를 말한다.
18) 존재론적 모달리티의 하위 타입으로는 <현실성><가능성><필연성>이 있다. 인식론적 모달리티란 많이 알려진 인식 모달리티(epistemic modality)를 의미한다.

3.2.2. 일반화

다음은 일반화의 예문을 살펴보자.

(18) 駅に呼んだのは、自分が確かに札幌駅に≪まりも≫で到着しことを河
西に確認させたかったからだ。つまり、安田は、河西に自分の姿を
見せ、アリバイの証人としたのだ。(点と線)

(역으로 부른 것은, 자신이 확실히 삿포로역에 ≪まりも≫를 타고
도착했다는 것을 河西에게 확인시키고 싶었기 때문이다. 즉, 安田
는 河西에게 자신의 모습을 보임으로, 알리바이의 증인으로 삼은
것이다.)

(19) 「で、服装は?」

「ええと……」

二人はしばし絶句してから肩をすくめた。万事この調子で、どうで
もいいことは思い出すが、肝心のことは何一つ憶えていないのであ
る。(セーラー)

("그래서, 복장은?"

"그러니까..."

두 사람은 잠시 말을 끊고 나서 어깨를 움츠렸다. 매사 이런 상태
로, 아무래도 좋은 건 쓸데 없는 건 생각나지만, 정작 중요한 것은
무엇 하나 기억하고 있지 않은 것이다.)

(20) 廊下を歩いていると、同じ二年生の生徒たちとすれ違った。

「梶谷はすげえな」

「あいつ、そんなに勉強してるようには見えないけどな」と話してい
る。進学がすべてのこの学校では、生徒たちが盛り上がる話題とい
えば模試のランキングくらいしかないのだ。(愛)

(복도를 걸어가는데 동기인 2학년 학생들과 스쳐 지나갔다.

"梶谷는 굉장해."

"그 녀석, 그렇게 공부하고 있는 것 같이는 안 보이는데 말이야"
라고 이야기하고 있다. 진학이 전부인 이 학교에서 학생들의 열띤
화제 거리라고는 모의고사 순위 정도밖에 없는 것이다.)

(21) 十年勤めて、最後の三年が無事故無違反であれば、個人タクシーの申
請ができる。あと二か月で、工はその条件を満たすことができた。
<u>あと二か月で、ようやく工は、真の意味で「脱サラ」できるのだっ</u>
<u>た。</u>(イヴ)

(10년간 근무하고 최근 3년이 무사고 무위반이면 개인택시를 신청
할 수 있다. 앞으로 2개월이면 工는 그 조건을 충족시킬 수 있었
다. 앞으로 2개월 후에 工는 드디어 진정한 의미의 '탈 샐러리'가
가능한 것이었다.)

상기 예문에서 각기 선행문의 구체적인 예(河西に確認させる、服装を思い出
せない、「梶谷はすげえな、あいつ、そんなに勉強してるようには見えないけどな」、十年
勤めて、最後の三年が無事故無違反であれば、個人タクシーの申請ができる。あと二か月
で、工はその条件を満たすことができる)를 근거로 하여 「ノダ」문에서는 「アリバ
イの証人とする、肝心なことをおぼえていない、進学がすべてのこの学校で
は、生徒たちが盛り上がる話題は模試のランキングくらいだ、あと二か月
で、ようやく工は、真の意味で「脱サラ」できる」 등으로 일반화를 시키면
서 선행문의 현상을 설명하고 있다.

이 타입의 특징으로는 먼저 「ノダ」설명문의 문두에 「つまり、要する
に、すなわち」 등의 접속사가 자주 쓰이고 또한 설명문에 선행하여 복수
의 기술문이 오는 확대 구조[19])가 주로 나타난다는 것이다. 이러한 특징

---

19) 설명의 모달리티의 구조에 대해서는 제2장도 참조.

들은 일반화라는 이 용법을 상기한다면 지극히 자연스러운 현상이라고 생각된다.

　두 번째로 명제내용의 관점에서 보면 기본적으로「ノダ」문에는 시간적한정성이 없는 특성이나 본질을 나타내는 것이 주류를 이루지만 다음 예와 같이 시간적한정성이 있는 운동을 나타내는 경우도 있는 것 같다.

(22) 薫は思わず身を隠した。達郎は薫に気づかず、また石段を駆けのぼっ
　　 ていく。<u>雨のなか、お百度参りをしているのだ。</u>(101)
　　 (薫는 무심코 몸을 숨겼다. 達郎는 薫를 눈치채지 못하고, 다시 돌
　　 계단을 뛰어 올라간다. 빗속에서 백번 참배를 하고 있는 것이다.)

　세 번째로 시간성의 관점에서 보자면 택시스적으로는 기술문과 설명문이 동시적이다. 또한 동사술어문에서는 완성상형식이 주로 쓰이고 시간의 추상화 정도는 습관이나 일반적 사건이 많이 보인다. 다음 일반화의 예문은 시간의 추상화를 잘 말해주는 예이다.

(23) (中略)しかし、座席を一三十分間の安らぎと眠りを確保した幸運な人
　　 間にとっては、周囲の喧嘩が人殺しになろうと関係ない。佐々木
　　 も、今朝は幸運な組に入っていて、電車が重そうに一揺れして動き
　　 出すと、目を閉じた。<u>この手順が毎朝くり返されているのだ……。</u>

　　　　　　　　　　　　　　　　　　　　　　　　　　　　　　(昼)

　　 ((중략)그러나, 좌석을 - 삼십분간의 편안함과 숙면을 확보한 사람
　　 들에게 있어서는, 주위의 싸움이 살인이 되더라도 관계없다. 佐々
　　 木도, 오늘 아침 이러한 운 좋은 그룹에 속해있어, 전차가 묵직하
　　 게 한번 흔들리며 움직이기 시작하자, 눈을 감았다. 이런 순서가

매일 아침 반복되고 있는 것이다.)

네 번째로는 모달리티의 관점에서 존재론적으로는 현실성이나 가능성, 필연성의 문장이 모두 가능하다. 또한 인식론적으로는 기본적으로 직접 인식에 의한 것으로 생각된다.

또한 다음의 예문은 일종의 의미부여[20]라고 보여지는데 이러한 예들은 일반화 치환(말바꾸기)의 용법을 연결시켜주는 것으로도 생각된다.

> (24) 泉は手をにぎりこぶしにして頭をガンガン叩いた。<u>ジリジリしている時の癖なのだ</u>。(セーラー)
> (泉는 손을 주먹 쥐고 머리를 쿵쿵 때렸다. 초조할 때의 습관인 것이다.)
> (25) 「どこ行こうかいろいろ考えたんだけど……」
> 快晴の空の下のオープンカフェで、アキは夏目と向かい合って坐っていた。<u>今日はやり直しデートの日なのだ</u>。(最後)
> ("어디를 갈까 여러 가지 생각을 했는데..."
> 맑은 하늘 아래 개방형 카페에서 アキ는 夏目와 마주 보고 앉아 있었다. 오늘은 새로 다시 하는 데이트 날인 것이다.)

3.2.3. 치환(말바꾸기)

다음 치환(말바꾸기)은 문장의 의미 단위라는 관점에서 보면 구체화와 일반화의 사이에 온다고 할 수 있다. 우선 예문을 검토해 보기로 하자.

---

20) 이 타입은 奧田(1990)에서는 <意義づけ>라 부르고 있다.

(26) 十数年。人は変わってしまうものだ。当然のことだが、つい、それを
忘れてしまう。<u>昔のままの彼女は、アルバムの写真にしかないの
だ。</u>(昼)

(십수 년. 사람은 변하고 마는 것이다. 당연한 것이지만, 그만 그것
을 잊어버리고 만다. 옛날 그대로의 그녀는 앨범 속 사진밖에 없
는 것이다.)

(27) 美咲は自他共に認める「恋多き女」だったが、同じ銀行の男には「手を
出した」ことがなかった。<u>出したいような男がいないのだ。</u>(イヴ)

(美咲는 자타가 공인하는 '연애 경험 많은 여자'였지만 같은 은행
에 다니는 남자에게는 손을 댄 적이 없었다. 손대고 싶을 만큼의
남자가 없는 것이다.)

(28) この喜びは、たぶん、本人同士にしかわからないものだ。離れていた
二人の心が、なんの接点もないと思われていた二人が、ほんの少し
だけでも近づいていたのだから……と。しかし、現実には、達郎の
喜びを分かち合える相手は、誰もいなかった。<u>達郎の考えている「本
人同士」は、単数形にすぎなかったのだ。</u>(101)

(이 기쁨은 아마도, 본인끼리만 알 수 있을 것이다. 떨어져 있던
두 사람의 마음이, 어떤 접점도 없다고 생각하고 있던 두 사람이,
아주 조금이라도 가까워지고 있었으니까...라고. 그러나, 현실에는
達郎의 기쁨을 함께 나눌 수 있는 상대는 아무도 없었다. 達郎가
생각한 '본인끼리'는 단수형에 지나지 않았던 것이다.)

(29) 男と女がいっしょに死んでいる。わかりきったことだ、情死だ、と思
いこむ先入主観に頭脳がにぶったのです。いや、くらまされたので
す。<u>敵からいえば、その慢性になった常識で盲点をついたのです。</u>

(点と線)

(남자와 여자가 함께 죽어 있다. 뻔한 일이다. 정사다, 라고 생각하
는 선입견에 두뇌가 무디어진 것입니다. 아니, 속은 겁니다. 적으

로 치면, 그 만성화된 상식의 맹점을 찌른 것입니다.)

상기 예문들에서는 기술문의 「人は変わってしまうものだ、同じ銀行の
男には「手を出した」ことがなかった、現実には達郎の喜びを分かち合える
相手は誰もいなかった、わかりきったことだ、情死だと思いこむ先入主観
に頭脳がにぶったのです。いや、くらまされた」라는 명제내용을 설명문에
서는 보다 이해하기 쉬운 말로 각각 「昔のままの彼女は、アルバムの写真
にしかない、出したいような男がいない、達郎の考えている「本人同士」
は、単数形にすぎなかった、敵からいえば、その慢性になった常識で盲点
をついた」라고 바꾸어 설명하고 있다.

이 타입의 특징으로는 먼저 기본적으로는 설명문의 기본구조의 체제
안에서 나타나고 또한 「ノダ」설명문의 문두에 「言い換えれば」 등의 접속
사가 자주 쓰인다.

두 번째로 명제내용의 관점에서 보면 시간적한정성에서 해방되어 운
동과 상태, 특성과 본질 등 모든 대상적인 내용이 가능한 것 같다.

세 번째로 시간성의 관점에서는 택시스적으로 동시 관계에 있으며 시
간의 추상성에서도 예문(28) 등과 같이 개별사건도 (26) 등과 같이 일반
적인 사건도 가능한 것 같다. 또한 이러한 특징과 연동해서 동사술어의 「の
だ」설명문(盲点をついた)은 예문(29)과 같이 기술문 술어(にぶった、くらまされ
た)와 같은 상(相)형식을 취하는 경우가 많다.21)

네 번째로는 모달리티의 관점에 보면 존재론적으로는 기본적으로 현

---

21) 예문(28)의 경우는 설명문의 술어가 기술문의 술어 형식과 같은 완성상형식을 취하고 있
다는 것이다.

실적으로 묘사되는 경우가 많고 인식론적으로는 단정형이 많이 쓰이고 있어 직접인식으로 한정되는 것 같다.[22]

　다음 (30)은 이해하기 쉽게 바꾸어 설명한다고 하기보다는 보다 정확한 표현으로 설명하는 경우이고,[23] (31)은 구체화와의 연속성을 시사하고 있는 것으로 생각된다.

(30) 五郎が、尚美のマンションを訪ねた。<u>いや、もう少し正確に言えば、マンションの玄関前で尚美の帰りを待ち受けていたのだ。</u>(愛)
(五郎가 尚美의 맨션을 찾아갔다. 아니, 좀 더 정확히 말하자면 맨션 현관 앞에서 尚美의 귀가를 기다리고 있었던 것이다.)

(31) 「アキから、またハガキが来て……」
夏目が仙台に行ってからしばらくして、正一が大学に夏目を訪ねてきた。<u>学食で参考書を読んでいたところ、いきなり声をかけられたのだ。</u>(最後)
("아키에게서 또 엽서가 와서..."
夏目가 센다이에 가고 나서 얼마 후, 正一가 대학으로 夏目를 찾아왔다. 학생 식당에서 참고서를 읽고 있을 때, 갑자기 말을 걸어온 것이다.)

　이상 전체보충설명의 하위 타입과 그 특징에 대하여 살펴보았다. 다음은 부분보충설명의 예를 보기로 하자.

---

22) 여기에 속하는 예문으로 다음과 같은 예도 보인다.
　・とにかく、わたしは陽子を愛するために引きとったのではないのだ。<u>佐石の子ともしらずに育てる夏枝の姿をみたかったのだ。佐石の子と知って、じたんだふむ夏枝をみたかったのだ。佐石の娘のために一生を棒に振ったと口惜しがる夏枝をみたかったのだ。</u>(氷点上)
23) 예문(27)의 경우도 같은 맥락에서 해석할 수 있다.

3.3. 부분보충설명

부분보충설명문이란 선행하는 기술문 전체를 대상으로 하지 않고 일부분을 대상으로 하여 후속하는 「ノダ」문에서 일부분을 설명하는 경우이다. 예문을 먼저 보기로 하자.

(32) 「安田に作為があるとしたら、なんのためにそれをしたか、ということになるな」と言って、煙草を出して一本すった。
作為は、つねに本人が自分の利益のためにするのだ。(点と線)
("安田에게 의도가 있다고 한다면, 무엇 때문에 그리했는가, 라는 것이 되네"라고 말하며, 담배를 꺼내 한 대 피웠다. 의도는 항상 본인이 자신의 이익을 위해서 하는 것이다.)

(33) 酔っ払っておしまいなら助かる。杉本の酔い方はそうではない。足下をふらつかせ、目を血走らせ、呂律を乱しながら、しつこくからんでくるのだ。(愛)
(만취해서 끝나는 것이면 다행이다. 杉本가 취하는 방식은 그렇지 않다. 걸음걸이를 휘청거리나, 눈에 핏대를 세우고, 말투를 흐트러뜨리며, 끈질기게 시비를 거는 것이다.)

(34) 二人は中華料理店を出ると、車でそこから十分ほどの、英子の店へと向かった。今日は休みで、二階が英子の部屋になっているのである。(昼)
(두 사람은 중화요리점을 나오자, 차로 거기서 10분 정도 거리인 英子의 가게로 향했다. 오늘은 휴일로 2층이 英子의 방이 되어 있는 것이다.)

(35) アキは予備校に着き、講義を聞いていた。缶ペンケースの中にはネックレス用のチェーンがついた歪んだ銀の指輪が入っている。アキの宝物だ。これを見れば、どんな時もがんばろうという気になるの

だった。(最後)

(アキ는 예비학교에 도착해 강의를 듣고 있었다. 캔 필통 안에는
목걸이용 체인이 달린 일그러진 은반지가 들어 있다. アキ의 보물
이다. 이걸 보면 어떤 때에도 힘을 내야지라는 생각이 드는 것이
었다.)

상기 예문에서 확인할 수 있듯이 이 타입에서는 기술문에서 점선 부분
(作為、杉本の酔い方、英子の店、指輪)을 후속하는 「ノダ」문에서 자세히 설명
하거나 본질적인 특징을 밝히면서 설명하고 있다.[24]

이 타입의 특징으로는 먼저 「ノダ」문의 앞에 접속사나 부사 대신에 문
제가 되는 부분을 반복해서 주제로 제시하여 혹은 생략하거나 하면서 설
명한다는 점이다.

두 번째로는 명제내용의 성격으로는 기본적으로 시간적한정성이 없는
경우가 대부분이다. 따라서 명제내용의 의미적 타입으로는 운동이나 상
태보다는 특성이나 본질을 나타낸다.[25]

세 번째 시간성의 관점에서 보자면 택시스나 애스펙트의 형식은 문제
가 되지 않고[26] 시간의 추상화 정도에서도 텐스레스(tenseless)의 문장이 많
이 보인다. 물론 다음과 같은 예문도 보이기 때문에 텐스가 분화되어 있
는 것으로 해석할 수 있다.

---

24) 명사술어문에 대해서는 佐藤(1997/2001)이 참고가 된다.
25) 기술문의 일부분이 명사인 경우가 많은 점을 고려하면 자연스러운 현상으로 생각된다.
26) 기술문의 일부분을 대상으로 하므로 택시스적으로는 설명문과 기술문과의 관계가 계기인
  가 동시인가, 하는 것을 문제시할 수 없다는 의미이다. 또한 애스펙트도 명사술어문의 경
  우는 분화하지 않는다는 것이다.

(36) 工は、腹這いになったまま、単語カードで受験勉強をしていた。<u>個人</u>
<u>タクシーの免許取得試験に備えているのである。</u>（イヴ）

（工은 엎드린 채 단어카드로 수험공부를 하고 있었다. 개인택시 면
허취득 시험에 대비하고 있는 것이다.）

하지만 예문(36)은 대표적인 부분보충설명문이라고 생각되지 않는다.
왜냐하면 「受験勉強」만을 설명하는 부분보충설명문이라면 「個人タク
シーの免許取得試験なのである」라는 설명문이 되기 때문이다.[27]

네 번째로 모달리티의 관점에서 생각해 보면 기본적으로 이 타입의 설
명문은 존재론적으로는 현실성을 대상으로 하고 인식론적으로도 직접인
식에 의한 것이다. 물론 직접체험이 아니라 사고에 의한 일반화된 인식
이 대부분이다. 하지만 많지는 않지만, 다음과 같은 예문도 보인다.

(37)「どうも困ったことが起りましてね」
夏枝が学校に行くと、教師は事情を説明した。<u>中学に入って以来、</u>
<u>一、二の成績を争っていた徹が、三学期にどの学科の試験も白紙で</u>
<u>提出したというのである。</u>（氷点下）

（"정말로 곤란한 일이 생겨서요"
夏枝가 학교에 가자, 선생님은 사정을 설명했다. 중학교에 들어간
이래로 1, 2등의 성적을 다투던 徹가 3학기에 모든 학과시험도 백
지로 제출했다는 것이다.）

(38)「そうなると、ちょっと妙ね」と口に出して呟いた。ちょうどコーヒー
を運んで来たウエイトレスが、

---

27) 예문(36)은 기술문을 「工は腹這いになったまま、單語カードで受験勉強をしていた。」로
보고 설명문을 「個人タクシーの免許取得試験に備えているのである」로 해석할 수도 있
다. 그러면 이 예문은 전체보충설명문이 된다.

「は?何か?」

「え?—ああ、なんでもないんです。すみません」(中略)

<u>ちょっと妙だ、というのは、黒木の話では誰かが父を突き飛ばした
のをその目撃者はみているのだ。</u>(セーラー)

("그렇게 되면 좀 이상하네"라고 입 밖에 내어 중얼거렸다. 마침
커피를 가져온 여종업원이

"네? 뭔가?"

"네? 아, 아무것도 아니에요. 죄송합니다."(중략)

조금 이상한 것은 黒木의 말로는 누군가가 아버지를 들이받은 것
을 그 목격자는 보고 있다는 것이다.)

(39) 重太郎はぼんやりそんな光景を眺めているうちに、突然に一つの小さ
な疑問が頭の中に浮んだ。<u>今まで佐山たちは、電車で西鉄香椎駅に
降りたことばかり思いこんでいたのだが、あるいはこの香椎駅へ汽
車で来たかも知れないのだ。</u>(点と線)

(重太郎는 멍하니 그런 광경을 바라보고 있는 사이에 갑자기 하나
의 작은 의문이 머릿속에 떠올랐다. 지금까지 佐山무리가 전차로
니시테쓰카시이역에 내린 것만 굳게 믿고 있었는데, 어쩌면 이 카
시이역에 기차로 왔을지도 모르는 것이다.)

앞의 두 예문의「ノダ」설명문은「という」라는 문말형식이나 부사상당
어구인「黒木の話では」에서 알 수 있듯이 전문적인 표현이다. 마지막 예
문의 경우는 추량 표현에 의한 간접인식의 표현이다. 따라서 이 타입의
설명문이 직접인식이라는 것은 대부분의 경향으로 의무적이지는 않은
것 같다.

또한 다음 예문들은 사고내용이나 감각 내용이「ノダ」설명문으로 쓰
인 경우이다.[28]

(40) 重太郎は、その返事を聞いて考えた。この会社員の見た男女は、国鉄の椎香駅で降りた、果物屋の目撃した男女と同一人物ではないか。<u>この会社員は、その男女を電車の中では見ていないのだ。</u>(点と線)

(重太郎는 그 대답을 듣고 생각했다. 이 회사원이 본 남녀는 국유철도선 시이가역에서 내렸던, 과일가게에서 목격한 남녀와 동일인물이 아닐까. 이 회사원은 그 남녀를 전철 안에서는 보지 않은 것이다.)

(41) 今夜の涼子の様子は少しおかしい、と純平は感じていた。マンションに来たのも突然だったし、純平のジョークにもまったく笑わない。<u>それどころか、ときどき、深いため息までつくのだ。</u>(101)

(오늘 밤 涼子의 모습은 조금 이상하다. 라고 純平는 느끼고 있었다. 맨션에 온 것도 갑작스러웠고, 純平의 농담에도 전혀 웃지 않는다. 그뿐 아니라, 이따금 깊은 한숨까지 내쉬는 것이다.)

이러한 예문들은 전체보충설명문의 구체화와 부분보충설명문의 연속성을 시사하는 것으로 생각된다.

4. 나오기

이상 본서에서는 비인과관계를 나타내는 「ノダ」설명문을 대상으로 하여 먼저 전체보충설명문과 부분보충설명문으로 크게 분류하였고 전자는 다시 구체화와 일반화, 치환(말바꾸기)으로 하위분류하여 그 문법적인 특

---

28) 이 타입의 용법을 奥田(1990)에서는 사고의 대상적 내용이라는 별도의 하나의 용법으로 분류하고 있다.

징을 검토해 보았다. 이러한 「ノダ」설명문을 대상적인 내용과 그 의미적 타입, 또한 시간성과 모달리티 등의 관점에서 고찰하여 <표 1>과 같은 문법적인 특징을 지적하였다.

〈표 1〉「비인과관계 ノダ문의 문법적인 특징」

특징　　　　　종류	전체보충			부분보충
	구체화	일반화	치환	
접속부사	例えば	つまり、要するに	言い換えれば	×
명제 내용 시간적한정성	유	무	유/무	유/무
의미적 타입	운동/상태	특성/본질	운동/상태/특성/본질	운동/상태/특성/본질
시간 성 택시스	동시적	동시적	동시적	×
애스펙트	계속상	미분화	완성/계속	×
추상화	개별	일반	개별/습관/일반	개별/습관/일반
모달 리티 존재론적 M	현실	현실/가능/필연	현실	현실
인식론적 M	직접	직접	직접	직접/간접

하지만 회화체에서의 용법이나 비문말의 용법 등 본서에서 논의하지 못한 난제들도 적지 않다. 모두 금후의 과제로 하지 않으면 안 된다.

4

강조의 「ノダ」

제4장

강조의 「ノダ」

1. 들어가기

일본어 문법연구에서 「ノダ」형식에 관한 언급이 보이기 시작된 것은 松下大三郎(1924), 三上章(1953) 등이라고 생각된다. 하지만 본격적으로 활발하게 「ノダ」형식에 관하여 연구가 보이는 것은 1950년 이후부터이다.

전후부터 최근까지 「ノダ」형식에 관한 연구는 상당한 성과와 축적이 있다. 물론 연구자의 관점에 따라 다르겠지만 크게 보자면 「ノダ」형식은 설명설, 무드설, 기성명제설 등으로 설명되고 있는데, 초기부터 최근까지 설명설에 속하는 연구가 주류를 이루고 있다고 생각된다.[1] 예를 들면 国立国語研究所(1951)를 비롯하여 松岡(1987), 奥田(1990/2001), 益岡(2001) 등이

---

1) 이 밖에도 梶浦恭平(2008)과 같이 화용론이나 野田(1997)과 같이 「關連づけ」의 유무, 또한 인지의미론, 관련성이론 등의 관점에서 논의한 논고도 많이 보인다.

여기에 속한다고 볼 수 있다. 하지만 다음의 예문에서 보이는 「のだ」는 설명[2]의 기능을 한다고 하기 어려울 것 같다.

> (1) 進駐軍の将校が帰国してから、家族は母屋の洋館に住居を移していた。事業家としての名声を確固たるものにしていた父を、成り上がりと呼ぶ者はもういなかった。<u>しかし立派な旧華族の洋館に移したとたん、まるでそこに悪魔でも住んでいたかのように、家族の死が相次いだのだった。</u>(地下鉄)
> (진주군 장교가 귀국한 뒤 가족들은 안채인 양옥으로 거처를 옮기고 있었다. 사업가로서의 명성을 확고히 하신 아버지를 졸부라고 부르는 사람은 더 이상 없었다. 그러나 번듯한 옛 화족의 양옥으로 옮기자마자 마치 그곳에 악마라도 살고 있었던 것처럼 가족들의 죽음이 잇따랐던 것이다.)
> (2) 女の子は躊躇いつつ手を出し、テディベアを受け取った。
> 「貰った時にはお礼をいうんでしょ」そういったのは母親だ。<u>女の子は健太に向かってありがとうといい、ようやく口元を緩めたのだった。</u>
>
> (疾風)
>
> (여자아이는 주저하며 손을 내밀어 테디베어를 받았다.
> "받았을 때에는 감사 인사를 해야지?"라고 말한 것은 어머니다. 여자아이는 健太에게 고맙다고 말하고, 겨우 굳은 표정을 풀었던 것이었다.)

왜냐하면 선행문[3](母屋の洋館に住居を移した、母親が「お礼を言いなさい」といった)[4]

---

2) 이하에서 쓰이는 설명에 관한 정의에 대해서는 奧田(1990), 정(2014b) 등을 참조.
3) 이하에서는 기술문과 설명문이라는 용어를 설명구조에 한정시키고, 비설명구조를 포함해서 선행하는 문장을 선행문, 후행하는 문장을 후행문이라고 부르기로 한다.
4) 예문(2)의 경우 편의상 필자가 선행문의 구조를 보다 알기 쉽도록 수정하여 해석했다.

과 후행문인「のだ」문(家族の死が相次いだ、口元を緩めた)은 시간적으로 계기관계에 있는데, 의미적으로 인과관계[5]로 해석하기도 어렵고 또한 선행문의 일부나 전체를 보충하여 설명하는 것도 아니기 때문이다. 오히려 선행문에서 예상되거나 추론하기 어려운 사건이나 사태가 제시되어 있어 그 장면을 강조하는 것 같은 뉘앙스를 띠고 있다.

　이러한「ノダ」문의 용법은 일본어에서만 보이는 문제가 아니라 다음과 같이 유사한 구문 구조를 보이는 한국어의「~한 것이다」에도 보인다.[6]

(3) 그 역할도 급장이란 직책이 가지는 명예를 빼면 우리와 선생님 사이의 심부름꾼에 가까웠다. 드물게 힘까지 센 아이가 있어도 그걸로 아이들을 억누르거나 부리려고 드는 법은 거의 없었다. 다음 선거가 있을 뿐만 아니라, 아이들도 그런 걸 참아 주지 않는 까닭이었다. 그런데 나는 그날 전혀 새로운 성질의 급장을 만나게 된 것이다.

(영웅)

(4) 은교, 정말 대책 없는 애. 멍청하지 않으니 그 애도 선생님의 마음 속에 일고 있는 비정상적인 불꽃을 보고 느꼈을 것이다. 그런데도 오늘 나도 함께 있는 자리에서, 감히 선생님한테 월요일 학교 앞으로 자신을 데리러 와달라고 천연스럽게 말하는 것이었다. (은교)

　상세히 언급할 여유는 없지만, 한국어 예문에서의「~한 것이다」도 생략이 가능하여 일종의 강조라고 보여진다.

---

5) 여기서의 인과관계란 과학 세계에서 말하는 것이 아니라 일상생활에서 접할 수 있는 용어일 것이다.
6) 본 연구에서는 한국어와의 대조 연구를 하고자 하는 것은 아니다. 한국어의 [~ㄴ 것이대에 대해서는 제8장을 참조.

이하 본 연구에서는 위와 같은 일본어의 「ノダ」문을 ≪강조≫의 용법이라고 가칭하고 구체적인 문장체 텍스트의 문말에서 사용된 이 용법들을 대상으로 하여 시간적한정성[7]과 임의성, 설명의 구조,[8] 이중판단,[9] 접속조사 등의 관점에서 그 하위 타입과 의미적, 문법적인 특징을 고찰하기로 한다.

2. 선행연구와 본서의 입장

2.1. 선행연구

본서에 앞서 종래의 적지 않은 선행연구에서도 「ノダ」문의 의미/용법을 논의하면서 그중의 하나로 강조 용법을 제시하고 있다. 몇 가지 구체적인 예를 검토하기로 하자.

(5) 信じてくれ、俺は確かにUFOを<u>見たのだ</u>。(吉田茂晃(1988:48[10]))

(6) しかし皮肉なことには、ケインズ自信は企業の供給行動として古典派的なものを考えていた。企業は生産物の実質価格に応じて供給し、実質賃金に応じて労働を需要するというのが『一般理論』のケインズの立場であった。労働供給は各自賃金に応じておこなわれ、しかもある賃金

---

7) 시간적한정성의 개념 및 정의에 관해서는 Givón(2001), 工藤(2014), 奧田(2015) 등을 참조.
8) 설명의 구조라는 개념에 대해서는 奧田(1990) 등을 참조.
9) 후술하지만 「ノダ」문의 이중판단이란 단문레벨에서의 인식판단과 텍스트레벨에서의 논리적인 판단을 말한다. 같은 개념인지 판단할 수 없지만 이 용어는 國語國立硏究所(1951)에서도 보인다. 필자도 奧田(1990)와 같은 입장이다.
10) 예문 번호는 필자에 의함. 이하에서도 마찬가지이다.

のもので供給はきわめて弾力的になる(各自賃金はほぼ固定される)。
だからこそ有効需要の原理が作用し、各自需要が増加すればすこしは
価格が上昇するが、実質生産もまた<u>増加</u>するとしたのである。

(『近代経済学』、p.489)(今村和宏(1996:72))

(7) 犀川「あんたねえ、人ひとりが<u>死んでるんだぞ</u>!」

(伴一彦「サイコドクター」)(藤城浩子(2007:176))

(8) 動物園で生物のことを学ぶといっても、簡単な説明板があるだけの檻
や堀の展示を見て回るだけでは、自然での様子が分からず、動物の
姿のほかはあまり印象に残っていない。ほとんどの人にとっての動物
園の印象は、このようなものではないでしょうか。ところが、今、動
物園は大きく<u>変わろうとしているのです</u>。(変わる)

(宮沢太総(2008:25))

(9) (中略)「かならずまたくるからね。どこにも嫁にゆかずに、まっていて
ください」彼女はその言葉を宝のように胸にしまって、いきることに
なった。東京にかえったからは手紙がなかった。東京はいくどか空襲
にさらされ、そしてやがて敗戦の日がきた。彼女のかいた手紙も住
所不明でかえってきた。だが、彼女は恋人の言葉をわすれずに、毎
日のように彼をまちつづけた。五年たち、十年たっても、彼からの
手紙はなかった。空襲でしんだのかもしれないと、彼女は思い、彼
のために位牌さえつくった。そして、十三年目に、彼女は旭川にか
い物にでたとき、ばったりと昔の恋人に<u>めぐりあったのだ</u>。彼女はよ
ろこびのあまり、彼の名をよんだ。彼はふりかえった。が、三十す
ぎた彼女の顔を彼はふしぎそうにみかした。(後略)

(この土の器をも)(奥田靖雄(1990:207-8))

위 예문들로 선행연구의 강조 용법을 망라한 것은 아니지만 개략적으
로 대표하기에는 충분하다고 생각된다. 하지만 위의 예문들을 아무리 음

미해 보아도 상세하고 정확한 정의나 또한 문법적인 특징 등의 근거가 제시되지 않아서 강조 용법의 내연과 외연이 명확하지 않고 애매하다. 구체적으로 살펴보면 먼저 (5)(7)은 회화체의 예문인데 발화상황이 자세히 제시되지 않았고 무엇을 강조하는지도 불분명하다. 두 번째로는 예문 (6)은 「ダカラ」라는 접속조사가 사용된 것으로부터도 알 수 있듯이 선행문과 「ノダ」문은 인과관계로 해석되어 이유를 제시하는 보통의 설명 용법이라고 생각된다.[11] (8)(9)는 본서에서도 강조의 용법이라고 생각하는데 하지만 선행연구에서는 「ノダ」문이 무엇을 강조하는지 구체적인 언급이 보이지 않는다.

따라서 본서에서는 「ノダ」문을 필자 나름대로 3분류하여 그 다음 강조 용법의 범위 경계를 보다 명확히 정한 후에 그 문법적인 특징을 먼저 살펴보기로 한다.

2.2. 본서의 입장

우선 본서에서는 종래의 연구 성과를 비판적으로 계승하면서 다음과 같이 「ノダ」문을 정(2014a)(2014b)에 따라 크게 3가지로 나누기로 한다.

  (10) 啓造はハッとした。<u>注射針をさされた陽子の顔がはじめて苦しそうにゆがんだのだ。</u>(助かるかも知れない!)(氷点下)
     (啓造는 깜짝 놀랐다. 주사 바늘을 맞은 陽子의 얼굴이 비로소 고

---

11) 필자의 추측이지만 밑줄 친 「こそ」를 너무 의식하여 강조의 용법으로 생각했을지도 모른다.

통스러운 듯이 일그러진 것이다. (살아날지도 몰라!))

(11) 石神は瞼を閉じた。数学の難問に直面した時、彼がいつもすることだった。外界からの情報をシャットアウトすれば、頭の中で数式が様々に形を変え始めるのだ。(容疑者)

(石神는 눈을 감았다. 어려운 수학 문제에 직면했을 때 그가 항상 하는 일이었다. 외부 정보를 차단하면, 머릿속에서 수식이 여러 가지로 형태를 바꾸기 시작하는 것이다.)

(12) 夕方、例によって杉本課長の生け贄となった。そこまでは、いつものことだとあきらめればいい。ところが、杉本は、ニヤニヤ笑いながらこう言ったのだ。

「そうか。倉田。わかったぞ。おまえ俺が嫌いなんだな。嫌いだから、わざわざ成績あげねえだろ」(愛)

(저녁에 여느 때처럼 杉本과장의 희생양이 되었다. 거기까지는 늘 있는 일이구나 하고 체념하면 된다. 그런데 杉本는 히죽히죽 웃으며 이렇게 말했던 것이다.

"그렇구나, 倉田. 알았어. 너 나 싫어하는구나. 싫어하니까 일부러 실적을 안 올리는 거지.")

먼저 (10)은 현실 세계의 사건순서를 반대로 제시하면서 선행문(啓造はハッとした)과 후행문(注射針をさされた陽子の顔がはじめて苦しそうにゆがんだ)의 의미를 인과관계로 파악하여 제시하는 설명문이다.12) 이것은 「ノダ」문 앞에 「なぜなら」 등의 접속사를 공기(共起)시켜서 해석해보면 그 의미가 더욱더 명확해진다. 다음 (11)은 선행하는 기술문(石神は瞼を閉じた)의 의미를 후행하는 「ノダ」문(外界からの情報をシャットアウトすれば、頭の中で数式が様々に形

---

12) 현실 세계의 사건순서는 [注射針をさされた陽子の顔がはじめて苦しそうにゆがんだ] →[啓造はハッとした]의 흐름이다.

を変え始める)에서 그 의미를 보충하여 설명하는 전체보충설명문이다.[13) 이 예문도「つまり」등의 접속사를 넣어서 해석하면 양자의 관계가 알기 쉽다. 마지막의 (12)는 본서에서 대상으로 하는 강조 용법의「ノダ」문인데 이 경우는 앞에서와 같은 설명만으로는 그 논리적 혹은 의미적인 관계와 이 용법의 특징을 파악하기 어렵다.

이 강조 용법의 개략적인 특징으로는 다음과 같은 점을 지적할 수 있다. 우선「ノダ」가 의무적이 아니라 임의적이라는 점이다. 즉 생략이 가능하다는 것이다. 다음「ノダ」를 생략한 예문을 보자.

(10-1) 啓造はハッとした。#注射針をさされた陽子の顔がはじめて苦しそうにゆがんだ。(助かるかも知れない!)

(11-1) 石神は瞼を閉じた。数学の難問に直面した時、彼がいつもすることだった。#外界からの情報をシャットアウトすれば、頭の中で数式が様々に形を変え始める。(容疑者)

(12-1) 夕方、例によって杉本課長の生け贄となった。そこまでは、いつものことだとあきらめればいい。ところが、杉本は、ニヤニヤ笑いながらこう言った。「そうか。倉田。わかったぞ。おまえ俺が嫌いなんだな。嫌いだから、わざわざ成績あげねえだろ」

앞의 두 예문은 사건의 시간 관계를 바르게 묘사하지 못해 문장으로서 성립하기 어렵거나 아니면 부자연스러운 문장이 된다. 하지만 마지막 예문은「ノダ」가 없어도 비슷한 의미를 나타낸다.[14)

---

13) 비인과관계의 설명문의 하위 타입과 특징에 대해서는 제3장을 참조.
14)「ノダ」의 의무/임의성의 문제는 양분법적인 접근보다는 단계적인 것으로 파악하는 것이 타당할 것이다.

두 번째 특징으로 강조 용법에서는 기본적으로 「どころが、しかも、ましてで」 등의 접속사가 많이 보이고 설명문의 「ノダ」문에서 흔히 보이는 「なぜなら、だから」 등이나 「つまり、言い換えれば」 등의 접속사는 나타나지 않는다는 점이다.[15]

세 번째 특징으로는 설명구조 밖에서 「ノダ」가 나타난다는 점이다.[16] 즉 보통의 설명문에 나타나는 「ノダ」는 「기술문 + 설명문 + ノダ」의 구조를 취하는데 강조 용법은 「기술문A + 기술문B + ノダ」와 같은 구조를 취한다는 것이다.

네 번째로는 일반적인 설명의 「ノダ」문은 단문 레벨의 인식적 판단과 설명구조를 이루는 논리적 판단이라는 이중판단이 작용하는데 강조 용법에서는 단문 레벨의 인식적인 판단만이 적용된다.

다섯 번째로는 선행문과 후행문이 시간적으로 계기적인 관계를 나타내는 문맥에서는 주로 동사술어문의 완성상(perfective) 형식인 スル형식을 사용하여 텍스트 의미상 중요한 전경(foreground)[17]적인 사건을 현실 세계의 시간 순서를 그대로 반영하게 된다. 즉 예문(10)과 같이 현실 세계의 시간 순서를 반대로 제시할 수 없다는 것이다.[18] 또한 시간적으로 동시적인 관계를 나타내는 경우는 배경(background)적인 사건을 묘사하는 것이 많다.

---

15) 여기서 거론하는 강조 용법의 특징은 기본적으로 비설명구조에 의한 강조 용법에서 보이는 것이다. 자세한 것은 후술하기로 한다.
16) 다음 장에서 자세히 살펴보겠지만 모든 강조 용법이 이런 특징을 보인다는 것은 아니다. 설명구조를 이루는 강조 용법도 인정된다.
17) 이미 상(aspect)연구에서는 많이 알려진 용어이지만 전경(foreground), 배경(background)이라는 개념에 대해서는 Givón(1982)를 참조.
18) 선행문과 후행문이 시간적으로 동시 관계에 있는 경우는 이러한 특징은 보이지 않는다.

3. 「ノダ」에 의한 강조 용법의 하위 타입과 문법적인 특징

지금까지는 「ノダ」의 강조 용법은 편의상 비설명구조를 취하는 것을 주로 보아 왔는데 다음 예문과 같이 설명구조를 취하는 경우도 어렵지 않게 볼 수 있다.

(13) 反対に、男子行員のほとんどは、総合職を選ぶ。課長、次長、支店長、さらにその上、と昇りつめていくには、それしかないからである。各職の間での移動は認められていた。どこそこの支店で、女性が総合職に変わったらしいなどとウワサが、時おり聞こえてきたりする。全店のウワサになるほど、女性が総合職になるのは珍しいことなのである。(クリスマス)

(반대로 남자은행원은 대부분 종합직을 고른다. 과장, 차장, 지점장, 더욱이 그 위로 승진하기 위해서는 그것밖에 없기 때문이다. 각 직책 사이의 이동은 허용되고 있었다. 어디 어디 지점에서, 여성이 종합직으로 바뀐 것 같다는 등의 소문이 간간이 들려오기도 한다. 모든 지점에 소문이 날 정도로, 여성이 종합직이 되는 것은 드문 것이다.)

(14) 「よし。武、急げ!」
車はスピードを上げた。日高組のボロ車ではない。
真由美の車なのである。(セーラー)

("좋아. 武 서둘러!" 차는 속도를 올렸다. 日高組의 고물차가 아니다. 真由美의 차인 것이다.)

(15) まず、一番手前は、デブ。いったいなにを食ったらあんなにふとれるんだよ、と達郎は首をかしげ、ため息をついた。いくらなんでも、これはないな。そう信じたい。なんといっても記念すべき百回目な

<u>のだから、せめて、そう信じていたいのだ。</u>(101)

(먼저, 제일 앞쪽은, 뚱보 도대체 뭘 먹으면 저렇게 찔 수 있는 거야. 라고 達郞는 고개를 저으며 한숨을 내쉬었다. 아무리 그래도, 이건 아닌데. 그렇게 믿고 싶다. 뭐니 뭐니해도 기념할만한 100번째이니까, 하다못해 그렇게 믿고 싶은 것이다.)

위 예문들에서 후행문의 「ノダ」를 생략해도 선행하는 문장과도 유기적인 관계를 변함없이 유지하여 크게 의미가 변하지 않는다. 따라서 이러한 「ノダ」도 강조 용법의 타입이라고 생각된다. 또한 선행문과의 관계도 기술문과 설명문으로 구성되는 설명의 구조를 이루고 있는데 먼저 예문(13)은 선행하는 기술문을 「ノダ」문이 전체적으로 보충하여 설명하는 것이고 예문(14)는 기술문의 일부분에 대해 부분적으로 보충하는 기능을 하고 있다.[19] 마지막으로 예문(15)는 선행하는 기술문과 인과관계를 나타내는 이유설명문이다.[20]

이하에서 이러한 사실을 반영하여 「ノダ」의 강조 용법을 크게 비설명구조와 설명구조로 나누어 각각의 문법적인 특징을 검토해 보기로 하자.

3.1. 비설명구조의 강조

강조 용법의 대표적인 「ノダ」문은 비설명구조로 나타나는 경우가 많다. 이 비설명구조의 강조 용법은 본래 설명의 구조가 아닌 두 문장을

---

19) 「ノダ」 등의 형식을 취하지 않는 무표의 설명문에 대해서는 제1장을 참조.
20) 인과관계에 의한 설명문에 대해서는 제2장을 참조.

후행하는 문말에 「ノダ」형식을 취하여 설명의 구조인 것처럼 가장하여 강조의 뉘앙스를 수반하게 되는 것이다. 이러한 비설명구조에 의한 강조 용법의 「ノダ」문은 시간적 한정성의 유무, 선행문과의 시간 관계, 술어 문의 품사 등이 밀접하게 연관되어 있는데 이하에서는 편의상 술어 종류에 따라 하위 타입으로 나누어 기술해 보기로 하자.

1) 동사술어문

먼저 동사술어문부터 검토하기로 하자. 동사술어문의 경우 「ノダ」문의 술어가 완성상(perfective) 형식인가 계속상(imperfective) 형식인가로 나누어 검토해 보기로 한다.[21] 다음은 동사술어문도 시간적한정성이 있는 완성상 형식의 예문들이다.

> (16) 「これ欲しい。似合う?」
> くるみは、マフラーをしっかり押さえて剛を見上げた。
> 「やらない。焼きイモ屋のオジサンみたい」
> 「もうッ」[22]
> <u>すねてみせたくるみの頬に、剛は笑いながらキスしたのだった。</u>
>
> (イヴ)
>
> ("이거 갖고 싶어. 어울려?"
> 쿠루미는, 머플러를 꾹 누르며 剛를 올려다 보았다.
> "아니. 군고구마 집 아저씨 같아"

---

21) 편의상 「ノダ」문의 술어를 기준으로 하지만 엄밀히 말하자면 선행문의 술어와 후행문의 술어를 모두 고려하지 않으면 안 된다.
22) 선행문에 「と言った」를 보충하여 해석한 것이다.

"흥!"

토라진 くるみ의 뺨에 剛는 웃으며 입을 맞춘 것이었다.)

(17) しかたなく健吾は美和をエスコートした。すると、美和は、最初から
それが予定されていたかのように人懐っこく健吾に笑いかけ、小声
でこう言ったのだった。「お父様から聞いてない？ あたしたち、婚約
したのよ」(愛)

(어쩔 수 없이 健吾는 美和를 에스코트했다. 그러자 美和는 처음부
터 그것이 예정되어 있었다는 듯이 사근사근 健吾에게 웃으며 작
은 목소리로 이렇게 말하는 것이었다. "아버님한테 못 들었어?? 우
리들 약혼했어.")

(18) 「弟さんが心中をなさる原因とでもいう事情に、お心あたりがあります
か?」ときくと、この髭のある支店長は、どこかもったいぶった口ぶ
りで答えたのであった。23)

「今回は、弟がとんだ恥さらしをして赤面しております。死の原因に
ついては、新聞などにいろいろ言われていますが、役所のことは、
私にはとんとわかりません。」(点と線)

("동생분께서 동반 자살을 하신 원인이라 할만한 사정에 짐작 가
는 바가 있습니까?" 하고 물었더니 이 수염 난 지점장은 어딘가
거드름 피우는 투로 대답했던 것이었다.

"이번에 동생이 그런 부끄러운 짓을 해서 창피합니다. 죽음의 원
인에 대해서는 신문 등에 여러 가지 이야기가 나오고 있습니다만,
관공서 건에 대해서는 저는 전혀 모릅니다.")

(19) 徹が聞いても聞かなくても、食事時には学校の話や、読んだ本の話を
した。「ねえ、おにいさんはどう思う」と、こだわりなく話しかける
陽子に、徹の表情はやさしくなって、一言二言返事をする。しかし

---

23) 이 예문의 경우도 원문은 조건문으로 되어 있지만, 여기에서는 조건절을 선행문으로, 귀
결절을 후행문으로 해석하기로 한다.

夏枝と啓造にはろくに返事をしない。自然、啓造も夏枝も、陽子を
通して徹と話をすることが多くなり、陽子の存在だけが辻口家の灯
となっていった。<u>遂に徹は、高校入試も白紙提出をして、啓造と夏
枝の期待を全く裏切ってしまったのである。</u>(氷点下)

(徹가 듣든 말든, 식사 중에는 학교의 이야기나, 읽은 책의 이야기
를 했다. "저기 오빠는 어떻게 생각해?" 하고 해맑게 말을 건네는
陽子에게 徹은 부드러운 표정을 하고 한 두 마디 대답한다. 그러
나 夏枝와 啓造에게는 제대로 대답하지 않는다. 자연스레 啓造도
夏枝도 陽子를 통해 徹와 이야기를 하는 것이 많아져, 陽子의 존
재만이 辻口家의 등불이 되어 갔다. 결국 徹는 고등학교 입학시험
도 백지를 제출하여, 啓造와 夏枝의 기대를 완전히 저버리고 말았
던 것이다.)

(20) 佐々木は諦めて、駅へ行く道の方へ戻りかけた。<u>その時一目の前の旅
荘の玄関から、朝田が出て来たのである。</u>佐々木はぼんやりと突っ
立っていた。出張しているはずの朝田が、どうしてこんなところに?

(昼)

(佐々木는 포기하고 역으로 가는 길로 되돌아가기 시작했다. 그때
눈앞의 여관 현관에서, 朝田가 나왔던 것이다. 佐々木는 우두커니
서 있었다. 출장을 갔을 朝田가 왜 이런 곳에?)

(21) 次の駅に着くと、やはり団地があるので、何人かの客が乗って来る。
そしてたちまちシルバーシートが埋まってしまった。むろん座って
いるのは年寄りではない。中年の男、OL、学生らしい少年までい
る。<u>しかし、今度は、社内の客たちは一向に声をあげないどころ
か、まるで関心がないようで、シルバーシートのほうなど見向きも
しないのだった。</u>(昼)

(다음 역에 도착하자, 역시 아파트 단지가 있기 때문에 손님 몇명
이 탑승한다. 그리고 순식간에 노약자석이 차 버렸다. 물론 앉아

있는 건 노약자가 아니다. 중년 남자, 직장여성, 학생 같은 소년까지 있다. 그러나 이번에는 객실 내의 승객들은 조금이라도 소리를 내기는커녕 마치 관심이 없는 듯 노약자석 쪽을 거들떠보지도 않는 것이었다.)

상기 예문들은 대표적인 강조 용법을 구성하는 패턴 중 하나인데 선행문과 후행문 모두 동사술어문의 완성상 형식인「スル(シタ)」를 취하여 텍스트를 구성하는 중요한 사건을 전경(foreground)적인 동시에 계기적으로 제시하고 있다. 이 예문들에서는 현실 세계의 사건순서에 따라서 묘사되고 있기 때문에 반드시「ノダ」를 필요로 하지 않지만 강조의 효과를 수반하기 위해 작가가 의도적으로 사용한 것이라 생각된다. 이러한 타입에서 자주 나타나는 접속사는「すると、しかし、そして、どころが、しかも」등이 있다.[24]

하지만 완성상 형식이라도「ノダ」문의 강조 용법이 모두 계기적인 관계일 필요는 없다. 다음의 예문은 시간적한정성이 있으면서 선행문과 후행문이 시간적으로 동시적인 관계에 있는 것들이다.

(22) 再び尾行を始めて、十分とたたない時だった。ちょうど同じぐらいの年齢のチンピラと肩がぶつかったといって喧嘩が始まったのだ。謹慎処分で気がムシャクシャしているところへ、パチンコはまるで出ない。他の連中が羽振りをきかせているのを見て頭に来たのだろう。(セーラー)

(다시 미행을 시작한 지 10분도 지나지 않은 때였다. 비슷한 또래

---

24) 이러한 접속사들은 설명의「ノダ」문에서 보이는 것들과는 상당히 다른 양상을 보이는 것이다.

의 깡패와 어깨가 부딪쳤다며 싸움이 시작된 것이다. 근신 처분으로 기분이 언짢아져 있는 때에, 빠칭코는 전혀 나오지 않는다. 다른 사람들이 활개 치는 걸 보고 화가 났던 것이겠지.)

(23)「なにかあったの?」「まあね」

　　「とにかく入んなよ」「うん」

　　ニヤニヤ笑いは消えない。<u>そして、その笑顔のまま、則子は純との一夜を二人に話したのだった。</u>(愛)

　　("무슨 일 있었어?" "뭐 그냥"

　　"어쨌든 들어가" "응"

　　히죽거림은 사라지지 않는다. 그리고 그 웃는 얼굴 그대로 則子는 純과의 하룻밤을 두 사람에게 이야기했던 것이다.)

위 예문들의 선행문에서는 명사술어문과 동사부정술어[25]가 쓰인 것으로부터 알 수 있듯이 선행문은 시간적으로 동시적 관계에 있는 후행문의 배경적인 상황(background)을 제시하고 있다. 후행문은 이러한 선행문의 배경하에 일어난 주요사건을 완성상 형식을 사용하여 또한 「ノダ」형식을 동반하여 강조적으로 제시하고 있다.

다음은 계속상(imperfective) 형식의 예들이다.

(24)「お父さんに、ますます嫌われちゃうよ」

　　剛は、明るく言った。雪子も笑った。<u>だがその目は、不審げに剛を見つめているのだった。</u>(イヴ)

　　("아버지께 점점 미움받을거야"

　　剛는 밝게 말했다. 雪子도 웃었다. 그러나 그 눈은 미심쩍은 듯이

---

25) 물론 모든 동사술어의 부정형이 동시적 관계를 나타내지는 않는다. 동사의 어휘적 의미와 문맥적인 상황을 고려하지 않으면 안 된다.

剛を 바라보고 있는 것이었다.)

(25) 「おかあさん、元気になったの?」
かけよった陽子を、夏枝はにっこり笑ってうなずきながら抱きよせた。湯あがりの陽子の匂いがこころよかった。夏枝はかるく目をつむった。長いまつげがかすかにふるえた。<u>いつまでも、このしあわせが続くと夏枝は信じきっていたのである。</u>(氷点上)

("엄마, 다 나은 거야?"
달려온 陽子를 夏枝는 방긋 웃으며 고개를 끄덕이면서 껴안았다. 목욕 한 陽子의 냄새가 상쾌했다. 夏枝는 가볍게 눈을 감았다. 긴 속눈썹이 가늘게 떨렸다. 언제까지나 이 행복이 계속된다고 夏枝는 믿고 있었던 것이다.)

(26) やることなすこと裏目、裏目に出て、家の代金を払った残りの三千万が底をつくのは、あっという間だった。<u>しかも家を抵当に入れての借金ももう返済期間が迫っているのだ。</u>(昼)

(하는 일마다 실패하여, 예상과는 반대로 집값을 내고 남은 3천만 엔이 동이 나는 것은 눈 깜짝할 사이였다. 게다가 집을 담보로 진 빚도 이제 상환기간이 다가온 것이다.)

(24)(25)에서는 선행문이 완성상 형식이고 (26)은 명사술어문이다.[26] 한편 「ノダ」문의 술어는 모두가 계속상 형식이므로 양자가 시간적으로 동시 관계인 것을 알 수 있다. 이 예문들은 선행문의 배경적인 상황을 강조하여 묘사하고 있다.

---

26) 예문(26)의 경우는 명사술어문이지만 시간적한정성이 있는 경우이다. 이 예문은 「あっという間に、三千万が底をついた。」라는 문장과 같은 상황이라고 보여진다.

2) 형용사/명사술어문

지금까지 검토해 온 것은 주로 동사술어문을 대상으로 해왔다. 하지만 다음과 같이 형용사술어문이나 명사술어문의 「ノダ」문에 의한 강조 용법도 확인된다. 먼저 이 타입의 주류를 이루는 시간적한정성이 있는 예문부터 보기로 하자.

(27) 証拠がないといえば、××省の石田部長もそうです。<u>彼はさすがに、汚職問題でその部をやめて他部に移りましたが、なんと移った新しい部が前よりはポストがいいのです。</u>(点と線)
(증거가 없다고 한다면 ××성의 石田부장도 그렇습니다. 그는 역시나 부패 문제로 그 부서를 그만두고 다른 부서로 옮겼습니다만, 무려 옮긴 새로운 부서가 전보다 지위가 좋은 것입니다.)

(28) 結婚以来、松田は以前にはなかった苛立ちや不機嫌に捉えられることがあった。自分は常に理性的な人間だという信念は、このところ揺らいでいた。<u>しかし一方では、百合子という妻を傍にして、今まで味わったこともない安らぎと充実を得ていることも確かなのだ。</u>(昼)
(결혼 이후 松田는 전에 없었던 초조함이나 불쾌감에 사로잡히는 일이 있었다. 자신은 항상 이성적인 사람이라는 신념은, 요즘 흔들리고 있었다. 그러나 한편으로는 百合子라는 아내를 옆에 두고, 지금까지 경험해 보지 못한 편안함과 충실감을 얻고 있는 것도 확실했다.)

(29)「さ、もう一杯。わたしらは、すぐ退散するから」
「そうね。三人でゆっくりしてって下さい」香代子も言った。親がいるから、座が弾まないのだろうという、遠慮だった。<u>だが、くるみや美咲にしてみれば、三人だけになるほうが、よほど怖かったのである。</u>(イヴ)

("자, 한 잔 더. 우린 곧 갈 거니까".

"그렇네. 셋이서 재밌게 노세요." 香代子도 말했다. 부모가 있어서
자리가 불편할 것 같다는 걱정이었다. 하지만 くるみ나 美咲의 입
장에서는, 셋만 남는 것이 상당히 두려웠던 것이다.)

(30) 田中知子は知的な女学生だった。そして単に知的なだけではなかった。
溢 れるような好奇心と、みずみずしい子供の心を持っていた。そん
な彼女は、私の青春の証だったのである。(昼)

(田中知子는 지적인 여학생이었다. 그리고 비단 지적인 것만은 아
니었다. 넘치는 호기심과 풋풋한 아이의 마음을 가지고 있었다. 그
런 그녀는 내 청춘의 증거였던 것이다.)

이 예문에서의 「ノダ」도 선행문과 후행문의 의미변화를 초래하지 않
는 범위에서 생략이 가능하기 때문에 강조의 용법이라고 보여진다.[27] 또
한 마지막 예문이 명사술어문이고 나머지는 모두 형용사술어문인데 이
예문들은 동사술어문에 연속적인 것으로 보인다. 즉 시간적한정성이 있
는 문맥에서 개략적으로 선행문과 시간적으로 동시적으로 묘사되어 배
경적인 상황을 강조하여 묘사하고 있는 경우이다.

(27)에서는 「なんと」라는 감탄 부사가 쓰이고 있다.[28] 또한 공기하는
접속사도 이미 논의한 동사술어문과 비교해서 크게 다르지 않은 것으로
생각된다.

---

27) 물론 다음 예문과 같이 비설명구조인지 설명구조인지 판단하기 어려운 예문도 있다.
  · 教會の前に行くと、賛美歌がきこえてきた。自分の知らない賛美歌をきくと、啓造は
  やっぱり入りにくいような感じがした。啓造は自分の優柔不斷さに情けなくなった。
  (思いきって入ればいいじゃないか)それはわかっていた。だが、何となく入りづらい
  のだ。(氷点下)

28) 감탄문에서는 「ノダ」가 자주 보이는데 더 이상 깊이 논의할 준비가 되어 있지 않으므로
  금후의 과제로 한다.

다음은 시간적 한정성이 없는 비설명적인구조의 「ノダ」문을 검토해 보기로 하자.

(31) だが、それを気にするような達郎ではない。むしろ「慣れない本社で、しかも係長が年上だからな。<u>新しい課長がやりづらくならないよう、こっちも気をつけないといかんな</u>」と自分に言い聞かせているくらいなのだ。(101)

(하지만, 그것을 신경 쓸 達郎가 아니다. 오히려 "익숙하지 않은 본사에서 게다가 계장이 나이가 많으이니깐 말이야. 새로운 과장이 불편하지 않도록 나도 신경 쓰지 않으면 안 되겠네."하고 스스로 타이르는 정도인 것이다.)

(32) 生まれて間もなかった陽子を、今まで育てたということが、夏枝にとってどんなに大変なことであったかを、啓造は思った。自分の腹を痛めた子供さえ、一人前に育てあげるということは容易ではない。<u>まして陽子はただのもらい子ではないのだ</u>。(氷点下)

(태어난 지 얼마 안 된 陽子를 지금까지 키웠다는 것이 夏枝에게 있어서 얼마나 힘들었을까를 啓造는 생각했다. 자기 배 아파 낳은 아이조차 한 사람 몫으로 키워낸다는 것은 쉬운 것은 아니다. 하물며 陽子는 단순한 양자는 아닌 것이다.)

위 예문[29]은 둘 다 명사술어문인데 등장인물의 본질(특성)을 묘사하면서 후행하는 문장에서 「ノダ」를 사용하여 그 특징을 강조하고 있다.[30] 「む

---

29) 이 두 예문은 부분보충설명문의 성격도 포함하고 있다고 보여진다. 필자는 엄밀한 기준이나 구별을 하는 이분법(二分的)적인 접근보다는 <비설명구조>와 <설명구조>의 강조용법도 연속적이라는 입장이다.

30) 명사술어문의 명제내용의 의미적인 타입과 다양한 하위 타입에 대해서는 佐藤(1997)를 참조.

しろ、まして」 등의 접속사도 특징적인 것으로 생각된다.

3.2. 설명구조의 강조

「ノダ」문에 의한 설명구조의 강조 용법은 전후하는 문장이 이미 의미적으로 「기술문-설명문」과 같이 설명구조로 구성되어 있는 경우이다.[31] 따라서 후행하는 설명문에는 주로 명사나 형용사술어문이 오게 된다. 또한 주의해야 할 점은 여기서 강조가 되는 것은 단문레벨의 인식적인 판단이 아니라 기술문과 설명문이 결합되어 텍스트의 결속성을 강조하고 있다고 할 수 있다. 바꾸어 말하면 두 문장이 설명구조를 이룬다는 논리적인 판단이 강조된다는 점이다.

구체적인 예문을 검토하기로 하자.

(33)「あのお、すみません……」
たばこを取り出そうとスーツのポケットを探っていた藤井に、声をかける。「はい」藤井は顔を上げた。その瞬間。薫は、思わず小さな叫び声をあげてしまった。藤井の顔は、死んだ真壁によく似た……いや、真壁そのものだったのだ。(101)
("저기 실례합니다..."
담배를 꺼내려고 정장 주머니를 뒤지고 있던 藤井에게 말을 건다. "네" 藤井는 얼굴을 들었다. 그 순간. 薫는 무심코 작게 소리내 버리고 말았다. 藤井의 얼굴은 죽은 真壁를 많이 닮았다...
아니, 真壁 그 자체였던 것이다.)

---

31) 일반적인 설명문에 관해서는 佐藤(2001), 제1장을 참조.

(34) 「村上はちょっと出てますけれども……ええ、河合さんという方を送っ
て」妻の英子の答えに、美咲は青ざめた。気のせいなんかじゃない。
この頃、村上が冷たいのは、雪子に心が傾いているせいなのだ。

(イヴ)

("村上는 잠시 외출 중입니다만... 예, 河合씨라는 분을 배웅하러"
아내 英子의 대답에 美咲는 창백해졌다. 기분 탓이 아니다. 요즘
村上가 차가운 것은 雪子에게 마음이 기울어져 있는 탓인 것이다.)

위 예문은 「ノダ」를 유무(有無)에 관계없이 「なぜなら」 등의 접속사를
보충하여 해석하면 자연스러워진다는 점에서 알 수 있듯이 선행문과 후
행문이 이미 의미적으로 인과관계를 이루고 있다. 이러한 상황에서 「ノ
ダ」를 첨가하여 문법적인 결속장치를 명시하게 되면 논리적인 판단 즉,
인과관계에 의한 판단이라는 점을 강조하는 것이다.

다음은 보충 설명[32)]의 예문이다.

(35) 正木が自殺しても、彼がいうところの、個人の存在価値はこの世にお
いて無に等しいと感じさせることの解決にはならない。社会が複雑
になればなるほど、個人の人格も価値も無視される。その人間でな
ければならない分野はせばめられて行くだけなのだ。(氷点下)
(正木가 자살해도 그가 말한 것처럼 개인의 존재가치는 이 세상에
서 무와 같다고 느끼게 하는 것에 대한 해결책이 되지 않는다. 사
회가 복잡해져 갈수록 개인의 인격도 가치도 무시된다. 그 사람이
아니면 안 되는 분야는 점점 더 없어져 갈 뿐인 것이다.)

(36) 旅荘は静まりかえって、人の気配もなかった。表を、裏を、何度なく

---

32) 여기서 보충 설명은 개략적으로 奥田(1990)의 「非條件づけ」에 해당될지도 모른다.

行き来したが、どの窓のカーテンも重く瞼を閉じたままで、瞬きの震え一つないのだった。(昼)

(여관은 아주 조용했고 인기척도 없었다. 앞뒤를 몇 번이나 지나갔지만, 어느 창문의 커튼도 빈틈없이 내린 채, 눈 하나 깜빡하지 않는 것이었다.)

(37)「あっ、先輩! 見てみてヨーヨー釣り」車道の向こうの出店に気がついて、涼子は声を上げた。

「懐かしいね」瀬名も、少し明るい顔をする。

「やろう!」涼子は、瀬名の手を引っ張りながら道路を渡っていこうとした。瀬名も、涼子の気持はわかっている。自分を慰めるために一生懸命なのだ。(ロング)

("앗, 선배! 봐 봐요 요요 낚시" 차도 건너편의 가게를 발견하고, 涼子는 소리를 질렀다.

"추억이네" 瀬名도 조금 밝은 얼굴을 한다.

"하자!" 涼子는 瀬名의 손을 잡아끌며 도로를 건너려고 했다. 瀬名도 涼子의 기분은 알고 있다. 자기를 위로하기 위해 안간힘을 쓰는 것이다.)

(38) なるほど、二十日の夜、二つの香椎駅で降りた二組の男女から帰納して、新しく謎の女を出した着想はおもしろい。しかし、それには何の実証もないのだ。(点と線)

(과연, 20일 밤 두 개의 카시이 역에 내린 2개조의 남녀로부터 귀납하여, 새롭게 수수께끼의 여자를 도출한 생각은 흥미롭다. 그러나, 거기에는 아무런 실증도 없는 것이다.)

앞의 두 예문은「言い換えれば」등의 접속사 첨가로 알 수 있듯이 전체보충설명의 예문이다. 또한 뒤 두 예문은「つまり」등의 접속사를 보

충하면 자연스러워지듯이 부분보충설명의 예문이다. 이러한 예문 역시 「ノ
ダ」의 첨가에 의해 선행하는 기술문과의 관계를 강조하면서 텍스트 결
속성을 문법적으로 명시하고 있는 것이라고 생각된다.

마지막으로 다른 술어문과 같이 물론 동사술어문의 경우도 시간의 추
상화가 진행되어 시간적한정성이 없어지게 되면 다음과 같이 이 타입에
속하게 된다.

(39) 大石社長の遺体がドアのすぐ内側にあったのは、どう考えても奇妙な
気がする。まるで、密室を構成するために、ここまで運搬されたと
しか思えないのだ。(鍵)
(大石사장의 사체가 문 바로 안쪽에 있던 것은, 아무리 생각해도
묘하다는 생각이 든다. 마치 밀실을 구성하기 위해 이곳까지 옮겨
졌다고 볼 수밖에 없는 것이다.)

상기 예문은 선행문의 술어가 상태를 나타내는 감정동사이고 후행문
의 술어는 동사술어의 부정형이 나타나 있다. 따라서 시간적으로는 동시
적 관계, 의미적으로는 인과관계, 특히 이유설명문에 해당하는 예문이라
고 생각된다. 「ノダ」의 명시에 의해 그러한 논리적인 관계가 강조되었다
고 보여진다.

하지만 같은 인과관계의 용법이라도 다음과 같은 원인설명문의 경우
는 강조의 용법이 될 수 없다.

(40) 太郎は田舎に返って家業を継いだ。会社を辞めたのだ。
(太郎는 고향으로 돌아가 가업을 이었다. 회사를 그만둔 것이다.)

위 예문에서「ノダ」형식은 의무적이다. 만약「ノダ」를 생략하면 선행문과 후행문의 현실 세계의 시간적 사건 관계가 올바르게 전달되지 못하고 전혀 다른 문장이 되어버린다. 이와 같이 원인설명문은 현실 세계의 사건순서를 작가가 주체적으로 바꾸어 제시하는 것이 그 특징 중에 하나이기 때문에「ノダ」가 의무적이며 따라서「ノダ」사용이 임의적인 강조 용법이 될 수 없다.

4. 나오기

이상 본서에서는 종래 강조의「ノダ」용법이 각기 연구자마다 내연과 외연이 다르다는 점에서 출발하여「ノダ」의 생략 가능성을 강조 용법의 특징으로 보고 시간적 한정성과 임의성, 설명의 구조, 이중판단, 접속조사 등의 관점에서 강조 용법의「ノダ」문에 대하여 고찰했다. 중요한 논점을 두 가지로 정리하자면 다음과 같다.

첫 번째로 강조 용법의「ノダ」문을 크게 2분류했다. 즉, ≪설명의 구조≫라는 틀 안에서의 설명구조적인 강조인가 아니면 비설명구조적인 강조 용법인가이다. 이들 중 후자의 경우가 강조 용법의「ノダ」문의 대표적인 용법으로 생각되는데 이 타입은 술어의 종류에 따라서도 조금씩 차이를 보인다. 하지만 보다 중요한 하위 타입으로는 선행문과 시간적으로 계기적 관계에 있는 전경적인 사건의 강조인가 동시적 관계에 있는 배경적인 사건의 강조인가 하는 점이다. 한편 전자의 경우는 이유설명, 전체보충 설명, 부분보충설명을 강조하는 하위 용법이 있다.

두 번째로는 강조 용법의 「ノダ」문의 문법적인 특징에 관한 것이다. 즉, 설명의 「ノダ」문과 달리 강조 용법의 「ノダ」문은 1)기본적으로 설명 구조 밖에서 「ノダ」가 나타나고(기술문+기술문+ノダ), 2)단문레벨의 인식적인 판단만을 나타내며, 3)「どころが、しかも、まして」등의 접속사가 많이 보이고, 4)선행문과 후행문이 시간적으로 계기적인 관계에서는 동사 술어문의 완성상(perfective) 형식을 사용하여 사건 전개의 중요한 전경(foreground)적인 사건을 강조하게 되고, 한편 동시적인 관계를 나타내는 경우에는 주로 계속상(imperfective) 형식으로 배경(background)적인 사건을 강조한다.

또한 설명구조의 「ノダ」문은 원인설명문을 제외하고 모든 용법에서 강조 용법이 가능하다는 점도 지적했다. 하지만 본서의 한계도 있다. 예를 들면 문장체의 문말 용법만을 논의의 대상으로 했기 때문에 앞으로 화용론을 시야에 포함한 회화체까지 논의의 범위를 확대시켜 고찰할 필요가 있다고 생각된다.

5

「ノダロウ」의 설명성

제5장

「ノダロウ」의 설명성

1. 들어가기

먼저 다음 예문을 검토해 보자.

(1) 風は全くない。東の空に入道雲が、高く陽に輝いて、つくりつけたよ
　　 うに動かない。ストローブ松の林の影が、くっきりと地に濃く短か
　　 かった。その影が生あるもののように、くろぐろと不気味に息づいて
　　 見える。(氷点上)

　　 (바람은 전혀 없다. 동쪽 하늘에 뭉게구름이 높게 햇빛에 빛나며 만
　　 들어낸 것처럼 움직이지 않는다. 스트로브 잣나무 숲의 그림자가
　　 땅에 짙고 짧게 비쳤다. 그 그림자가 살아 있는 것처럼 새까맣고
　　 섬뜩하게 숨 쉬고 있는 듯하다.)

(2) 「美樹さんは、どう思っているの?　お兄さんは、本当に、自殺したと思

いますか?」

<u>肉親を失ったばかりの十五歳の少女には、酷な訊き方かもしれないと思った。とはいえ、避けて通ることのできない質問だし、多少のオブラートに包んだところで、辛さが減ることはないだろう。そして、どうやら、その判断は間違っていなかったようだった。</u>

「お兄さんは、絶対に、自殺なんかしません!」(鍵)

("美樹씨는 어떻게 생각하고 있어? 오빠가 정말 자살했다고 생각해요?" 가족을 잃은 지 얼마 안 된 열다섯 살 소녀에게는 가혹한 질문일지도 모른다고 생각했다. 그렇더라도 피해갈 수 없는 질문이고, 다소 완곡하게 에둘러댄다고 해서 고통이 줄지는 않을 것이다. 그리고, 아무래도, 그 판단은 틀리지 않았던 것 같았다.

"오빠는 절대 자살 같은 거 안 해요!")

(3) 「なあんだ。そんなことならおれに聞いてくれればよかったのによ! 竹下清治の下宿している佐々木って家の人がつとめている松田工務店っていうの、おれ、知ってんだ。ほら、理科室を火事のあとで新築したとき、松田工務店が工事をしたんだよ。竹下清治はそのとき、放課後なんか佐々木っていう人のけつにくっついて工事場をうろついていたぜ。<u>その人の家族みたいなもんだから、工事場のやつらももんく言わなかったんだろうな。</u>まるで作業員みたいにして歩き回っていたぜ」

(明日)

("뭐야, 그런 거라면 나한테 물어보지 그랬어! 竹下清治가 하숙하고 있는 佐々木란 집안사람이 일하고 있는 松田공무소라는 곳, 난 알고 있어. 그 왜, 이과실에 불이 나서 신축했을 때 松田공무소가 공사를 했었어. 竹下清治는 그 때 방과 후에 佐々木라는 사람한테 들러붙어 공사장을 서성거리고 있었다고 그 사람의 가족과 같으니까 공사장 녀석들도 불평하지 않았겠지. 마치 공사장 인부처럼 돌아다니더라.")

예문(1)의 밑줄 부분은 작가가 소설의 도입 부분에서 무대가 되는 상황을 묘사하고 있는데 모두 직접 체험한 것을 묘사하는 소위 단정형으로 기술하고 있다. 반면, (2)의 밑줄 부분은 인간의 내면세계를 묘사한 것인데 주로 간접인식을 나타내는 전용형식을 사용하고 있다. (3)의 「ノダロウ」예문도 이러한 간접인식을 나타내는 인식모달리티 전용형식 중 하나인데, 단순한 「ダロウ」예문과 비교해 보면 「ノダ」형식의 명시(明示)에 의해서도 알 수 있듯이 이 예문의 특징은 전후 문장이 <기술문>이 존재하여 거기에 대한 설명을 부여하는 기능도 겸하고 있다는 것이다.

이미 선행연구에서 「ノダロウ」문장의 설명에 <이중판단(二重判斷)>이라는 용어의 사용에서도 알 수 있듯이 모달리티의 관점에서 양면성(兩面性), 이중성(二重性)을 갖는 문장이다. 즉, 「スル-スルダロウ」이라는 대립에서 보이는 인식 모달리티와 「スル-スルノダ」의 대립에서 보이는 설명 모달리티로서의 기능을 모두 갖고 있는 형식이다.

본 연구의 목적은 현대일본어의 「ノダロウ」문장을 대상으로 인식 모달리티로 기능하는 <推量性>과 설명 모달리티로 기능하는 <說明性>을 보다 자세히 고찰하여 모달리티 범주 체계의 정립에 일조하고자 하는 것이다.

우선 본격적인 고찰에 들어가기 전에 논의의 전제가 되는 선행연구에 대하여 개관하고, 아직 체계화가 정립되지 않은 설명의 모달리티의 구조와 외연에 대하여 간단히 살펴보기로 한다.

2. 예비적 논의

2.1. 설명 모달리티의 구조

종래 설명 모달리티(특히 ノダ)에 관한 축적된 연구 성과는 많지만 여기에서는 그 구조와 요소에 대해서 본 연구의 논의와 관련이 깊은 것(奥田 (1990)(1992)(1993), 정상철(2014abc))만 간단히 소개하기로 한다. 먼저 설명 모달리티는 기본적으로 다음과 같이 <기술문>과 <설명문>으로 구성된다.

≪설명 모달리티의 구조≫

<記述文>	<説明文>
結果	原因/理由
後続(시간적)	先行(시간적)

(9) 「まさか、小道具係は、小道さんというんじゃないですよね?」
「小道具係は、駒井ですが、何か?」
大道は、目をしょぼしょぼさせて答える。<u>たぶん、美女の質問に緊張したのだろう。</u>(鍵)
("설마, 소품담당자는 小道씨라고 하시진 않으시겠죠?"
"소품 담당은 駒井입니다만, 무슨 일이신지?"
大道는 눈을 끔벅거리며 대답했다. 아마도 미녀의 질문에 긴장한 것이겠지.)

(10) 次郎は田舎の岡山に引っ越して帰った。<u>とうとう、辞めたいと言っていた会社を辞めたのだろう。</u>
(次郎는 고향인 오카야마로 이사했다. 결국, 그만두고 싶다고 말했

던 회사를 그만둔 것이겠지.)

구체적인 예문(9)(10)을 보자. 여기서 기술문은 <大道は、目をしょぼ
しょぼさせて答える><次郎は田舎の岡山に引っ越して帰った>인데 이러
한 선행하는 기술문에 대하여 후행하는 설명문에서는 <たぶん、美女の
質問に緊張したのだろう><とうとう、辞めたいと言っていた会社を辞めた
のであろう>를 제시하여 두 문장이 인과관계로 이루어진다는 것을 문법
적인 수단인 「ノダ」를 사용하여 명시적으로 나타내고 있다. 물론 현실
세계의 시간 관계는 <美女の質問に緊張した><会社を辞めた>가 선행되
고 <目をしょぼしょぼさせて答える><田舎の岡山に引っ越して帰った>가
후행하는 사건이다.

물론 의미적으로도 문법적으로도 ≪설명 모달리티의 구조≫와 상관없
는 선행문과 후속문은 설명 모달리티와는 관련되지 않는다.

2.2. 인식 모달리티의 구조

정상철(2004)에서는 奥田(1984)(1985) 등의 논의에 기대어 직접인식과 달리
간접인식을 나타내는 추량문은 <추량의 구조>를 갖는다고 생각한다. 그
구조란 화자가 추측하는 전제나 근거가 되는 사실을 나타내는 선행문과,
그 사실로부터 추측하거나 추론되는 후행문으로 구성된다.라고 지적하고
있다.

본 연구에서도 이와 같은 지적을 받아들여서 다음과 같이 선행문을
<전제문>, 후행문을 <추측문>이라고 가칭하기로 하자. 奥田(1984)(1985)

의 지적대로 다음 예문의 밑줄 부분은 이미 확인된 사실이든지 또는 증명된 판단이 단정형이나 비단정형으로 제시되어 있다. 경향적으로는 전자의 경우가 많이 보이는데, 구체적인 예문을 확인해 보기로 하자.

≪인식 모달리티의 구조≫

<전제문>   <추측문>

전제/근거   추측/추론문

後続(시간적)   先行(시간적)

(11) 二人のやりとりを聞いていて、折口は状況を察知した。どうやらブナ
　　 林に吊されていたはずのテディベアが持ち去られてしまったらし
　　 い。その犯人が板山中学の生徒の可能性が高いということなのだろ
　　 う。(疾風)

　　 (두 사람의 대화를 듣고서, 折口는 상황을 알아차렸다. 아무래도
　　 너도밤나무숲에 매달려 있어야 할 곰 인형이 사라져 버린 것 같다.
　　 그 범인이 板山중학교 학생일 가능성이 높다고 말하는 것이겠지.)

(12) 「どなた?」

　　 「あ、隣の石神です」

　　 それを聞き、靖子はどきりとした。先程から自分たちのたてている
　　 物音は、尋常なものではなかったはずだ。隣人が不審に思わないは
　　 ずはなかった。それで石神も様子を窺う気になったのだろう。

　　　　　　　　　　　　　　　　　　　　　　　　　　　　　　　(X)

　　 ("누구세요?"

　　 "아, 옆집 사는 石神입니다."

　　 그 말을 듣고 靖子는 가슴이 철렁 내려앉았다. 조금 전부터 자기
　　 들이 내는 소리가 심상치 않았을 것이다. 이웃들이 수상하게 생각

하지 않을 리 없었다. 그래서 石神도 상황을 살피게 되었을 것이다.)

상기 예문(11)(12)에서 먼저 전제나 근거가 되는 전제문은 선행하는 <どうやらブナ林に吊されていたはずのテディベアが持ち去られてしまったらしい><先程から自分たちのたてている物音は、尋常なものではなかったはずだ>이다. 또한 후행하는 추측문은 <その犯人が板山中学の生徒の可能性が高いということなのだろう><隣人が不審に思わないはずはなかった。それで石神も様子を窺う気になったのだろう>이 된다.

물론 <ノダロウ>을 대상으로 한 논의라서 추측문은 모두 비단정형이지만 단정형인 <その犯人が板山中学の生徒の可能性が高いということなのだ><隣人が不審に思わないはずはなかった。それで石神も様子を窺う気になったのだ>도 인식 모달리티의 구조가 가능하다. 두 문장이 계기적인 관계가 인정되는 경우, 시간적으로 전제문이 선행되는 경우가 많지만 의무적이지는 않다. 물론 비계기적=동시적인 경우도 있다.

이상의 논의를 전제로 이하에서는 「ノダロウ」문장을 고찰하기로 하자.

3. 구체적인 고찰

여기서는 구체적인 「ノダロウ」문장을 대상으로 <説明性>에 대하여 검토해 가기로 한다.

설명 모달리티의 관점에서 「ノダロウ」형식을 보자면 크게 「ノダ」의 사용이 의무적인가 임의적인가로 크게 두 가지 용법으로 분류할 수 있다. 다음 예문을 보자.

(13) 次郎は田舎の岡山に引っ越して帰った。<u>とうとう、辞めたいと言って</u>
<u>いた会社を辞めたのだろう。</u>(=(10))
(次郎는 고향인 오카야마로 이사했다. 결국, 그만두고 싶다고 말했
던 회사를 그만둔 것이겠지.)

(14) <u>おそらくは、自然にできた洞窟なのだろう。</u>ところどころ、地下水が
しみ出して、寒さでつららのようになって垂れ下がっている。

(三姉妹)

(아마도 자연스레 생긴 동굴일 것이다. 군데군데 지하수가 스며들
어 추위에 고드름처럼 매달려 있다.)

먼저 (13)의 경우「ノダ」를 생략하면 두 문장의 사건이 시간적인 순서
가 바뀌어 버린다. 따라서「ノダ」의 사용이 의무적이다. 반면 (14)의 경
우는「ノダ」를 생략한「おそらくは、自然にできた洞窟だろう」도 자연스
러운 문장이 되기 때문에 임의적인 용법이다.

두 번째로 (13)의 의무적인 경우는 시간적한정성이 있는, 즉 구체적인
시간적인 축에서 자리매김이 가능한 운동을 나타내는 동사술어문의 완
성상형식이다. 반면, (14)의 임의적인 경우는 시간적한정성이 없고 본질
을 나타내는 명사술어문이라는 차이가 있다.

세 번째로는 전자는 기술문과 설명문의 두 사건이 계기적인 시간 관계
를 나타내는 데 반해 후자는 동시적인 시간 관계를 나타내고 있다.

이와 같은 사실을 염두에 두고 먼저 의무적인 경우를 검토해 보자.

3.1. 의무적 용법

「ノダ(ロウ)」의 사용이 의무적인 경우는 기본적으로 설명문에 동사술어문이 오는데, 이 타입들은 기술문과 설명문의 관계라는 관점에서 가)인과관계의 설명과, 나)보충설명용법으로 다시 나눌 수 있다.

3.1.1. 인과관계설명

먼저 기술문과 설명문이 인과관계 즉, 설명문이 원인이나 이유를 제시하는 기능을 담당하여 기술문의 현상에 대하여 인과관계에 의한 설명을 하는 경우이다. 이미 정상철(2014a)에서 논의한 바와 같이 인과관계 설명문의 하위 타입으로는 원인설명문과 이유설명문이 있다.

(15) 裕紀は振り向くと、驚いた顔をし、突然駆けだした。<u>自分の行為がばれたことに気づいたのだろう</u>。(疾風)

   (裕紀는 돌아보자, 놀란 얼굴을 하고 갑작스레 달리기 시작했다. 자신의 행위가 탄로 났다는 것을 눈치챘을 것이다.)

(16) どうせそんなことだろうと思った。詳しいことは知りたくもないが、おそらく彼女は悪くない。<u>大方、男のほうが身勝手な理由で強引に関係を断ち切ったのだろう</u>。そうでないなら逃げ隠れする必要はない。(マスカ)

   (보나 마나 그럴 것이라고 생각했다. 자세한 건 알고 싶지도 않지만 아마 그녀는 잘못이 없다. 대개 남자들이 이기적인 이유로 억지로 관계를 끊었을 것이다. 그렇지 않다면 도망쳐 숨을 필요는 없다.)

우선 예문(15)가 원인설명문인데, 두 문장이 시간적으로 계기 관계에 있고, 선행하는「気づく」라는 사건이 원인을 제공하고, 후행하는「駆けだす」는 그 결과 일어나는 사건이라는 것을「ノダ」라는 문법 형식에 의해 텍스트 결속성을 나타내고 있는 것이다. 여기서「ダロウ」는 원인에 해당하는 것이 간접인식에 의한다는 것을 의미한다.

이하에서는 이와 같은 의미적인 용법도 고려하면서 우선 형식적인 기준으로 하위 타입을 분류하기로 한다. 즉, 시간적한정성의 관점에서 후행하는 설명문의 술어 형식을 기준으로 다음과 같이 A[완성상+완성상], B[계속상+완성상], C[특성/상태+완성상/계속상] 등의 하위 타입을 인정하기로 한다.

A. [완성상+완성상]

다음은 기술문과 설명문의 술어가 완성상으로 표현된 예들이다.

(17) 日下部が、口元を押さえた。<u>遺体を発見したときのことを思い出したのだろう。</u>(佇む)

   (日下部가 손으로 입을 틀어막았다. 사체를 발견했을 때의 일이 생각났을 것이다.)

(18) また、新聞によれば、佐山とお時とは深い関係があり、そのことで佐山は悩んでいる口吻をもらしたこともあるという。<u>して見ると、佐山は、事件と女関係との二つの悩みを死で解決したのであろう。</u>

   (点と線)

   (또 신문에 따르면 佐山와 お時는 깊은 관계가 있으며 이로 인해 佐山는 고민하고 있다는 말을 넌지시 내뱉은 적도 있다고 한다.

그로 미루어 보면, 佐山는 사건과 여자관계라는 두 가지 고민을 죽음으로 해결했을 것이다.)

(19) 「殺害から半日以上経過して、犯人は、この部屋のドアを開けました。この季節ですから、蒸し暑いだけではなく、すごい臭気がこもっていたと思います。<u>犯人は、たぶん、たまらずに窓を開け放したのでしょう。</u>」(佇む)

("살해한 지 반나절이 지나서야 범인은 이 방문을 열었습니다. 여름이기 때문에 무더울 뿐만 아니라 굉장한 악취가 풍겼을 것이라 생각합니다. 범인은 아마 참지 못하고 창문을 열어젖힌 거겠죠")

예문(17)은 계기적인 관계를 보여주는 원인설명문이고 나머지 예문 (18)(19)는 이유설명문이다.

B. [계속상+완성상]

다음은 기술문과 설명문이 [계속상+완성상]으로 이루어진 예들이다.

(20) <u>時間もたっているのだろう。</u>落ちつくと、お腹が空いて来た。

(三姉妹)

(시간도 지났을 것이다. 마음이 진정되자, 배가 고파졌다.)

(21) 電話を切り、洗面台の鏡を見た。真面目だけが取り柄といわれた女の顔が映っている。<u>葛原の目にも、鈍臭くて騙しやすい女のように見えたのだろう。</u>(疾風)

(전화를 끊고 세면대의 거울을 봤다. 성실함만이 장점이라 불리는 여자의 얼굴이 비치고 있다. 葛原의 눈에도 둔하고 속이기 쉬운 여자처럼 보였던 것이겠지.)

(22) 背中に、男の声がぶつけられた。ふりむくと、全速力で駆けてきたの
　　 だろう、息をはじませた純平が立っていた。(101)

　　 (등 뒤에서 남자의 목소리가 들렸다. 돌아보자, 전속력으로 달려온
　　 것 같이, 숨을 헐떡이는 純平가 서 있었다.)

(23) 「今、『三つ葉食堂』にいる。店員さんに訊いたら、ワタナベ一家のこ
　　 とを覚えていた」千晶の声は弾んでいた。走ったのだろう。

(疾風)

　　 ("지금『三つ葉食堂』에 있어. 점원에게 물었더니, ワタナベ 일가를
　　 기억하고 있었어." 千晶의 목소리는 들떠 있었다. 달렸을 것이다.)

　 (20)의 경우는 설명문이 계속상이고 나머지는 기술문이 계속상인 경우
인데 이들은 모두 이유설명문이라고 생각된다.

C. [상태+완성상/계속상]

　 다음은 선행하는 기술문이 형용사술어문이고 후행하는 설명문이 동사
술어문인 경우이다.

(24) 佐山とお時が同車する現場、これを安田が第三者にみせたかったので
　　 す。そこで苦労して目撃者をホームに引っぱって行ったのでしょ
　　 う。(点と線)

　　 (佐山와 お時가 동승하는 현장, 그것을 安田가 제삼자에게 보여주
　　 고 싶었던 것입니다. 그래서 힘들여 목격자를 집으로 끌고 간 것
　　 이겠지요)

(25) 部屋のドアを開ける時、隣のドアに目を向けた。郵便物は溢れている
　　 が、新聞はない。警察に出頭する前に、石神が解約したのだろう。(X)

(방문을 열 때 옆집 문으로 눈을 돌렸다. 우편물은 넘쳐나고 있지만 신문은 없다. 경찰에 출두하기 전에 石神가 해약했을 것이다.)

(26) そのあと、陽子は外出した気配はなかった。<u>多分、自分の部屋にひきこもっているのだろう</u>と夏枝は思っていた。(氷点上)

(그 뒤로, 陽子는 외출한 기척은 없었다. 아마, 자기 방에서 틀어박혀 있겠지라고 夏枝는 생각하고 있었다.)

(27) どうやら星子は、自分や姉の結婚相手が、直樹の補佐役として選ばれていることに反発を感じているようだった。そういうやりとりが、今日仁科家であったのかもしれない。<u>それでこれほど荒れているのだろう</u>。(ブル)

(아무래도 星子는, 자신이나 언니의 결혼 상대가, 直樹의 보좌역으로서 선택된 것에 반발을 느끼는 것 같았다. 그러한 대화가 오늘 仁科의 집에서 있었을지도 모른다. 그래서 이토록 사나워진 것이겠지.)

(27)의 기술문의 술어는 「今日仁科家であった」이지만 상태를 나타내는 것으로 형용사술어와 같이 취급하기로 한다.

3.1.2. 보충설명

비인과관계의 「ノダ」문(보충설명문)은 정상철(2014ab)에서 지적한 바와 같이 크게 전체보충설명문과 부분보충설명문으로 분류된다.[1] 다음 예문을 보자.

(28) 松田は隣の空席に、放り出したままの週刊誌を何気なくめくった。<u>お</u>

---

1) 제2, 3장도 참조.

そらく前の客が捨てて行ったのだろう。(昼過ぎ)

(松田는 옆 빈자리에 내팽개쳐진 주간지를 무심코 읽었다. 아마 앞 승객이 버리고 갔을 것이다.)

(29) 間もなく彼等は立ち上がり、スキー板を担いで移動を始めた。<u>これか ら講習なり検定なりが行われるのだろう</u>。(疾風)

(잠시 후 이들은 일어나 스키 판를 메고 이동하기 시작했다. 이제 부터 강습이든 검정이든 간에 이루어지겠지.)

예문(28)에서 선행하는 기술문의 일부분(실선부분)인 「週刊誌」에 대한 상세한 설명을 후속하는 「ノダ」문에서 행하고 있다. 이러한 「ノダ」문의 용법을 본서에서는 부분보충설명문이라 부르기로 한다. 반면 예문(29)의 「ノダ」문은 선행하는 기술문 전체를 대상으로 하여 「ノダ」문에서는 보다 상세히 구체적으로 설명하거나 일반화시키거나 혹은 다른 관점에서 다른 말로 이해하기 쉽도록 바꾸어 설명하거나 하고 있다.

이하에서는 이와 같은 의미적인 용법도 고려하면서 우선 형식적인 기준으로 하위 타입을 분류하기로 한다. 즉, 시간적한정성의 관점에서 후행하는 설명문의 술어 형식을 기준으로 다음과 같이 A[완성상+완성/계속상], B[특성/상태+완성상/계속상]등의 하위 타입을 인정하기로 한다.

A. [완성상+완성/계속상]

다음은 동사술어문으로 이루어진 보충설명문의 예이다.

(30) 母が呼ぶ通りの子供らの名前を、小林はまるで儀礼のように口にしな がらアパートのドアを開けた。声は高く明るく、朗らかだった。い

や、儀礼ではない。<u>たとえば聖書を唱えるように、経文を誦すように、小林は祈りをこめて恋人の子らの名を呼んだのだろう。</u>

(天国)

(어머니가 부르는 대로 아이들의 이름을 小林는 마치 의례인 것처럼 입 밖에 내면서 아파트 문을 열었다. 목소리는 높고 밝고 명랑했다. 아니, 의례는 아니다. 예를 들어 성경을 외우듯, 경문을 읊듯, 小林는 기도를 담아 애인의 자식들의 이름을 불렀을 것이다.)

(31) ひとしきり話した後、「二人でお茶でも飲んでくれば」と小代子がいった。<u>気をきかせたのだろう。米沢も頷いている。</u>(X)

(한바탕 얘기한 뒤, "둘이서 차라도 한 잔 마시고 오지?"하고 小代子가 말했다. 눈치 있게 군 것이다. 米沢도 수긍하고 있다.)

(32) 大河順一の目は光った。単に光線の加減かもしれなかったが、中井はそこに、彼の決意をみたと思った。≪恐らくこの青年は、姉の死因を、徹底的に調べようと思っているのだろう≫(遠い)

(大河順一의 눈은 빛났다. 단순히 빛의 변화일지도 모르지만, 中井는 거기에서 그의 결의를 보았다고 생각했다. ≪아마도 이 청년은, 누나의 사인을 철저하게 조사하려고 생각하고 있는 것이겠지.≫)

(30)(31)의 경우는 기술문 전체를 대상으로 한 전체보충설명문이고, (32)의 경우는 기술문의 일부분, 즉「決意」에 대하여 보다 상세히 설명을 하는 부분보충설명문의 예이다.

B. [특성/상태+완성상/계속상]

다음은 기술문이 명사나 형용사술어문이고, 설명문이 동사술어문인 경우인데, 모두 이유설명문이다.

(33) 万一、拓也か橋本が捕まって計画を白状した場合でも、直樹は自分は
無関係だと主張できるわけだ。<u>そして、こういう状況を作るため
に、やはりあの時、直樹はトランプ手品を使ったのだろう。</u>(ブル)

(만일 拓也나 橋本가 붙잡혀 계획을 자백했을 경우라도 直樹는 자
신은 무관하다고 주장할 수 있는 셈이다. 그리고, 이런 상황을 만
들기 위해서, 역시 그 때 直樹는 트럼프 마술을 사용했을 것이다.)

(34) 草薙が出してきたのは、石神の勤怠表と、担当クラスの時間割、そし
て学校のスケジュール表だった。<u>事務員から借りたのだろう。</u>(X)

(草薙가 내놓은 것은 石神의 근무표와 담당반 시간표, 그리고 학교
일정표였다. 사무원으로부터 빌린 것일 것이다.)

(35) 「あっ、栗林です。いろいろとお世話になっております。一体どんな具
合かと思って、お電話した次第です。お忙しいところ、申し訳ござ
いません」滑稽なほどに平身低頭な物言いだ。<u>だが単に卑屈になって
いるわけではなく、本当に申し訳なく思い、心底感謝してくれてい
るのだろう。</u>(疾風)

("앗, 栗林입니다. 여러 가지로 신세 지고 있습니다. 대체 어떤 상
태이실까 궁금해서 전화 드렸습니다. 바쁘신 중에 죄송합니다." 우
스울 정도로 굽실거리는 말투다. 하지만 단지 비굴해진 것이 아니
라, 정말로 미안하게 생각하고, 진심으로 감사해하고 있을 것이다.)

(36) 彼の周りで慌ただしく動いている数人の男たちは江戸川署の刑事らし
い。<u>捜査本部が置かれるから、その準備をしているのだろう。</u>(X)

(그의 주위에서 분주하게 움직이고 있는 몇 명의 남자들은 에도가
와서의 형사인 것 같다. 수사본부가 들어서니 그 준비를 하고 있
을 것이다.)

기술문이 명사술어문인 경우도 본질을 나타내기보다는 상태에 가까운
용법으로 사용되고 있다. 예를 들면 (36)에서 「江戸川署の刑事」라는 본

질적인 부분이 아니라 수사본부를 만드는 주체라는 정도의 의미로 사용되고 있다.

3.2. 임의적 용법

「ノダ(ロウ)」의 사용이 임의적인 경우는 「ノダ」가 인과관계나 보충설명의 용법을 강조하는 강조 용법의 대부분이다. 설명문의 술어는 명사, 형용사술어가 오는 예문이 많이 보인다.

A. 명사술어문

(37) 携帯電話を持ったのは高校生の時だが、それ以来ずっと同じ番号だ。<u>そして宮原もそうなのだろう。</u>だから、尚美の携帯電話に、着信表示で彼の名前が出る。(マスカ)

(휴대전화를 가진 건 고등학생 때인데 그 이후 계속 같은 번호다. 그리고 宮原도 그럴 것이다. 그래서 尚美의 휴대전화 착신 표시에서 그의 이름이 나온다.)

(38) 高野のことはよく覚えていない。だが、ちらっと見た感じでは、顔は悪くなかった。体格もがっしりしていて、声も大人びていた。<u>それにあのカワバタと一緒に滑っているぐらいだから、スキーの腕前も相当なものなのだろう。</u>(疾風)

(高野에 대해서는 잘 기억나지 않는다. 하지만 얼핏 본 느낌으로는 얼굴은 나쁘지 않았다. 체격도 건장했고 목소리도 어른스러웠다. 게다가 그 カワバタ와 함께 타고 있을 정도이니 스키 솜씨도 상당할 것이다.)

(39) 千種駅で降り、タクシーで五分ほど走ったところに名西工機はあった。運転手に会社名をいっただけでわかったから、地元では有名企業なのだろう。(ブル)

(치쿠사역에서 내려 택시로 5분 정도 달린 곳에 名西공업기계가 있었다. 택시 기사에게 회사명을 대는 것만으로 알았으니까, 현지에서는 유명기업일 것이다.)

(40) 整然とした雰囲気。家具も調度品も、いいものばかりを選んでいる。けれど、どこかしらつくりものめいた冷たさが感じられる。生活のぬくもりがないのだ。たぶん、それは、父と娘、二人だけの暮しのせいなのだろう。(101)

(정연한 분위기, 가구도 세간살이도 좋은 것만 골랐다. 하지만 어딘지 모르게 만들어진 듯한 차가움이 느껴진다. 일상의 온기가 없는 것이다. 아마도 그것은 아버지와 딸, 두 명뿐인 생활 탓일 것이다.)

(41) 「驚いたな。部屋の貸し切りが、あんなずさんな形で行われているなんて」中井はジュースにストローを入れながら言った。
「うん。しかし、まあ、あんなものなんだろうな。君自身の場合はどうだ?部屋の借りたときに、住民登録や戸籍抄本をみせたりしたか」
(遠い)

("놀랍군. 방의 전세 작업이 저렇게 허술하게 이뤄지고 있다니."
中井는 주스에 빨대를 꽂으면서 말했다.
"응. 하지만 뭐, 원래 저런 거 아니겠어. 너는 어때? 방을 빌릴 때 주민등록번호나 호적초본을 보여주기도 했나.")

상기 예문은 모두 인과관계에 의한 설명을 강조한 것들이다. 일반적으로는 전후 문장에서 「ダカラ」「カラ」「セイ」등의 접속사를 사용하기 때문에 인과관계에 의한 설명이라는 것을 용이하게 알 수 있다. 하지만

(41)과 같이 일반상식에 의존하는 경우도 있다.

다음은 보충설명을 강조한 예문들이다.

(42) 石神は何も教えてくれなかったが、彼の計画が破綻したのは、この湯
川という人物が絡んできたからではないかと靖子は考えていた。刑
事が同じ大学の出身で、しかも共通の友人をもっていたことなど、
彼の計算外のことだったのだろう。(X)

(石神는 아무것도 가르쳐 주지 않았지만, 그의 계획이 파탄난 것은
이 湯川라는 인물이 얽혀 왔기 때문이 아닐까 하고 靖子는 생각하
고 있었다. 형사가 같은 대학 출신에, 게다가 같은 친구를 두고 있
었던 것 등이 그의 계산 밖의 일이었을 것이다.)

(43) ますます厄介なことになった、と尚美は思った。宿泊し、松岡高志を
自力で見つけだそうという魂胆なのだろう。空き室はあるので、ホ
テルとしては悪い話ではない。(マスカ)

(점점 더 귀찮게 되었다, 라고 尚美는 생각했다. 하룻밤 자고, 松岡
高志를 자력으로 찾아내려는 속셈일 것이다. 공실은 있으니 호텔
로서는 나쁜 이야기는 아니다.)

(42)는 기술문 전체에 대하여 보다 구체적인 설명을 한 경우이고, (43)
은 기술문의 일부분인 「厄介なこと」에 대하여 보충설명한 것이다.

B. 형용사술어문

다음은 설명문이 형용사술어문인 경우인데 모두 다 「ノダ」를 생략해
도 설명문으로 기능하는 데 큰 문제가 없다.

(44) 三原はそんなことを言いながら、病室をそれとなく見まわした。床の間の脇にたくさんの本が積み重ねてあった。病人だから退屈なのであろう。(点と線)

(三原는 그런 말을 하면서, 병실을 슬며시 둘러보았다. 일본식 방의 상좌 옆에 많은 책이 쌓여있었다. 환자라 따분한 것이겠지.)

(45) 「それはまあ、大学というところはいろいろとあるからね」湯川は珍しく歯切れが悪い。彼自身、くだらない人間関係のしがらみにストレスを感じることも多いのだろう、と草薙は想像した。(X)

("그건 뭐, 대학이라고 하는 곳은 여러 가지 일이 있으니까" 湯川는 이상하게 말이 모호하다. 그도 시시한 인간관계의 속박에 스트레스를 느끼는 일도 많을 것이라고 草薙는 상상했다.)

(46) 束の間の安息も終りを告げて、佐々木はため息をつく。次の駅で急行に乗り換えないと、二十分は余計にかかるのである。中には各駅停車のままで行く客もあるが、きっと会社の始業時間が遅いのだろう。(昼過ぎ)

(잠깐의 안식도 끝을 맺고, 佐々木는 한숨을 내쉰다. 다음 역에서 급행으로 갈아 타지 않으면 20분은 더 걸린다. 그 중에는 완행열차 그대로 출근하는 승객도 있지만, 분명히 회사의 업무시작 시간이 늦는 것일 터이다.)

(47) 全員が、しばし沈黙する。漫才の台本が出てきたのであれば、榎元の言うことは正しいのだろう。しかし、だとしたら何なのだ。

(密室)

(모두가 잠시 침묵한다. 만담의 대본이 나오게 된다면 榎本의 말이 맞을 것이다. 그러나 그렇다고 하면 도대체 뭐란 말인가.)

4. 나오기

이상, 「ノダロウ」문장의 <설명성>에 대하여 고찰해 왔다. 중요한 논의의 결과를 요약하면 다음과 같다.

먼저, 「ノダロウ」문장은 인식 모달리티와 설명 모달리티가 아주 밀접하게 관여하고 있다는 사실을 보다 명시적으로 나타내 주는 유표형식(marked form)이다. 즉, 「スルースルダロウ」의 대립으로 보여주는 인식 모달리티에서도 유표형식에 해당하며, 「ノダーノダロウ」의 대립에서 나타나는 설명 모달리티에서도 유표형식이다.

두 번째는 「ノダロウ」문장은 「ノダ」의 생략 여부에 따라서 의무적인 용법과 임의적인 용법이 있는데 이 사실은 기술문과 설명문의 대상적인 내용(술어형식)과 밀접하게 연관되어 있다.

세 번째는 「ノダロウ」은 크게 인과관계 설명, 보충관계 설명, 강조 용법으로 분류되는데 인과관계는 다시 원인설명과 이유설명으로, 보충관계 설명은 전체보충설명과 부분보충설명으로 하위분류된다.

마지막으로 강조 용법은 주로 설명문의 술어가 명사술어문인 경우가 많은데 물론 이와 같은 현상은 명사술어문의 본질이나 특성을 나타내는 대상적인 내용과 밀접하게 관련된다.

6

「ノダロウ」의 추량성

제6장

「ノダロウ」의 추량성

1. 들어가기

종래 지적된 바와 같이, 「ノダロウ」문장의 <이중판단(二重判斷)>이라는 용어는 무드, 모달리티의 관점에서 양면성(혹은 중의성)을 가진 문장으로 예측할 수 있다. 즉, 하나는 「スルースルダロウ」라는 형식의 대립에서 성립하는 인식 모달리티와, 또 다른 하나는 「スルースルノダ」의 대립에서 알 수 있듯이 설명 모달리티로서 기능하는 형식이라는 의미이다.

또한 다음 예문에서 확인할 수 있듯이 「ノダロウ」문장은 「ラシイ」와의 치환이 가능하며, 이 점에 대해서도 이미 선행연구에서 지적된 바 있다.[1]

---

1) 두 형식에 관하여 본격적으로 자세히 고찰한 것은 아니지만, 그 유사성에 대해서는 이미 奧田(1984-5)에서 지적하고 있다.

제2부 본론 179

(1) <u>おそらくは、自然にできた洞窟なのだろう。</u>ところどころ、地下水がし
み出して、寒さでつららのようになって垂れ下がっている。

(三姉妹)

(아마도 자연스레 생긴 동굴일 것이다. 군데군데 지하수가 스며들어
추위로 고드름처럼 매달려 있다.)

(2) 「まさか、小道具係は、小道さんというんじゃないですよね?」
「小道具係は、駒井ですが、何か?」大道は、目をしょぼしょぼさせて
答える。<u>たぶん、美女の質問に緊張したのだろう。</u>(鍵)
("설마, 소품담당자는 小道씨라 하시진 않으시겠죠?"
"소품 담당은 駒井입니다만, 무슨 일이신지?"
大道는 눈을 끔벅거리며 대답했다. 아마도 미녀의 질문에 긴장한
것이겠지.)

물론 약간의 뉘앙스의 차이는 있지만 (1)(2)의 「ノダロウ」는 「どうや
ら、自然にできた洞窟らしい」「どうも、美女の質問に緊張したらしい」와 같
이 「ラシイ」[2]로 치환되어도 문법적인 문장이 된다. 하지만 다음 예문의
「ノダロウ」도 「ラシイ」로 치환이 가능할까.

(3) 「なにィ、とみィのおでこに、オレがキスするのかあ。そんなお前!」
重夫はゴクンと息をのんで、思わずあたりを見まわした。
「そうよ。……<u>貴方、臆病だから出来ないんでしょう。</u>それなら鯛焼
きでもいいわよ。私、ちょっと軽蔑を感じるけど……」(寒い朝)
("뭐라고? とみィ의 이마에, 내가 키스를 해야 한다고? 그건 좀!"
重夫는 꿀꺽하고 숨을 삼키고, 무심코 주변을 둘러보았다.

---

2) 「ノダロウ」문장의 부사 「おそらく、たぶん」는 편의상 ラシイ문장에서는 「どうやら、ど
うも」로 바꾸어 검토하기로 한다.

"그래. ...너, 겁쟁이라서 못하겠지. 그러면 붕어빵이라도 사와. 나는 조금 경멸감을 느끼겠지만....")

예문(3) 밑줄부분을「ラシイ」로 바꾸면「……貴方、臆病だから＃出来ないらしい」와 같이 부자연스러운 문장이 된다.[3] 이와 같은 사실은「ノダロウ」와「ラシイ」와의 치환이 모든「ノダロウ」문장에서 가능한 것은 아니고 부분적인 현상이라는 것을 시사한다. 이러한 사실을 인정한다면 두 형식의 공통점과 차이점에 대하여 보다 상세한 검토 작업이 요구된다.

이하에서는「ノダロウ」문을 대상으로 하여 추론방법과 전제문의 타입, 전제문과 추량문의 결합 등의 관점에서「ラシイ」문장과 대조하여 그 문법적인 의미인 ＜추량성(推量性)＞[4]에 관하여 고찰하는 것을 목적으로 한다.

2. 선행연구

「ノダロウ」문장만을 대상으로 한 연구는 그다지 많지 않지만 1990년 이후「ダロウ」에 관해서는 많은 연구와 논의가 진행되어 상당한 연구 성과가 축적되어 있다. 이하에서는「ダロウ」에 관한 대표적인 연구만을 간단히 소개하기로 한다.[5]

---

3) 나중에 자세히 검토하겠지만, 전문(伝聞)적인 용법으로는 가능할지도 모른다. 하지만 그 경우도「貴方、臆病だから」가 근거가 된 해석은 아니다.

4)「ノダロウ」의 설명성에 대해서는 제5장을 참조

5) 그 밖에도 대표적인 연구로서는 寺村(1984), 仁田(1991), 森山(1992), 宮崎他3人(2002) 등도 있다.

2.1. 日本語記述文法研究会編(2003)

森田良行(1980)나 益岡隆志(1990) 등의 논의를 계승한 것은 아니지만, 日本語記述文法研究会編(2003)에서는「ダロウ」형식에 다음과 같이 <추량(推量)>과 <단정회피(断定回避)>6)의 용법을 인정하고 있다.

(4) この様子だと、明日は雨になる*だろう*。(推量)
(5) 君はもっと努力すべき*だろう*。(断定回避)

(日本語記述文法研究会編(2003:143))

또한 추량 용법에서 파생한 것으로 다음과 같은 용법을 제시하고 있다. 다음 예문(6)은 추량 용법에 가까운 것으로 생각되며, (7)(8)은 순서대로 화자의 생각이나 판단, 담화 초기화의 활성화에 관한 것을 확인하는 것으로 보고 있다.

(6) 君、昨夜徹夜した*だろう*?
(7) 君もコンパに行く*だろう*?
(8) ほら、あそこに信号がある*だろう*? (日本語記述文法研究会編(2003:149))

2.2 奥田靖雄(1984-5)

奥田(1984-5)는「スルダロウ」에 관하여 森田(1980)을 시작으로 일부 연구

---

6) 이 용어는 森田(1980)나 益岡(1991) 등에서 사용된 것으로 생각된다. 하지만 이 용어가 내포하는 문법적인 의미로서 부적절하다는 입장의 논의로서는 奥田(1984-5)를 비롯하여 宮崎(2005), 鄭(2004)(2007), 工藤(2014) 등이 있다.

자들이 사용하고 있는 <단정 회피(斷定回避)>라는 용어를 부정하고「スル」와「スルダロウ」라는 형식의 대립은 인식 방법의 차이를 표현하는 것이며,「スルダロウ」는 상상이나 판단 등 간접적인 인식 결과를 나타내는 것이라고 지적한다.

또한「ノダロウ」에 관하여 다음과 같은 지적이 보인다.

> しかし、述語が「のだろう」をともなって、おしはかりの文が説明的にはたらくとき、おしはかりの根拠をつとめる事実あるいは判断は、かなり忠実に段落のなかにあたえられている。この種の段落では、一方には先行する文にえがかれている出来事の理由なり原因、あるいは意味をあきらかにする説明の過程があって、他方にはその、先行する文にえがかれている出来事を根拠におしはかれる想像なり思考の過程があるが、これらのふたつの方向のことなる過程は同時に進行している。つまり、ことの原因なり理由、あるいは意味をあきらかにするために、説明がもとめられるわけだが、その原因、理由、意味をつきとめるため、おしはかりの過程が進行する。このとき、先行する記述的な文にえがかれている出来事は、おしはかりのための根拠をつとめる。ここでは、≪おしはかりの構造≫と≪説明の構造≫とがひとつにもつれあっている。

(하지만, 술어가 <のだろう>를 수반하여, 추량문이 설명적으로 기능할 때, 추량의 근거가 되는 사실이나 판단은, 상당히 충실하게 단락 안에 주어져 있다. 이런 종류의 단락에서는, 한편으로 선행하는 문장에 그려진 사건의 이유나 원인, 혹은 의미를 밝히는 설명의 과정이 있으며, 다른 한편에는 선행문에 나타난 사건을 근거로 추측되는 상상이나 사고의 과정이 있는데, 이 두 가지 방향이 다른 과정은 동시에 진행되고 있다. 즉, 사건의 원인이나 이유, 혹은 의미를 규명하기 위해 설명이 필요한 것인데, 그 원인, 이유, 의미를 규명하기 위해, 추량의 과정이

진행되고 있다. 이때 선행하는 기술문에 나타난 사건은 추량을 위한 근거가 된다. 여기에서는 ≪추량의 구조≫와 ≪설명의 구조≫가 하나로 엉켜져 있다.)

- まえに屍室には今夜もあおい灯りがついている。また兵隊がひとり死んだのだろう。(放浪記)
- むこうから衿の股立ちをとった子どもが唱歌をうたいながら愉快そうにあるいていた。肩にかついだ笹の枝には草の稲でつくったふくろうがおどりながら、ぶらさがっていく。おおかた雑子ヶ谷へでもいったのだろう。(野分)(以上、奥田(1984:60))

이하에서는 奥田(1984-5)나 工藤(2014) 등의 성과를 비판적으로 계승하면서, 「ノダロウ」의 의미·문법적인 성질을 보다 명확히 하기 위해 구체적인 예문을 음미하는 작업을 통하여 고찰해 가기로 한다.

3. 「ノダロウ」와 「ラシイ」의 차이

직접경험(인식)과 달리 간접경험을 나타내는 형식은 어떤 형태라도 근거를 필요로 한다. 이것을 추론의 구조라고 한다면 그 구성요소로서는 근거를 나타내는 전제문과 그것을 근거로 이루어진 추론의 결과를 나타내는 추론문이 필요하다.

이 점을 받아들인다면 「ノダロウ」문장도 「ラシイ」문장도 추론의 구조를 갖는다고 할 수 있다. 이 점을 염두에 두면서 구체적인 예문 속에 나타나는 「ノダロウ」문장[7]을 대상으로 하여, 추론[8] 방법, 전제문의 타입,

전제문과 추론문의 결합 등의 관점에서「ラシイ」와 대조하면서 검토해 가기로 한다.

3.1. 추론방법

우선,「ノダロウ」[9]와「ラシイ」[10]의 구체적인 고찰로서 추론방법이라는 관점에서 검토해 가기로 한다.

결과를 먼저 말하자면, 奥田(1984-5)에서도 지적되어 있듯이「ノダロウ」의 경우는 구체적인 사실에서 일반적인 명제[11]를 이끌어내는 귀납적인 추론도 가능하고, 또한 일반적인 명제에서 구체적인 사실을 도출하는 연역적인 추론도 가능하다.[12] 반면,「ラシイ」의 경우는 귀납적인 추론만이

---

7) 이하에서는「ノダロ(ウ)」,「ノデショ(ウ)」를 대표해서「ノダロウ」로 표기한다.
8) 여기에서 추론(推論)이란,「기지(既知)의 사실을 근거로 하여 미지(未知)의 사건을 추론하는 사고 과정이다.」라고 개략적으로 정의해 두기로 한다. 보다 상세히는 寺村(1984), 奥田(1984-5), 仁田(1991), 菊地(2000), 宮崎(2005), 工藤(2014) 등을 참조하기 바란다.
9)「ダロウ」와「ノダロウ」와는 후자의 경우가 전후 문장에 전제문이 충실히 나타난다. 물론 이러한 차이는「ノダ」의 유무에 의한 것으로 생각된다.
10) ラシイ에는 소위「男らしい、學生らしい」와 같은 접미사와 조동사의 용법이 있는데 여기에서 대상이 되는 것은 후자만이다. 전자는 객체적인 면이 부각되기 때문에「男らしかった、學生らしかった」와 같은 과거형이 가능하다. 하지만 후자는 주체적인 면이 전면화되기 때문에 회화문에서는 기본적으로 과거형이 사용되지 않는다. 보다 자세한 것은 田野村(1991), 大鹿(1995), 工藤(2014) 등을 참조.
하지만 문학작품에서는 다음 예문과 같은 것도 보인다.
・その晩はうとうとしてふと、大勢の笑い聲がしたと思って目をさますと、大宮の屋にはお客が來ているらしかった。(友情)
11) 논리적인 하위 타입으로서는 일반명제에서 일반명제, 구체명제에서 구체명제도 가능하지만 여기서 이 문제에 대한 논의 준비가 충분하지 않아서 보류해 두기로 하고, 귀납적인 추론과 연역적인 추론만을 논의하기로 한다. 奥田(1984-5)에서는 이 두 가지 추론을 <판단(判斷)>과 <상상(想像)>이라는 용어로 구별하고 있다.

가능하다.13) 구체적인 예문을 보자.

(9) 「まさか、小道具係は、小道さんというんじゃないですよね?」
　　「小道具係は、駒井ですが、何か?」
　　大道は、目をしょぼしょぼさせて答える。たぶん、美女の質問に緊張
　　したのだろう。(=(2))
　　("설마, 소품담당자는 小道씨라 하시진 않으시겠죠?"
　　"소품 담당은 駒井입니다만, 무슨 일이신지?"
　　大道는 눈을 끔벅거리며 대답했다. 아마도 미녀의 질문에 긴장한
　　것이겠지.)

(10) 電話を切り、洗面台の鏡を見た。真面目だけが取り柄といわれた女の
　　顔が映っている。葛原の目にも、鈍臭くて騙しやすい女のように見
　　えたのだろう。(疾風)
　　(전화를 끊고 세면대의 거울을 봤다. 성실함만이 장점이라 불리는
　　여자의 얼굴이 비치고 있다. 葛原의 눈에도 둔하고 속이기 쉬운
　　여자처럼 보였던 것이겠지.)

(11) そこへ、国友が戻って来た。ちょっと外へ出ていただけで、顔が少し
　　青くなっている。よほどの寒さなのだろう。(三姉妹)
　　(그 때, 国友가 돌아왔다. 잠깐 밖에 나갔던 것만으로도 얼굴이 조
　　금 창백해져 있다. 상당한 추위인 것이겠지.)

(12) 食事が済んだあとも、カメラマンの田浦は折戸怜子のほうをぼんやり
　　眺めていた。矢野と黒木は、田浦を置き去りにした。
　　「あいつ、すっかり折戸怜子にいかれたらしいな。カメラのレンズが

---

12) 이 논의는 엄밀하게 말하면 「ノダロウ」가 아니라, 「ダロウ」에 해당하는 것이다. 기본적
　　으로 두 형식은<기술(記述)문—설명(說明)문>의 대립이다. 보다 자세한 논의로는 田野
　　村(1990), 奧田(1990), 佐藤(2001), 野田(1997) 등을 참조.
13) 필자와 연구방법과 관점은 다르지만, 喜田(2013)에서도 「ラシイ」와 연역적인 추론과는
　　어울리지 않는다는 지적이 보인다.

<u>曇っている</u>」黒木が言った。

「あんなふうにのぼせやすくては、優秀なカメラマンになれない」

(魚たち)

(식사가 끝난 뒤에도, 카메라맨 田浦는 折戸怜子쪽을 멍하니 바라보고 있었다. 矢野와 黒木는 田浦를 두고 떠났다.

"저 녀석, 완전히 折戸怜子에게 빠진 것 같네. 카메라 렌즈 초점이 흐려져 있어." 黒木가 말했다.

"저렇게 쉽게 빠져서는 훌륭한 카메라맨이 될 수 없어.")

(13) 「<u>医者に見せても何でもねえって言うし</u>、ただ、やつは頭がいかれているらしくて、<u>自分の名前もおぼえていねえんだ</u>」(明日)

("의사에게 진찰받아도 아무렇지도 않다고 말하고, 단지 녀석은 머리가 좀 이상해진 것 같아, 자기 이름도 기억하지 못해.")

(14) ノックの音に、私は眼をさました。<u>いつのまにか、すっかり朝になっていた。神経がたかぶっているから眠れないだろうと、前夜、ベットにはいって考えたのだが、疲労の強さが私を熟睡させたらしい。</u>気分はよかった。(二人で)

(노크 소리에 나는 눈을 떴다. 어느새 완전히 아침이 되어있었다. 신경이 곤두서 있어 쉽게 잠을 잘 수 없을 거라고 전날 밤 침대에 누워 생각했는데, 심한 피로감이 나를 푹 자게 만든 것 같다. 기분은 좋았다.)

　상기 예문들은 모두 구체적이고 개별적인 사실에서 일반적인 명제를 도출하는 추량문이다. 앞의 3예는 「ノダロウ」문장인데 각각 점선 부분인 「目をしょぼしょぼさせる/真面目だけが取り柄といわれた女の顔/顔が少し青くなっている」가 구체적인 사실로서 추론의 근거가 된다. 이러한 구체적인 사실에서 각각 「緊張した/鈍臭くて騙しやすい女/よほどの寒さ」라는 일반

제2부 본론　187

적인 명제14)가 추론된다. 이러한 「ノダロウ」는 모두 「ラシイ」15)로 치환할 수 있다.

한편, 뒤 3예문은 「ラシイ」문장으로, 「カメラのレンズが曇っている/自分の名もおぼえていねえ/いつのまにか、すっかり朝になっていた」등과 같은 구체적인 사실이 근거가 되어, 밑줄 친 「すっかり折戸怜子にいかれた/頭がいかれている/疲労の強さが私を熟睡させた」라는 일반적인 명제가 추론된다. 여기서의 「ラシイ」도 모두 「ノダロウ」로 치환할 수 있다.

다음은 일반적인 명제에서 구체적이고 개별적인 사실을 이끌어 내는 연역적인 추론을 나타내는 것이다. 구체적인 예를 보자.

> (15) 「どなた?」
>
>   「あ、隣の石神です」
>
>   それを聞き、靖子はどきりとした。先程から自分たちのたてている
>   物音は、尋常なものではなかったはずだ。隣人が不審に思わないは

---

14) 구체적인 명제와 일반적인 명제를 엄밀한 기준에 따라서 구별하기는 어렵다. 더구나 언어학에서 양자는 일상 언어의 논리라는 점도 고려하지 않을 수 없다. 다음 예를 보자.

・しかし、手で力一杯叩いてみて、夕里子はそのドアが、<u>見た目には他の部屋と同じ木のドアだが、實際には、おそらく間に鐵板を挟んだ、厚く、重いドアだ</u>と悟っていた。聲や、晉を、廊下へ出さないように<u>しているのだろう</u>。(三姉妹)

상기 예문은 두 가지 해석이 가능하다. 하나는 점선부분을 「방음장치」라는 일반적인 명제로 파악하고 「聲や、晉を、廊下へ出さない」라는 구체적인 명제를 추론하여 「ノダロウ」문으로 기술한다는 해석이다. 다른 하나는 점선부분을 구체(부분)적인 명제로 파악하여 그것을 근거로 하여 「聲や、晉を、廊下へ出さないようにしているノダロウ」라는 추론을 했다는 해석이다. 동일 사건이나 사태를 일반적인 명제로도 구체적인 명제로도 파악할 수 있다.라고 하는 사실이 논리학의 논리와는 다른 일상 언어의 논리가 갖고 있는 특징 중 하나일 것이다.

15) 물론 추론에 사용되는 ラシイ에 「전문(伝聞)」적인 것은 들어가지 않는다.

ずはなかった。<u>それで石神も様子を窺う気になったのだろう。</u>(X)
("누구세요?"

"아, 옆집 사는 石神입니다."

그 말을 듣고 靖子는 가슴이 철렁 내려앉았다. 조금 전부터 자기들이 내는 소리가 심상치 않았을 것이다. 이웃들이 수상하게 생각하지 않을 리 없었다. 그래서 石神도 상황을 살피게 되었을 것이다.)

(16) 「二人は別々に違う場所で死んだのです。死んでしまってから、二つの死体を一つところに合わせたのです。<u>おそらく、佐山は誰かに青酸カリを飲まされて倒れ、その死体の横に、これも誰かによって青酸カリを飲まされたお時の死体が運ばれて密着されたのでしょう。</u>」

(点と線)

("두 사람은 서로 다른 곳에서 죽은 것 입니다. 죽은 후에 두 구의 시체를 한 곳으로 모은 것입니다. 아마 佐山은 누군가에 의해 청산가리를 마시게 되어 쓰러졌고, 그 시체 옆에 이것도 누군가에 의해 청산가리를 마시게 된 お時의 시체가 운반되어 밀착된 것이겠죠")

(17) 処置が終わったということなので、担当医から話を聞くことになった。克郎も栄美子と共に同席した。

「一言でいうと過労です。<u>それで心臓に負担がかかったんでしょう。</u>お心当たりはありませんか。最近、疲れるようなことをされませんでしたか」白髪の品の良い顔立ちの医師が落ち着いた口調でいった。

(ナミヤ)

(처리가 끝났다고 하기에 담당 의사의 이야기를 듣게 되었다. 克郎도 栄美子와 함께 자리했다.

"한마디로 말하자면 과로입니다. 그로 인해 심장에 부담이 갔겠지요. 짐작 가는 점은 없으십니까? 요즘 피곤하다 하시지 않으셨나요?" 백발의 단정한 용모의 의사가 침착한 어조로 말했다.)

(18) 「いままでの受験勉強一点ばりから、大学に入ったからって、とたん
に赤旗をふったりするのは、ちょっと木に竹をついだような変わり
方だとは思いますがね。<u>しかし、いままでうっせきしていた気分
を、一時に解散させようとすれば、少しは過激に走ることになるん
だろうな</u>」(寒い朝)

("지금까지 수험 공부만 하다가 대학에 들어왔다 하더라도, 갑작스
레 적기를 흔드는 것은 물에 기름을 섞는 것 같은 변화라고 생각
해. 하지만 그동안 쌓여있던 기분을 한순간에 해산시키려면 조금
은 극단으로 치닫게 될 것 같네.")

상기 예문은 모두 일반적인 사실 또는 명제에서 구체적이고 개별적인
사실을 추론하는 소위 연역적인 추론을 나타내는 것이다. 예문 순으로
사실관계를 확인해 보면「不審に思う→窺う気になる」,「二人は別々に違
う場所で死ぬ→佐山の死体の横に、お時の死体が運ばれて密着される」,「一
言でいうと過労である→心臓に負担がかかった」,「うっせきしていた気分を、
一時に解散させる→過激に走ることになる」라는 것이 된다.

따라서 이와 같은「ノダロウ」는「ラシイ」와 치환할 수 없다. 하지만
다음과 같이 치환이 가능한 것 같이 보이는 경우도 있다.

(19) 隣人が不審に思わないはずはなかった。<u>それで石神も様子を窺う気に
なったらしい。</u>

(20) 「一言でいうと過労です。<u>それで心臓に負担がかかったらしい。</u>」

(19)의 경우는 추론문으로서는 성립하지 않지만 화자의 청각에 의한
정보입수가 전제가 되어 전문(伝聞)과 같은 해석이 된다. 그러나 앞뒤 콘

텍스트에서 생각하면 역시 부자연스러운 문장이 된다. 또한 (20)의 경우도 자연스러운 문장이라고 한다면 타인의 의견을 그대로 전하는 무책임한 의사 발언이 될 것이다. 혹은 전후 콘텍스트에 「心臓に負担がかかった」라는 추론이 성립하기 위한 증후를 나타내는 문장이 필요하다. 아무튼 「過労です」가 전제문이 되는 해석은 아니다.

이와 같이, 「ラシイ」가 귀납적인 추론에 적합한 것은 「先生らしい」와 같은 명사에 접속하여 사용되는 「らしさ」를 가지고 있는 의미인 접미사 「ラシイ」용법16)과 무관계한 것은 아닐 것이다.17) 두 용법의 공통점으로 두 가지만 지적하기로 한다. 하나는 접미사도 추론적인 용법도 「らしさ」를 갖는다.라는 점이다. 추론의 「ラシイ」도 부분적인 현상이든 특징이든 「らしさ」에 해당하여 그것을 근거로 하여 전체적인 현상을 추론하는 추량문이 된다는 것이다.

다른 하나는 접미사로서 사용되는 경우, 시간적한정성18)이 없는 명사에 접속된다는 점이다. 따라서 추론의 「ラシイ」도 본질을 나타내는 명사에 접속되어 즉, 일반명제와의 공기(共起)가 자연스러워진다고 생각된다.19) 아마 「ラシイ」추론문도 명사에서 시작하여 형용사, 동사문으로 점차 확대되어 가는 발전경로가 아닌가 추측된다.

---

16) 寺村(1984:243)에서는 「ふさわしい」의 용법이라 부른다.
17) 이 지적은 이미 奥田(1984-5), 田野村(1991), 工藤(2014) 등에서 확인할 수 있다.
18) 시간적한정성(時間的限定性)에 대해서는 奥田(2015), 工藤(2002)(2012), 八龜(2008), 鄭(2018)(2020) 등도 참조.
19) 名詞述語文에 관해서는 佐藤(1997)(2009) 등을 참조.

3.2. 전제문의 타입

추론의 구조라는 관점에서 생각하면 그 구성요소로서는 전제문과 추량문이 없으면 안 된다. 여기에서는 「ノダロウ」와 「ラシイ」문장의 근거가 되는 전제문의 종류에 대하여 보다 자세히 검토해 보기로 하자.

먼저 「ラシイ」의 전제문부터 보자. 이것은 논의의 편의상 크게 두 가지로 나눌 수 있다. 하나는 화자의 청각경험이 근거가 된 것이며, 또 다른 하나는 청각이외의 경험이 근거가 된 경우이다.

청각경험이 근거가 되는 경우, 주지하는 바와 같이 대표적인 것으로 다음과 같은 소위 전문(伝聞)이라고 불리우는 것이다.

> (21) 彼が『サマンサ』へ寄らない日はないと言ってもいい。<u>噂によると、日曜日に、この店のマダムのK子と二人で映画を見にゆくこともあるらしい。</u>(考える)
>
> (그가 『사만사』에 들르지 않는 날이 없다고 해도 좋다. 소문에 의하면 일요일에 이 가게 마담의 K子와 둘이서 영화를 보러 가는 일도 있다고 한다.)
>
> (22) 「<u>ぼくは平吉の取調べからはずされていたため、取調室の様子はわからなかったが、ほかの人からうすうす聞いたところでは、目傷のために左手を使用したことは自供のおわりごろに出たらしいのです。</u>」
>
> (水)
>
> ("나는 平吉의 취조에서 제외된 터라, 취조실의 모습은 알 수 없었지만, 다른 사람한테 어렴풋이 들은 바로는, 눈에 생긴 상처 때문에 왼손을 사용한 것은 자백이 끝날 무렵에 나온 것 같습니다.")
>
> (23) 「八重ちゃん、やはり捜査本部では、土田君を重要容疑者と断定したそうだよ。<u>すぐに全国指名手配の処置がとられるらしい</u>」

「やっぱり……」(女か)

("八重씨, 역시 수사 본부에서는, 土田군을 중요 용의자로 단정했다고 해. 곧 전국 지명수배 조치가 내려질 것 같아."

"역시...")

(24)「事件のあった夜、あんたが映画に行った夜、馬場はここへ泊ったろう?」

「泊まりはしないよ。るすにきたらしいけど、いなかったからほかの女のところへ行ったと思うね。それとも、旅館の小娘をくどきに行ったかな」

(中略)

「管理人の話だと、八時ごろらしいね」(二人が)

("사건이 있던 날 밤, 네가 영화를 보러 간 밤에 馬場은 여기서 묵었지?"

"묵지는 않았어. 집으로 돌아간 것 같은데 없었으니까 다른 여자한테 갔을 것 같은데. 아니면 여관집 계집아이를 만나러 갔으려나."

(중략)

"관리인 얘기로는 8시쯤인 것 같네.")

위 예문에서 「ラシイ」가 「~에 의하면, ~だと, ~そうだ」 등의 표현과 같이 사용되어 전문(伝聞)의 용법에 가까워져 가는 것을 알 수 있다. 이러한 「ラシイ」는 「ノダロウ」하고도 「ヨウダ」하고도 치환할 수 없고 「ラシイ」만이 갖고 있는 고유한 특징 중 하나라고 생각된다.

(25)「ぼくは平吉の取調べからはずされていたため、取調室の様子はわからなかったが、ほかの人からうすうす聞いたところでは、目傷のた

めに左手を使用したことは自供のおわりごろに出た#ノダロウ/ヨウ
ダ。」

다만「噂によると、聞けば」등의 부사와 같이 사용되는「ラシイ」는
점차적으로 전문(伝聞)에 가까워져 화자의 추론이 행해질 여지가 없어진
다. 이렇게 되면 전문의「ソウダ」와 치환이 가능해진다.[20]

> (26) 彼が『サマンサ』へ寄らない日はないと言ってもいい。噂によると、日
> 曜日に、この店のマダムのK子と二人で映画を見にゆくこともある
> ソウダ。

하지만 이와 같은 전문 용법만이 아니라 화자의 청각기관에 의한 정보
가 근거가 되어 화자의 주체적인 추론이 더해지는 다음과 같은「ラシイ」
문장도 많이 보인다.

> (27) 「はあ、昨日の昼ごろなんです。あたくしが店の仮縫室にいますと、
> 美上先生と田端先生の話し声がしました」奈美はようやく話をはじ
> めた。手でスカートの縁をなでながら、唇を動かした。眼は卓上の
> シガレット・ケースに据えていた。
> 「あ、ちょっと待って下さい。美上さんと田端さんとは離婚なさって
> いるんでしょう? その二人が、今でも話などするのですか?」
> 「あ、それは」と、糸子が言った。
> 「あとから、あたくしが説明するわ。あの二人は、離婚したくせに、

---

20) 미묘한 차이지만 전문 용법의「そうだ」보다「ラシイ」가 화자의 주체적인 측면이 보다
많다고 생각된다.

すぐ隣りに住んでいるし、今でも、平気で行き来しているらしい
わ。芸術家って、あんがい、さばさばしているのね」(二人で)

("아, 어제 점심 때쯤이에요. 제가 가게의 수선실에 있는데, 美上선
생님과 田端선생님의 말소리가 들렸어요" 奈美는 겨우 이야기를
시작했다. 손으로 치마 가장자리를 쓰다듬으며 입술을 움직였다.
눈은 탁자 위에 놓인 담뱃갑에 두고 있었다.

"아, 잠깐만요. 美上씨와 田端씨는 이혼하셨죠? 그 두 사람이 지금
도 대화 같은 걸 합니까?"

"아, 그건" 하고 糸子가 말했다.

"뒤부터는 내가 설명할게. 그 두 사람은 이혼한 주제에 바로 옆집
에 살고 있고, 지금도 태연하게 왕래하고 있는 것 같아. 예술가란
의외로 시원시원하구나.")

(28) 二人のやりとりを聞いていて、折口は状況を察知した。どうやらブナ
林に吊されていたはずのテディベアが持ち去られてしまったらし
い。(疾風)

(두 사람의 대화를 듣고서, 折口는 상황을 알아차렸다. 아무래도
너도밤나무숲에 매달려 있어야 할 곰 인형이 사라져 버린 것 같
다.)

(29) 手紙の内容は、一言でいえば母に向けてのアドバイスでした。どうや
ら母のほうが、その人に相談したようです。文面から察すると、母
は妻子ある人の子身籠り、産むべきか下ろす堕ろすべきかを悩んで
いたらしいのです。(ナミヤ)

(편지의 내용은 한마디로 말하자면 어머니께 드리는 조언이었습니
다. 아무래도 어머니가 그 사람과 상담을 한 것 같습니다. 서면을
살펴보니 어머니는 처자식이 있는 사람의 아이를 배어 낳아야 할
지, 중절할지 고민하고 있었던 것 같습니다.)

(27)의 경우 청각정보를 근거로 하고 있지만 그대로 전하는 것이 아니라 그것을 근거로 한 화자의 추론도 이루어지고 있다.[21] 마지막 예의 경우는 시각을 통해 편지에 대한 정보를 획득한 후 추론이 이루어진 것이다. 제3자에 의한 전문적인 정보로 청각정보와 같이 취급해도 좋을 것 같다.[22] 이러한 타입의 「ラシイ」는 기본적으로 「ノダロウ」와 치환이 불가능하다.[23]

하지만 청각정보를 근거로 화자의 추론이 더해지면 다음과 같이 「ラシイ」는 「ノダロウ」와도 「ヨウダ」와도 치환이 가능해진다.

(30) 二人のやりとりを聞いていて、折口は状況を察知した。<u>ブナ林に吊されていたはずのテディベアが持ち去られてしまったノダロウ/ヨウダ</u>。

다음 예문들은 「ラシイ」의 또 다른 타입인데 청각 이외의 경험이 근거가 된 것이다.

(31) まず、真知子の方からやられたわけだが、ある日、学校から帰ってみると、母親が、座敷で、氷枕をしてやすんでいた。よっぽど発熱しているのか、顔が充血して、息苦しそうな呼吸をしている。
「風をひいたのね、ママ?」
「<u>ああ、学生達の間にはやっていると思ったら、いつの間にか私にうつったらしいの。</u>」(寒い朝)

---

21) 화자의 추론이 더해지면 「どうやら、どうも」 등의 부사와 공기가 자연스러워진다.
22) 「ラシイ」추론에 대해서는 喜田(2013)도 참조.
23) 「ヨウダ」와는 치환가능하다. 「ラシイ」와 「ヨウダ」의 차이에 관해서는 무津(1988), 田野村(1991), 菊地(2000), 工藤(2014) 등에서 논의가 보인다.

(먼저 真知子가 걸린 것인데, 어느 날 학교에서 돌아와 보니 어머니가 손님방에서 얼음베개를 하고 쉬고 있었다. 열이 많이 났는지 얼굴이 충혈되고, 힘들게 호흡하고 있다.

"감기에 걸렸구나, 엄마?"

"응, 학생들 사이에서는 유행하고 있다고 생각했는데 어느새 나한테 옮긴 거 같네.")

(32)「父さん、ズボンの血、どうしたの?」

「鉄棒だ。<u>足掛登りをしてすり剝いたらしい。</u>大丈夫だ」

(あだし野)

("아빠, 바지에 피, 어쩌다가 그랬어요?"

"철봉이야. 다리걸기를 하다가 까졌나 봐. 괜찮다.")

(33) その目が次郎に止まった。「よう」教授はいった。

「少し太ったじゃないか。<u>下宿の食事よりよかったらしいな</u>」

男女の学生たちは次郎のほうをふり返って、むじゃきに爆笑した。

(若葉)

(그 눈이 次郎에 머물렀다. "여어." 교수는 말했다.

"살이 좀 쪘네. 하숙집 식사보다 나았던 모양이야."

남녀 학생들은 次郎를 돌아보며 천진난만하게 폭소를 터뜨렸다.)

(34)「さっきお部屋へ戻ってみたら、もういらっしゃらないんでしょう。どうなすったかしらと思うと、えらい勢いでお一人山へいらっしゃるんですもの。窓から見えたの。おかしかったわ。<u>お煙草を忘れていらしたらしいから、持って来てあげたんですわ。</u>」

そして彼の煙草を袂から出すとマッチをつけた。(雪国)

("아까 방으로 돌아와 보니 이미 안 계셨었죠. 어떻게 된 걸까 하고 생각하자, 엄청난 기세로 혼자 산을 오르신 거에요. 창문으로 보였어요. 이상했어요. 담배를 잊고 계신 것 같아서 가져다 드렸지요."

그리고는 그의 담배를 소매에서 꺼내서 성냥을 켰다.)

(31)(32)는 청각 이외의 종합적인 감각을 통하여 직접경험을 통하여 획득한 정보를 근거로 추론이 이루어진 것이다. (33)(34)는 주로 시각을 통해 얻어진 정보를 근거로 한 것이다. 이러한 타입은 「ノダロウ」와도 「ヨウダ」와도 치환이 가능하다.

다음은 「ノダロウ」문장의 근거에 대하여 검토해 보자.[24]

(35) 「どうしてってこともないけど。ゆうべ、私が片づけたときとちょっとちがっているからさ。コーヒーカップなんか、きちんとならべて置いたのに、ごちゃごちゃになっているし、救急箱の中の薬なんかもひっくりかえしてあるからさ。」
「おれ、知らないよ。たぶん、どろぼうでも入ったんだろうよ」

(悪魔)

("어째설 것도 없지만, 어젯밤에 내가 정리했을 때랑 좀 달라서 말이야. 커피잔 같은 것도 가지런히 진열해 두었는데 뒤죽박죽이 되어있고, 구급상자 안의 약들도 뒤집어 놓아서 말이야."
"나는 몰라. 아마도 도둑이라도 든 모양이야.")

(36) 「これは……」娘の、青白い背中に、何十もの筋が走っていた。
「鞭で打たれたんだろうな。むくいことをする」(三姉妹)
("이건..." 딸의 창백한 등에 수십 개의 줄이 뻗어 있었다.
"매를 맞았겠구나. 심한 짓을 하네.")

(37) 「どなた?」少し間があってから声が戻ってきた。
「俺だよ」目の前が暗くなるのを靖子は感じた。嫌な予感は外れな

---

24) 「ノダロウ」와 「ダロウ」와의 차이점 중 하나는 「ノダ」의 기능으로 인해 전자가 문장의 전후에 근거가 보다 충실하게 나타난다는 점이다.

かった。富樫はすでにこのアパートも嗅ぎつけていたのだ。たぶ
ん、『べんてん亭』から彼女の後をつけたことがあるのだろう。(X)

("누구세요?" 잠시 후 대답이 돌아왔다.

"나야." 靖子는 눈앞이 어두워지는 것을 느꼈다. 불길한 예감은 빗
나가지 않았다. 富樫는 이미 이 아파트도 알고 있었던 것이다. 아
마도『べんてん亭』에서 그녀의 뒤를 밟은 적이 있을 것이다.)

(38) 「でもこの回答は私の記憶に残りました。中学生になっても、高校生
になっても、テストといえば思い出しました。それほど印象深かっ
たということです。子供のふざけた質問に正面から向き合ってもら
えたことがうれしかったのでしょう」(ナミヤ)

("하지만 이 대답은 내 기억에 남아 있었습니다. 중학생이 되어도,
고등학생이 되어도, 테스트라고 하면 생각났습니다. 그 정도로 인
상 깊었던 것입니다. 어린아이의 장난스러운 질문에 진지한 태도
로 임해준 것이 기뻤던 것이겠지요")

「ノダロウ」의 전제가 되는 것은 점선부분에서 알 수 있듯이 대부분의
경우 직접경험에 의해서 얻어진 것이 근거가 된다. 이것은 일반적인 추
론에서 자주 보이는 상당히 자연스러운 현상이다. 하지만 양적으로는 소
수에 들어가지만, 다음 예문들과 같이 간접인식에 의해 취득한 정보가
근거가 되는 경우도 있다.

(39) 女手ひとつの開拓農家の生活の中で、二万円の現金を握るということ
は、死にものぐるいの生活ではなかったかと啓造は思った。一生懸
命に働きながら、この人は疲れきっていたのだろうと想像できた。

(氷点上)

((남편 없이) 여자 혼자의 힘으로 사는 개척 농가 생활 속에서 2만

엔의 현금을 번다라는 것은 죽음도 마다않은 생활이 아니었을까 하고 啓造는 생각했다. 열심히 일하면서 이 사람은 지쳐 있었으리라고 상상할 수 있었다.)

(40) 二人のやりとりを聞いていて、折口は状況を察知した。<u>どうやらブナ林に吊されていたはずのテディベアが持ち去られてしまったらしい。その犯人が板山中学の生徒の可能性が高いということなのだろう。</u>(疾風)

(두 사람의 대화를 듣고서, 折口는 상황을 알아차렸다. 아무래도 너도밤나무숲에 매달려 있어야 할 곰 인형이 사라져 버린 것 같다. 그 범인이 板山중학교 학생일 가능성이 높다고 말하는 것이겠지.)

(41) <u>どうやら星子は、自分や姉の結婚相手が、直樹の補佐役として選ばれていることに反発を感じているようだった。そういうやりとりが、今日仁科家であったのかもしれない。それでこれほど荒れているのだろう。</u>(ブル)

(아무래도 星子는, 자신이나 언니의 결혼상대가, 直樹의 보좌역으로서 선택된 것에 반발을 느끼는 것 같았다. 그러한 대화가, 오늘 仁科의 집에서 있었는지도 모른다. 그래서 이토록 사나워진 것이겠지.)

(42) 「前の夫ですけど……あの人が何か?」
<u>彼が殺されたことは知らないらしい。ニュース番組や新聞を見ていないのだろう。</u>(X)

("전남편입니다만... 그 사람이 무슨 일이라도?"
그가 살해당했다는 것을 모르는 것 같다. 뉴스나 신문을 보지 않는 것이겠지.)

(39)의 경우는 동사 「思う」의 어휘적인 의미에 의해서, 또한 다른 예문들에서는 「らしい、かも知れない」 등과 같은 문말 형식이 사사하듯이 전

제문은 간접인식에 의한 것이다. 물론 이러한 예문들로 인하여 「ノダロ
ウ」의 전제문 대부분이 직접인식을 나타낸다는 사실이 성립되지 않는다
는 것을 의미하지는 않는다.

지금까지의 논의를 정리하면 우선 「ラシイ」의 전제문은 기본적으로
화자가 직접경험을 통하여 얻어진 정보를 나타낸다.[25] 더욱이 청각에 의
한 경험이 특징적이고, 제3자의 정보를 그대로 전하는 전문(伝聞)에 근접
해 가는 것들도 있으며, 거기에 화자의 추론이 더해지는 것들도 있다. 또
시각이나 청각 등의 경험이 근거가 되어 추론이 성립하는 것들도 있다.
「ノダロウ」와 추론이 가능해지는 것은 화자의 추론이 일어나는 경우이
다. 반면, 「ノダロウ」의 전제문은 대부분 직접경험에 의한 것이며, 「らし
い、かも知れない」등의 형식에서 확인할 수 있듯이 간접인식이 근거가
된 것도 있다.

3.3. 결합 방법의 종류

이미 살펴본 바와 같이 추론의 구조는 근거의 역할을 하는 <전제
문>과, 추론의 결과를 나타내는 <추량문>으로 이루어진다. 여기에서
는 이 두 요소가 어떻게 결합되는지를 검토한다. 우선, 복문에서 보여지
는 「ノダロウ」의 결합 방법부터 보기로 하자.

    (43) 「あんな、金なんか持っていそうもない奴を襲うなんて、ドジな強盗

---

25) 日本語記述文法研究会編(2003)에서는 필자의 <직접경험>이라는 용어 대신에 <관찰된
    것을 증거>로 한다.라고 기술하고 있다.

だぜ」

「夜で暗かったから分からなかったんだろう」(昼過ぎ)

("저런 돈 같은 건 가지고 있을 거 같지도 않은 녀석을 덮치다니, 얼빠진 강도네."

"밤이라 어두워서 몰랐겠지.")

(44) 妹の陽子が、「お祭りは、にぎやかで面白いね」と大よろこびだった。昨日は旭川のお祭りだから、一年生の陽子はきっと、お祭りだと思ったのだろう。(氷点上)

(여동생 陽子가 "축제는 북적이고 재미있네."라고 매우 기뻐했다. 어제는 아사히카와 축제였으니까, 1학년인 陽子는 분명 축제라고 생각했을 것이다.)

(45) そのとき、亮子に熱があったものだから、どうしたのですか、と聞くと「一九日から湯河原に行って今朝帰りました。少し遊びすぎたので疲れたのでしょう」と、亮子は言ったそうです。(点と線)

(그 때, 亮子에게 열이 있었기 때문에 어떻게 된 것이냐고 묻자, "19일에 유가와라에 갔다가 오늘 아침에 돌아왔습니다. 좀 너무 놀아서 피곤했었나 봐요"라고, 亮子는 말했다고 합니다.)

(46) 電話が鳴っている。石垣園子は台所にいるので、聞こえないのだろう。

(三姉妹)

(전화가 울리고 있다. 石垣園子는 부엌에 있어서 들리지 않는 것이다.)

　상기 예문들은 「ノダロウ」가 나타나는 복문이지만, 종속절에 원인이나 이유를 나타내는 「カラ・ノデ」라는 접속조사가 사용되어 「ノダロウ」의 주절과 인과관계(因果関係)로 결합된 것이다.[26]

---

26) 복문의 조건 관계의 체계성이나 인과관계에 대해서는 奧田(2015)가 시사적이다.

또한 다음 예문들은 종속절이 조건절이 된 경우나 전제문이 단문으로 전후에 나타나는 예문들이다.

(47) 「そうです。あなたが聞いたのは、口論ではなかった。本番前の漫才の稽古だったんです。関西風のテンポの速いボケと突っ込みの応酬は、ドア越しに聞いたら、口論しているように聞こえてもおかしくありませんから」
全員が、しばし沈黙する。漫才の台本が出てきたのであれば、榎本の言うことは正しいのだろう。(鍵)
("맞아요. 당신이 들은 것은 말다툼이 아니었어요. 본방송 전의 만담 연습이었습니다. 관서식 템포 빠른 공격과 수비의 응수는 문 너머로 들으면, 말다툼하는 것처럼 들려도 이상하지 않으니까요"
모두가 잠시 침묵한다. 만담의 대본이 나오게 된다면 榎本의 말이 맞을 것이다.)

(48) 夏枝は陽子を射るようにみた。
「どうしたって、こうして書いてあるところをみると、徹はこっそり出て行ったんだろうね。陽子は家にいたのかね」
啓造はやさしくたずねた。(氷点上)
(夏枝는 陽子를 쏘아보듯이 쳐다보았다.
"어찌 된 일이냐니. 이렇게 쓰여 있는 걸 보니까, 徹는 몰래 나갔겠네. 陽子는 집에 있었던 걸까."
啓造가 상냥하게 물었다)

(49) 草薙が出してきたのは、石神の勤怠表と、担当クラスの時間割、そして学校のスケジュール表だった。事務員から借りたのだろう。(X)
(草薙가 내놓은 것은 石神의 근무표와 담당반 시간표, 그리고 학교 일정표였다. 사무원으로부터 빌린 것일 것이다.)

(50) 「仕方がないって、あなた、ここは徹の家ですわ。何もこそこそ出て

行かなくってもいいと思いますわ」

「なにも家出したわけじゃない。<u>急に東京にでも行ってみたくなった</u><u>んだろう。</u>若い時は、ふと思いついて、そんなことをすることがあるよ」(氷点上)

("어쩔 수 없어요, 여보, 여기는 徹의 집이에요 몰래 나가지 않아도 된다고 생각해요"

"뭐 가출한 건 아니야. 갑자기 도쿄에라도 가 보고 싶어진 거겠지. 젊었을 때는 문득 생각난 일을 해버리는 경우가 있어.")

(47)(48)은 전제문이 조건절인 예문이며 뒤 두 예문은 전제문과 추량문이 단문인데 구문적으로 전후에 위치하여 의미적으로 근거와 결과로 결속된다.

이상으로 「ノダロウ」의 전제문은 추량문과의 결합이 자유롭다고 생각된다. 즉, 복문인 경우 전제문이 종속절에 나타나 추량문인 주절과 인과관계나 조건 관계로 결합된다. 또한 단문인 경우는 추량문의 전후에 나타나 의미적으로 결합되는 경우도 있다.

다음은 「ラシイ」의 결합방법에 대하여 보자.

(51) 仮縫室の脇に昇り口があった。靴をはいったまま、あがってもかまわないらしかった。この店は、建ててから、だいぶ、年月が経っているらしい。私たちがのぼるにつれ、階段はしきりに、きしむ音を立てた。二階の、一間幅の廊下も同様であった。どこか、釘でも抜けているのではないかと思われるほどだった。<u>しかし、壁は最近塗り</u><u>かえたらしい。</u>見た眼に汚いという感じはなかった。(二人で)

(수선실 옆으로 올라가는 입구가 있었다. 신발을 신은 채 올라가도

괜찮은 것 같았다. 이 가게는 지은 지 꽤 오래된 것 같다. 우리가 올라감에 따라 계단은 계속 삐걱삐걱 소리를 냈다. 2층의 한 폭 정도의 복도도 마찬가지였다. 어딘가 못이라도 빠진 게 아닌가 하는 생각이 들 정도였다. 그러나, 벽은 최근에 새로 칠 한 것 같다. 겉보기에 더럽다는 느낌은 없었다.)

(52) それを見た瞬間、石神は刑事の目的を察知した。<u>言葉を濁しているが、どうやら草薙が知りたいのは、花岡靖子のことではなく石神のアリバイらしい。</u>(X)

(그것을 본 순간, 石神은 형사의 목적을 간파했다. 말끝을 흐리고 있는데, 아무래도 草薙가 알고 싶은 것은 花岡靖子가 아니라, 石神의 알리바이인 것 같다.)

(53) 美紗子はたまらなかった。だが、敏夫は美紗子の気持に気づかずに話を続ける。

「あの子をしあわせにしてやるんだって、いっちょまえの口きくなあと思って……」

「結婚、するんですか?」美紗子は思い切って訊いてみた。

「うん。<u>どうもそのつもりらしい</u>……あれ、聞いてなかった?」

(最後)

(美紗子는 견딜 수 없었다. 하지만 敏夫는 美紗子의 기분은 개의치 않고 말을 이었다.

"그 아이를 행복하게 해준다니, 제법 건방진 소리를 하네 라고 생각해서..."

"결혼, 할 거에요?" 美紗子는 용기 내어 물어보았다.

"응 아무래도 그럴 생각인가 봐... 어라? 못 들었어?")

(54) 彼は酔っていた。<u>それに、自分が負けたところでゲームが終了になったのが不服であるらしかった。</u>(考える)

(그는 취해있었다. 그것도 자신이 진 상황에서 게임이 종료되었다

는 것이 불만인 듯했다.)

(55) 「もう三時なの?座敷から帰って、倒れたまま眠ったらしいわ。」(雪国)

("벌써 3시야? 손님방에서 돌아와서 쓰러진 채로 잠든 것 같네.")

상기 예문에서 확인할 수 있듯이 「ラシイ」의 근거가 되는 전제문은 기본적으로 복문보다 단문으로 전후에 위치하는 예들이 많다.[27] 이러한 특징은 「ラシイ」가 부분적인 특징을 나타내는 「ラシサ」를 갖는 전제문, 즉 부분적인 징후, 특성을 근거로 하여 전체적인 사건이나 현상을 추론하는 문장이기 때문이다.[28]

4. 나오기

본서에서는 「ノダロウ」를 대상으로 하여 추론방법, 전제문의 타입, 전제문과 추량문의 결합방법 등의 관점에서 「ラシイ」와의 대조를 통하여 문법적인 의미로서의 <추량성(推量性)>에 대하여 고찰하였다. 주된 논

---

[27] 喜田(2013)에서는 「ラシイ」추론에 대하여 논의하고 있는데 어덕션(abduction)과 권위추론이라는 용어로 설명하고 있다.

[28] 하지만 다음과 같은 예문도 보인다.
・「それはまたどうしてかね?」
「それはね、ママやおばあさんのせいなのよ。なぜって、パパもおじいさんも亡くなっているのに、ママもおばあさんも健在でしょう。ママはみずみずしくって生活力があるし、おばあさんも呆けてないでカリカリしていらっしゃるでしょう。そういう認識があるもんだから、私までが、女に生まれてよかったと思う<u>らしい</u>のよ……」

(寒い朝)

위 예문에서 전제문은 복문의 종속절(そういう認識があるもんだから)이 아니라, 점선부분이라고 생각된다. 따라서 「ラシイ」는 [[そういう認識があるもんだから、私までが、女に生まれてよかった]と思う]らしい]와 같은 의미적인 구조를 갖고 있다고 보여진다.

의 결과를 요약하면 다음과 같다.

첫 번째는 추론 방법에 관한 것이다. 「ノダロウ」의 경우는 귀납적인 추론과 연역적인 추론이 모두 가능한 반면 「ラシイ」의 경우는 귀납적인 추론만 가능하다.

두 번째는 전제문의 타입에 관한 것이다. 우선 「ラシイ」의 전제문은 기본적으로 화자의 직접경험에 의한 것인데 특히 청각경험이 의한 정보가 특징적이다. 청각정보가 특화되어 「전문(伝聞)」으로 발전되어 가는 것도 있고, 청각정보를 근거로 화자의 주체적인 추론이 이루어지는 것도 있다. 또한 시각이나 촉각 등의 경험에 의한 정보를 근거로 추론이 성립되는 경우도 있다.

반면 「ノダロウ」의 전제문은 기본적으로 화자의 직접적인 경험에 의한 것이 많다. 하지만 「らしい、かも知れない、という」 등의 문말 형식의 사용에서도 확인할 수 있듯이 간접경험이 근거가 되는 경우도 있다.

세 번째는 전제문과 추량문의 결합 방법에 관한 것이다. 「ノダロウ」의 경우는 전제문과 추량문의 연결이 상당히 자유롭다. 복문의 종속절이 전제문일 경우 주절과 인과관계나 조건 관계로 연결이 될 수 있다. 또한 전제문이 선행/후행문인 경우는 구조적이나 의미적으로 결합될 수도 있다. 반면 「ラシイ」의 전제문은 선행하거나 후행하는 단문으로 나타나 구조적이나 의미적으로 결합되는 경우가 일반적이다.

하지만 본서에서 논의하지 못한 점도 많다. 우선 「ノダロウ」의 <推量性>에 주목한 고찰이었기 때문에 또 다른 특징인 <説明性>에 대해서는 전혀 논의할 수 없었다. 모두 금후의 과제로 다음 기회에 다시 논의로 한다.

7

회화문의 NODA

제7장

회화문의 NODA

1. 들어가기

종래 「ノダ」에 관한 연구는 활발히 진행되어 상당한 연구가 축적되어 있다고 생각된다. 이러한 연구들의 중요한 흐름 중 하나는, 주로 문장체에 나타나는 「ノダ」를 대상으로 하여 寺村(1984), 奧田(1990)와 같은 문법적인 의미를 <설명(說明)>이라는 용어로 전체적이고 통일적인 설명을 부여하는 연구이다.

한편 「ノダ」의 다의적인 의미를 인정하고 회화문에서 주로 나타나는 <결의(決意)> <명령(命令)> 등의 용법을 인정하는 연구도 보인다.

(1) 「さっさと帰るんだ。」(庵他(2001:290))
(2) 「おい逃げるんだ。多勢やって来るぞ」(斎(2002:55))

(3) 「行くんだ!」(野田(2012:141))

　예를 들면 庵他(2001)에서는 「ノダ」를 관련성(関連づけ)과 비관련성(非関連づけ)의 용법으로 크게 분류하고 후자의 「ノダ」인 경우, 제1용법은 (1)과 같이 명령을 나타내는 것이 있다고 지적한다. 또한 이것은 명령형과 같이 직접적인 말투가 되기 때문에 아랫사람이 청자가 되는 경우에 한정된다.

　이와 같이 주로 <회화문>에 나타나서 청자에게 행위를 요구하는 「ノダ」용법은 주변적인 용법이며 특수한 것이라는 점에 대해서는 연구자들의 의견이 일치된다. 하지만 이 용법이 어떠한 이유에서 비전형적인 용법이 되는지, 또한 어떠한 문법적인 특징이 있는지 상세한 논의한 고찰은 그다지 많지 않은 것 같다.

　이러한 상황에서 여기서는 대화문에 나타나는 소위 명령의 「ノダ」를 대상으로 하여 특히 그 문법적인 조건과 특징을 검토해 보는 것을 주된 목적으로 한다.

2. 선행연구와 문제점

2.1. 吉田(1988)

　吉田(1988)는 「ノダ」를 문내표현효과(文内表現効果)와 문간표현효과(文間表現効果)로 크게 나누어 고찰하고 있다. 후자의 경우, 다시 「ノダ」를 11종류로 세분하여 다음과 같이 화자가 해야 할 행위를 ≪결의(決意)≫라고 했고, 청자가 해야 할 것을 ≪명령(命令)≫라고 한다.

(4) どけい。そこには俺様がすわる<u>んだ</u>。≪決意≫

(5) なんだと。お前の方こそ向こうへ<u>行くんだ</u>。≪命令≫(以上、吉田(1988:43))

2.2. 田野村(1990)

田野村(1990)에서는 명령을 나타내는「ノダ」는 특별히 고정화, 관용화
된 용법이라고 해야 한다고 설명하면서 다음과 같은 예문이 <명령>과
<의지의 표현>이 된다고 한다.

(6) 速くこっちに<u>来るんだ</u>。

(7) 部屋を探すときはちゃんと相場を調べて<u>おくんですよ</u>。

(8) 危険ですからのいてください。ーええんじゃ。わしはここで<u>死ぬんじゃ</u>。

(田野村(1990:24))

(6)(7)이 명령이고, (8)이 의지의 표현인데 두 용법의 공통점으로는「기
정성(既定性)」이라고 한다. 즉, 이미 화자의 의식 안에서 화자나 청자가 실
행해야만 하는 사건(ことがら)으로 정해져 있다는 것이다.

2.3. 野田(1997)

野田(1997)는 명령의「ノダ」를 독자적인 성질을 갖는 것인데 비관계성
의 대인적(非関係づけの対人的)인「ノダ」[1]에 속하는 것으로 설명하고 있다.

---

1) 野田(1997)는「ノダ」를 관계적(關係づけ)인가, 비관계적(非關係づけ)인가, 또 대사적(對事

다음으로 명령의 「ノダ」가 사용되는 담화적 상황은 「聞き手が話し手の要求をすでに承知している状況」(野田(1997:101))라는 조건이 필요하며, 명령의 문법적인 의미로 「聞き手が実行すべきだと話し手が考える行動を提示し、その実行を促す」라고 설명하고 있다.

> (9) リカ「働け働け、働くんだ、永尾完治!」
>
> (柴門ふみ・坂元裕二『東京ラブストーリー』p.54)
>
> (10)「大人は働かなきゃいけないんだよ」(以上、野田(1997:101)より)

2.4. 名嶋(2003)

名嶋(2003)에서는 다음과 같은 「ノダ」를 결의와 명령의 용법으로 보고 관련성이론의 관점에서 「ノダ」명령문을 고찰하고 있다.

> (11) (独話で) 今日は100軒まわるんだ! [決意]
>
> (12) (上司が部下に指示する) 今日は100軒まわるんだ! [命令]
>
> (名嶋(2003:234))

즉, 「ノダ」명령문은 「望ましさ」라는 관점에서 「ある事態認識や思考」를,

的)무드 인가 대인적(對人的)무드인가, 라는 2개의 기준으로 4개로 분류한다. 여기서 비관계적이며 대인적인 「ノダ」라고 하는 것은 「聞き手は認識していないが、話し手は認識しているQを既定の事態として提示し、それを認識させようという話し手の心的態度を表す(청자는 인식하고 있지 않지만, 화자는 인식하고 있는 Q를 기정(既定)사태로 제시하고 그것을 인식시키려 하는 화자의 심적태도를 나타내는)」것이라고 설명하고 있다(野田(1997:98)).

「聞き手の側から見た解釈として」「意図的に、かつ、意図明示的に」「聞き手に対して提示する」(이상, 名嶋(2003:242))라는 설명을 하고 있다.

이상, 명령의 「ノダ」를 지적한 대표적인 연구를 몇 가지만 소개했다. 선행연구의 공통적인 문제점으로는 1)왜 이 용법이 비전형적이며, 2)관련성(関係づけ), 기정성(既定性)이라는 기준이 명확하지 않고, 3)명령의 「ノダ」가 사용되는 구체적인 구문적인 환경은 어떠한지, 4)명령형에 의한 명령문과는 어떠한 차이가 있는가 등이 해결되어야 할 과제로 생각된다.

3. 대화문의 「ノダ」

奥田(2001)에서는 대화문에서 「ノダ」를 동반하는 설명문의 <장면적인 의미(場面的な意味)>를 조사하여 초보적인 설명문에서 논리적인 설명문으로 확대해 가는 구체적인 예문을 제시하면서 기술하고 있다.

여기서는 기본적으로 奥田(2001)의 성과를 계승하면서도 전통문법에 따른 대화문의 타입이라는 관점에서 대화문의 「ノダ」에 주목하여 고찰하기로 한다. <설명의 구조(説明の構造)>[2]를 염두에 두면서 회화문의 「ノダ」를 먼저 크게 「疑問文＋平叙文(ノダ)」와, 「平叙・命令(勧誘、依頼)文＋平叙文(ノダ)」로 분류하여 검토해 가기로 한다.

---

2) 설명과 설명의 구조에 대해서는 본서와 田中(1979), 奥田(1990)(2015) 등도 참조.

3.1. 「의문문＋평서문」

종래에도 많은 지적이 있었듯이, 일본어의 의문사의문문은 「ノダ」사용
이 의무적이다. 다음 예문들은 질문과 응답이라는 기본적인 회화에서 사
용되는 것들이다. 질문문과 응답문에서 모두 「ノダ」가 사용되고 있다.

(13) 「あなたは、医者ですか?」「私は、警察の人間でね。<u>殺人の疑いがある</u>
<u>以上、捜査しなければならないんだ</u>」
「誰が、彼女を、殺したんですか?」
「それは、これから、調べるんだよ。君にも、協力して欲しいね」

(EF)

("당신은 의사입니까?" "저는 경찰이라서요. 살인의 혐의가 있는
이상, 수사해야 합니다."
"누가 그녀를 죽인 것입니까?"
"그것은 지금부터, 알아봐야겠죠. 당신도 협력해주십시오")

(14) 「親分、浜口社長のお車が」
「今行くわ」
「お気をつけて」
「何の話をすればいいのかしら?」
「<u>黙って座っていればいいんですよ</u>」(セーラー)
("두목님, 浜口사장의 차가"
"지금 가겠네."
"몸조심하세요."
"무슨 말을 하면 좋을까?"
"잠자코 앉아 있으면 돼요")

(15) 「どこから入るのよ?」
「<u>裏へ回るんだ</u>」下倉は、加奈子を押しやるようにして、ビルの裏手

に回った。(いつも)

("어디로 들어가는 거야?"

"뒤로 돌아가." 下倉는 加奈子를 밀치듯이 빌딩의 뒤쪽으로 돌았다.)

奥田(2001)에서 지적했듯이 상기 예문들은 정보론적 관점에서 보면「질의(たずねる)──응답(おしえる)」과 같은 기능으로 보인다. <설명의 구조(説明の構造)>라는 관점에서 생각하면 배치순서대로 선행문과 후속문이 되고 후속문의「ノダ」는 초보적인 설명3)의 기능을 담당하고 있다고 생각된다. 또한 질문문이 의문사가 없어도「ノダ」가 없는 질문문에서도「ノダ」는 다음과 같이 <説明>으로 기능한다.

(16)「その拳銃を見せてくれないか」

　　「何かあったんですか?」

　　「とにかく、その拳銃を見せてほしいんだ」(十津川)

　　("그 권총 좀 보여주지 않겠나?"

　　"뭔가 있었던 겁니까?"

　　"어쨌든, 그 권총 좀 보여줬으면 한다.")

(17)「平、俺はやるぞ」とおもいつめたような声で言った。

　　「やる?何を?」

　　「徳武をやっつけるんだ。あいつがいる限り俺は浮かばれない。みて

　　ろ! あの野郎、いまに叩き落してやる」(不良社員)

　　("平, 나는 할 거야."라고 결심한 듯이 말했다.

　　"해? 뭐를?"

　　"徳武를 해치우는 거다. 그 녀석이 있는 한, 난 체면이 안 서. 두

---

3) 여기서 설명의 정의는 이미 언급하고 소개한 바와 같이 奥田(1990)쪽을 따르기로 한다.

고 보라고! 그 자식, 곧 때려눕혀 줄 거야.")

(18) 「ご用件は?」

「社長に会いに」

「受付にお話しになりましたか」

「<u>社長が待っているって言ってるんだ</u>! そこをどけよ!」(セーラー)

("용건 있으신지?"

"사장님을 만나러."

"접수처에 말씀하셨습니까?"

"사장이 기다리고 있다고 말했어! 거기서 비켜!")

이상은 화자와 청자가 순서바꾸기(turn-taking)가 일어난 경우인데 여기서는 응답문에 「ノダ」가 나타나 상대방이 필요한 정보를 제공하면서 그것이 문법적인 기능으로는 설명문이라는 표식이 되어 초보적인 설명의 역할을 담당하는 것으로 생각된다.

다음은 순서바꾸기(turn-taking)가 일어나지 않은 경우이다. 이 경우는 크게 네 가지, 즉, 「평서문+평서문」「명령문+평서문」「의뢰문+평서문」「권유문+평서문」으로 나누어 검토해 가기로 한다.

3.2. 「평서문+평서문」

우선은 선행문과 후행문이 모두 평서문이고 후행문에 「ノダ」가 사용되어 설명문으로 기능하는 경우이다.

(19) 「今の状況では、逮捕令状は、無理ですか?」と、西本がきく。

「まず、無理だな。それに、できれば、あの父親を、傷つけずに処理
したいんだよ」(十津川)

("현 상황으로는, 체포영장은 무리인가요?" 하고 西本가 묻는다.
"우선 무리야. 게다가, 가능하면 그 아버지를 다치게 하지 않고 처
리하고 싶어.")

(20) 「ふわーい」と純平はあくび混じりに答え、
「ほんとにオレも行っていいのかよ」と言った。
「ああ。今日は立ち会い人がいないから、せめておまえの調子よさで
場を盛り上げてもらいたいんだよ」
「しょーがねーなあ」(101)

("흐아암" 하고 純平는 하품 섞인 채 답하며,
"정말로 나도 가도 되는 거냐고" 하고 말했다.
"어어. 오늘은 참관인이 없으니까, 너라도 분위기를 띄워 줬으면
해."
"할 수 없네")

(21) 「しかし、警部。警察官は、何万という数ですよ。その中から、犯人
を見つけ出すのは、至難の業だと思いますが」と、亀井がいう。十津
川は、小さく首を横に振った。
「いや。いろいろな条件から、相手を絞っていけるんだ」(十津川)

("하지만 경부님. 경찰관은 몇만이라는 수입니다. 그중에서 범인을
찾아내는 것은 지극히 어려운 일이라 생각합니다만."하고 亀井가
말한다. 十津川는 살짝 고개를 저었다.
"아니. 이런저런 조건으로 용의자를 좁혀 갈 수 있어.")

(22) 「君は僕と一緒にやってもらうことがある」
「何だい?」
「<包み>を探すんだ」
「ええ?」

「いいか。今の様子を見てると、どうも誰もまだその＜包み＞を手に
入れていないらしい。ということは、まだどこかにそれは隠してある
んだ。それを僕らで探すんだ」(セーラー)

("넌 나와 함께 할 일이 있어."

"뭐에요?"

"＜보따리＞를 찾는 거야."

"네?"

"알겠나. 지금 상황을 보니, 아무래도 아직 아무도 그 ＜보따리＞를
손에 넣지 못한 것 같아. 그렇다면, 아직도 어딘가에 그건 숨겨져
있다는 거야. 그걸 우리가 찾아내는 거야.")

(19)(20)의 경우는 상대방의 질문에 대해서 일단 응답을 하고, 그 내용
을 보다 자세히 설명하는 후속문에 「ノダ」가 나타난 예문들이다. (21)은
상대방의 의견에 반대하는 이유를 설명하는 후속문에 「ノダ」를 사용하
였고, 또한 (22)는 화자 본인의 판단에 대한 부연/보충 설명을 하는데 「ノ
ダ」를 사용하고 있다.

3.3. 「명령문＋평서문」

다음은 명령문과 평서문의 조합에서 후행문에 「ノダ」가 사용되는 예
문들이다.

(23) 「これを逃すと三十分以上待つんだ。走れよ!」
「ハイヒールなのよ!」

「ほら、手を引いてやるから」(昼下がり)

("이걸 놓치면 30분 이상 기다려야 해. 달리라고!"

"하이힐이에요!"

"봐봐 손잡아 줄 테니까.")

(24) 「何とお前が言い張っても、許すわけにはいかん。お前はまだ男を見
　　る目がないのだ」

「お父さん!」

「あきらめなさい。お前はいくらでも幸福な結婚ができる身なのだ」

(不良社員)

("네가 뭐라고 우겨대도, 허락할 수는 없다. 너는 아직 남자 보는
눈이 없는 거야.

"아버지!"

"포기하렴. 너는 얼마든지 행복한 결혼을 할 수 있는 몸이야.")

(25) 「なら、なぜ出て行かねえ?」

「ちょっとお話ししたいことがあって……」

「お前の話を聞いてられるほど、俺は暇じゃねえんだ。早く行け!」

(セーラー)

("그럼 왜 안 나가는 거야?"

"잠깐 이야기하고 싶은 게 있어서..."

"네 이야기를 들어 줄 정도로 나는 한가하지 않아. 빨리 가!")

(26) 「池永苑子の調査は終わって、保険金の支払いも完了したんだ。忘れ
　　ろ、すべて」

「……分かりました」(氷)

("池永苑子의 조사는 끝나서 보험금 지불도 완료했어. 잊어 모든 걸."

"...알겠습니다.")

(27) 「(苛立ちもあって)いい加減にしろよ! 君の為に言ってるんだ」

(東京ラブ)

("(조바심도 있어) 적당히 해! 너를 위해서 하는 말이야.")

상기 예문들은 모두 명령형에 의한 명령문과, 명령하는 이유를 설명하는 평서문으로 구성되어 있다. 물론 후속문인 평서문에「ノダ」가 사용되어 설명문이라는 것을 알 수 있다. 물론 설명문은 명령문의 뒤에 위치하는 것이 일반적이지만 앞에 오는 경우도 있다.

3.4. 「의뢰문＋평서문」

이번에는 의뢰문과 평서문의 조합이다. 이 경우도 의뢰문의 이유나 설명을 평서문이 나타내는데「ノダ」가 사용되어 설명문인 것이 확실해진다.

(28) 「後で、背広のポケットを見て下さい」
「どうして」
「連絡先を入れておきました。お見せしたい書類があるんです。連絡
して下さい」(脅迫者)
("나중에 양복주머니를 봐주세요"
"어째서?"
"연락처를 넣어두었습니다. 보여드리고 싶은 서류가 있습니다. 연
락해 주세요"
(29) 「日高組副組長の佐久間でございます」
「あ、そうだったな」
「実は本日伺いましたのは─」だが、浜口は遮って、
「済まないがね、君、車が待ってて急ぐんだ。明日、また来てくれん
かな」

「は……しかし……」(セーラー)

("日高組의 부조장 佐久間라고 합니다."

"아, 그랬군."

"사실은 오늘 찾아뵌 것은..." 그러나, 浜口는 말을 가로채고

"미안하지만 자네, 차가 기다려서 서둘러야 한다네. 내일 다시 와

주지 않겠나."

"아...하지만..")

(30) 逃げ腰になる娘の腕を真次は掴んだ。

「騒がないでくれ。世間話だけしていてくれればいいんだ」

(地下鉄)

(真次는 도망치려는 여자의 팔을 붙잡았다.

"당황하지 말아 줘. 세상 돌아가는 이야기만 해주면 돼.")

(31) 「いまのアウディに乗り込んだアベック、どうも気になるんだ。ちょっ
と引き返してくれないか」(異端者)

("지금 아우디를 탄 (남녀) 두 사람, 왠지 신경 쓰이네. 잠시 되돌
아가 주지 않겠나.")

상기 예문들은 주어는 명령과 같이 2인칭이고, 「下さい、くれる」 등이
사용되어 상대방인 청자에게 어떤 행위를 요구하는 의뢰문인 것을 알 수
있다. 화자가 의뢰의 이유 등을 「ノダ」를 사용하여 설명하고 있는 것이다.

3.5. 「권유문＋평서문」

다음은 권유문과 평서문의 조합이다.

(32) 「家族じゃダメなこともあるんだよ」

「…………」

「あの子が男の子連れて来たことなんか、足悪くなってから初めて
じゃないか。<u>遅れて来たあの子の青春なんだよ</u>。素直に喜んでやろ
うよ」(ビューティ)

("가족이라서 안되는 것도 있는 거야"

"…"

"그 애가 남자애를 데려온 게, 다리 다치고 나서 처음이지 않니.
늦게 찾아온 그 아이의 청춘인 거야. 기꺼이 기뻐해 주자고")

(33) 「いいか、俺はその＜包み＞がほしいんだ」

「分かりました。さっそく手を打ちましょう」(セーラー)

("알겠니? 나는 그 ＜보따리＞를 원해."

"알았어. 당장 손을 써 봅시다.")

(34) 「き、きさま、なにを言うんだ」

大矢はようやく言葉を押し出した。だがその声は無惨に震えてい
る。

「とぼけたって駄目だ。<u>ネタはすべてあがっているんだ</u>。このことを
すべて大杉美奈子にバラシてやろうか」(異端者)

("너, 너 이 자식, 무슨 말 하는 거야."

大矢는 겨우 말을 꺼냈다. 그러나 그 목소리는 무참하게 떨리고
있다.

"시치미 떼도 소용없어. 증거는 다 드러나 있어. 이 일을 전부 大
杉美奈子에게 폭로해 버릴까?")

(35) 「これから<u>タカノ</u>と秘密の場所に行くんだ。連れてってやろうか」茶色
のウェアを着た少年がいった。(疾風)

("지금부터 タカノ와 비밀장소에 갈 거야. 데려가 줄까?" 갈색 옷
을 입은 소년이 말했다.)

상기 예문에서도 권유문은 「しよう、しようか」의 형식으로 나타내고 있으며 그 권유의 이유를 평서문에서 「ノダ」를 사용하여 설명하고 있다.

이상, 전반적으로 회화문에서 보이는 「ノダ」를 대상으로 문장의 유형에 주목하면서 개략적으로 소개하였다. 화자와 청자의 순서 바꾸기가 일어나는 경우와 일어나지 않은 순서로 구별하여 「의문문＋평서문」「평서문/명령문/의뢰문/권유문＋평서문」 등으로 나열하였다. 이들은 ＜설명의 구조＞ 안에서 후속문이 설명을 부여하면서 그것을 「ノダ」로 명시하여 기술문에 대한 설명문인 것을 확실히 한다.

하지만 대화문에서는 다음과 같이 ＜설명의 구조＞밖에서 사용되는 「ノダ」도 보인다.

(36) 「社長に開けさせるのだよ。大金庫を」

　　「社長に?」寺井は森下の途方もない言葉に息をつめた。

　　「重要な計算をまちがえたとか何とか言って社長に頼みこむんだ。社の大物はそういったことに案外おおまかだ。きっと開けてくれる」

　　　　　　　　　　　　　　　　　　　　　　　　　　　（不良社員）

　　("사장님께 열게 하는 거야. 큰 금고를."

　　"사장님께?" 寺井는 森下의 터무니없는 말에 한숨을 쉬었다.

　　"중요한 계산을 틀렸다느니 어쩌느니 말해서 사장님에게 부탁하는 거야. 회사의 거물은 그런 일에는 의외로 후하다고 분명 열어줄 거야.")

(37) 「それなら犯人が得られるものは電話番号ときみの源氏名だけだ。すぐには来ないよ」

　　「もし来たら……」

　　「まずぼくに知らせるんだ」（異端者）

（"그렇다면 범인이 얻은 것은 전화번호와 당신의 기명(妓名)뿐이다. 바로는 안 올 거야."

"만약 온다면..."

"우선 나한테 알려주는 거야."）

(38) 「それから正式ルートで改めて指令を出すが、<u>石川、白鳥、服部の三 人は今晩一カ所に集め、厳重な監視下に置くんだ</u>」

「わかりました。渡辺巡査にそう伝えます」(旧軽井沢)

（"그리고 정식으로 다시 지령을 내리겠지만, 石川、白鳥、服部 세 명은 오늘 밤 한곳에 모아서 엄중한 감시하에 둔다."

"알겠습니다. 渡辺순경에게 그렇게 전하겠습니다."）

(39) 「―だって、何でも＜可＞ばっかりでしょ。これじゃ野郎なら誰だっ ていいみたいで―」

「<u>何て言葉を使うんだね!</u>」(結婚案内)

（"그렇지만, 전부 다 ＜좋음＞뿐 이잖아. 이래서는 젊은 남자라면 누구라도 좋다는 것 같은데."

"무슨 말을 하는 거야."）

(40) 「<u>刑事って奴は、どこまで疑ぐり深いんだ!</u>」

「世の中には、悪党が多いからな。とにかく、こんな写真じゃあ、ア リバイにはならんよ」(EF)

（"형사라는 놈은 어디까지 의심이 많은 거야."

"세상에는 악당이 많으니까. 어쨌든, 이런 사진이면, 알리바이가 되지 않는다고."）

(41) 「勝手にしろ!」頭に来た秀治はさっさと電車に乗り込んだ。

「<u>全く、何て怠慢な奴らなんだ!</u>」(昼下がり)

（"멋대로 해!" 화가 난 秀治는 빠르게 전철에 올라탔다.

"정말이지, 얼마나 게으른 녀석들인지!"）

앞의 3개의 예문은 「ノダ」가 사용된 것은 선행연구에서 지적한 <명령>의 용법과 유사하며, 뒤 3개의 예문은 소위 <감탄>을 나타내는 용법이다. 이 두 용법에서 공통적으로 보이는 것은 <기술문>과 <설명문>과의 구조 속에서 「ノダ」가 사용되는 것이 아니라는 것이다.

다음 장에서는 이 중 <명령>의 용법을 대상으로 보다 상세히 살펴보기로 한다.

4. 명령의 「ノダ」

지금까지의 논의를 바탕으로 이하에서는 대화문에 나타나는 명령의 「ノダ」에 주목하여 담화구조와 문법적인 특징, 문법화, 명령형과의 차이 등의 관점에서 검토해 보기로 한다.

4.1. 담화구조

먼저 대화문에서 「ノダ」가 나타나는 대화 장면의 담화구조를 살펴보기로 하자.

(42) 「しかし、大人か子供かぐらいは、わかったろう?」

「それが、今の子供は、大きいですから。かなり大きな人影だったんです。私くらいはあったと思います。私は。一七五センチあります」

(十津川)

("그래도, 어른일지 아이일지 정도는 알 거 아냐?"

"그게, 요즘 아이들은 크니까요 꽤 큰 모습이었어요 나 정도는 된다고 생각해요 저는. 175센치에요.")

(43) 「おれが撮った写真を、現象してみてくれないか。<u>長野でも撮ったが、上野から乗った『あさま９号』の写真を、何枚か撮っているんだ。</u>それを見てくれたら、何とか、わかるかも知れないよ」(EF)

("내가 찍은 사진을 현상해 보지 않을래? 나가노에서도 찍었는데, 우에노에서 탄 『아사마 9호』사진을 몇 장 정도 찍었어. 그걸 봐주면 뭔가 알게 될지도 몰라.")

(44) 「アメリカの財団に提出するという論文を見せてほしい」

「なぜ、警察に見せなければならないのですか?」

「読めば、三宅ユキが、モルモットにされたことがわかる。<u>だから、見たいんですよ</u>」

「断ります。警察に見せるために、書いているんじゃない」

(十津川)

("미국재단에 제출한다는 논문 좀 보여주시죠."

"어째서 경찰에게 보여주지 않으면 안 됩니까?"

"읽으면, 三宅ユキ가 실험체가 되었다는 걸 알 수 있어요 그래서 보고 싶은 겁니다."

"거절합니다. 경찰에게 보여주기 위해서 쓴 게 아니에요.")

(45) そのとき、インターホーンのブザーが鳴った。俺は舌打ちし、

「御用聞きなら追い帰せ。<u>会社関係の者なら、普段と同じ様子でなかに入れるんだ</u>」と、女に命じる。(雇われ探偵)

(그 때, 인터폰의 버저가 울렸다. 나는 혀를 차며,

"경찰 관계자면 쫓아 보내. 회사관계자라면, 평소와 같은 모습으로 안으로 들여라"라고 여자에게 명했다.)

(46) 「大変です!逃げられました!」天堂は、床にのびている見張りを見下ろ

すと、怒りに青ざめた。

「何てざまだ!―早く、島中に警報を出せ! 何としても見つけ出すんだ!」

「は、はい!」(青春)

("큰일입니다. 도망쳤습니다." 天堂는 마루에 쓰러진 파수꾼을 내려다보고는 분노로 새파래졌다.

"무슨 꼴이냐! 얼른 섬 전체에 경보를 울려! 무슨 일이 있어도 찾아야 한다!"

"네.. 네!")

(47) 「早く来て!国友さんが窒息しちゃう!」

「はいはい」と、珠美がやって来る。

「手が冷たくなっちゃうなあ……」

「つべこべ言ってないで、早く引張んのよ!」

「そうキーキー言わないの。―それにしても、今度は腕の疲れる旅行だね」(三姉妹)

("얼른 와! 国友씨가 질식해 버려!"

"네네"하고 珠美가 온다.

"손이 차가워지네..."

"잔말 말고 빨리 잡아당겨!"

"그렇게 시끄럽게 굴지 마. 그건 그렇다 쳐도 이번에는 팔이 피곤한 여행이네.")

(42)(43)(44)의 예문에서 「ノダ」는 설명의 용법으로 사용된 것이다. 즉, (42)(44)의 경우는 상대방의 질문에 응답하는 장면에서 상대에게 필요한 정보를 제공하는 초보적인 설명을 하고 있다. 또한 (43)에서는 청자에게 의뢰행위를 하고 그 이유에 대하여 설명을 하고 있다. 이와 같이 설명의 용법에서는 [기술문-설명문]이라는 <설명의 구조> 안에서 후속문에 「ノ

ダ」를 사용하여 설명의 기능을 명시하고 있다.

반면 (45)(46)의 「ノダ」는 명령의 용법으로 생각된다. 이 예문에서의 담화구조는 <설명의 구조>에서 벗어나 기술문이 존재하지 않으며 「ノダ」가 설명으로 기능하지도 않는다. 오히려 담화구조의 측면에서는 <명령의 구조>와 유사하다. 즉, 주어는 2인칭으로 한정되고, 「ノダ」가 「頼む、見つけ出す、引っ張る」와 같은 의지동사 서술어에 접속된다. 또한, 인간관계는 직장에서 상사와 부하와의 관계나 연상과 연하와 같이 사회적인 지위 차이로 역학관계가 인정된다고 생각된다. 더욱이 (46)(47)의 경우는 명령문이 사용되기 쉬운 긴박한 상황이라는 조건도 추가된다.

이상의 논의를 정리하면 명령의 「ノダ」용법이 사용되는 담화구조는 <설명의 구조>에서 <명령의 구조>로 이행된 것으로 생각된다.

4.2. 감동사(さあ、おい)와의 공기

두 번째로는 감동사와의 공기문제이다. 명령의 「ノダ」용법에서는 다음과 같이 「オイ, サア」와 같은 호격(vocative case)과 같이 사용된다. 먼저 「オイ」와 같이 사용되는 예문을 보자.

(48) 「分かったら、とっとと行け!」
「へい!」
と元のほうが慌てて部屋を出て行こうとしたが、一方の剛のほうが
さっぱり動かない。
「おい、剛、行くんだ。さ、早くしろよ」(セーラー)

("알았으면 얼른 가!"

"네!"

하고 元쪽이 황급히 방을 나가려고 했으나, 剛쪽은 전혀 움직이지
않는다.

"어이 剛, 가는 거야. 자, 빨리해.")

(49) 杉山は、拳銃を、妹尾へ向けた。

「克子、お前のためにしてやれることが、あと一つ、ある……」

妹尾が青ざめた。

「おい! 克子、やめさせろ! 銃をとり上げるんだ!」(哀しい)

(杉山는 권총을 妹尾에게 겨눴다.

"克子, 너를 위해 해 줄 수 있는 일이 하나 더 있다..."

妹尾가 창백해졌다.

"어이! 克子, 그만두게 해! 총을 빼앗아!")

(50) 野々宮は、少し和やかな顔になって、

「おい、亜紀。よく奥さんにお礼を言うんだぞ」

亜紀が、加奈子に向かって頭を下げる。(いつも)

(野々宮는 약간 누그러진 얼굴로,

"이봐, 亜紀. 사모님께 인사 잘 해라."

亜紀가 加奈子를 향해 머리를 숙인다.)

(51) 「真弓、早く逃げるんだ」石川は妻に向かって叫んだ。(旧軽井沢:349)

("真弓, 빨리 도망치는 거야." 石川는 아내를 향해 소리쳤다.)

(48)(49)(50)은 청자의 주의를 환기시키는 호격「オイ」가「ノダ」와 같
이 사용된 예문인데 실제로는 동작주인 상대방의 이름도 같이 사용하고
있다. (51)의 경우는 호격은 나타나지 않지만 동작주의 이름과 같이「ノ
ダ」가 사용되어 명령의 용법임을 시사하고 있다.

다음은 상대방에게 권유할 때 함께 쓰이는「サア」와「ノダ」가 같이 쓰인 예문들이다.

(52) 「かこまりました」
男は頭をさげて引きさがった。副組長は俺のほうを向き、
「さあ、吐くんだな。どうしてハンコ屋などと出鱈目を言った。貴様の指は、どう見てもハンコ屋のものじゃないな」(雇われ探偵)
("알겠습니다."
남자는 고개를 숙이고 물러났다. 부조합장은 나를 향해,
"자, 실토해라. 어쩌다가 도장 가게 같은 허튼소리를 했느냐. 네놈의 손가락은 아무리 봐도 도장 가게를 할 것 같지는 않구나.")

(53) 「手帳は?」と、下倉が訊く。
「手帳はどこにある?」知るもんですか!
「さあ、言うんだ!」と、高木の顔が迫って来る。(いつも)
("수첩은?"라고, 下倉가 묻는다.
"수첩은 어디 있어?" 알게 뭡니까!
"자, 말해!"라며, 高木의 얼굴이 다가온다.)

(54) 小屋の中は、ガランとして、暗かった。天堂は床へかがみ込むと、鉄の環を引っ張った。床の一部が扉のようになっていて、そこがポッカリと開ける。
「地下への階段だ。さあ、おりて行くんだよ」(青春)
(작은 집 안은 휑하고 어두웠다. 天堂은 마루에 몸을 웅크리더니 쇠고리를 잡아당겼다. 마룻바닥 일부가 문처럼 되어서 문이 쩍하고 열린다.
"지하로 가는 계단이다. 자, 내려가.")

(55) 「じっとしてろ! 本当に撃つぞ!」
「こいつ……」と銃口など目に入らない周平を、智生が押し止めた。

「おい、やめろ、本当に撃つ気だぞ!」

「そうとも。さあ、どいてるんだ!」

黒木は拳銃を構えながら、手をのばして国産のローションのびんを取った。

「畜生! 散々手間を取らせやがって! おい、死にたくなけりゃそこをどくんだ」(セーラー)

("가만 있어! 진짜 쏜다."

"이 자식..."하고 총구 따위는 눈에 들어오지 않는 周平를, 智生가 막았다.

"야, 그만둬. 진짜 쏠 생각이야!"

"그렇고말고. 자, 비켜!"

黒木는 권총을 쥐고 쏠 자세를 취하며 손을 뻗어 국산 로션 병을 잡는다.

"빌어먹을! 괜히 헛수고하게 만들고 말이야! 어이, 죽고 싶지 않으면 거기서 비켜!")

(56) ハンドルを握る助手は手を震わせていた。

「さあ、三年前のことを想い出すんだ―」

俺は拳銃で威嚇しながら質問していった。(雇われ探偵)

(핸들을 쥔 조수는 손을 떨고 있었다.

"자, 3년 전의 일을 생각해 내."

나는 권총으로 위협하며 질문해갔다.)

상기 예문들에서 확인할 수 있듯이 <명령의 구조>라는 담화적 조건 속에서 청자의 동작이나 행동을 재촉하는 「サア」가 명시적으로 나타나 「ノダ」가 명령의 의미에 가깝다는 사실을 시사한다. 물론 상대방의 주의를 환기시키는 용법으로서의 「オイ, サア」는 둘 다 명령형에 의한 전형적인

명령문과도 자연스럽게 공기(共起)한다.

　다음은 소설을 쓴 작가가 「ノダ」를 동작 실행을 요구하는 명령의 의미
로 사용하고 있다는 사실을 지문을 통해 알 수 있는 예문들이다.

(57) 「ハッタリはよしな。さあ、歩くんだ」
　　　幹部の一人が命令した。その部屋を出ると、薄暗い廊下がつながっ
　　　ていた。(雇われ探偵)
　　　("허세 부리지 말고, 자 걸어라."
　　　한 간부가 명령했다. 그 방을 나서자 어둑어둑한 복도가 이어져
　　　있었다.)

(58) 「脱出しよう。相手にならずに一塊りになって走るんだ」
　　　那須は指示した。一行は間合いをはかって、一斉に車外に飛び出し
　　　た。(花の骸)
　　　("탈출하자. 상대하지 말고 한 팀이 되어 달려라."
　　　那須는 지시했다. 일행은 틈을 보아 일제히 차 밖으로 뛰어나갔
　　　다.)

(59) 「よし、立て。立って金庫に向かって手をつくんだ」
　　　俺の背後の大きな金庫を顎で示しながら、右側の男が命じた。

　　　　　　　　　　　　　　　　　　　　　　　　　　　　(雇われ探偵)

　　　("좋아, 일어나. 일어나서 금고에 손을 짚어."
　　　내 등 뒤의 거대한 금고를 턱으로 가리키며, 우측의 남자가 명했
　　　다.)

(60) 「君島、車からカメラを取ってこい。ついでに応援を頼むんだ」
　　　「はい」部下に指示をしてから、田丸警部はぶら下がっている死体を
　　　見上げながら、その周りをぐるりと回った。(旧軽井沢)
　　　("君島, 차에서 카메라 좀 가져와. 그러는 김에 응원을 부탁해."

"네." 부하에게 지시하고 나서, 田丸경부는 매달려 있는 사체를 올려다보면서 그 주위를 빙 돌았다.)

(61) 「よし、この辺に停めろ」若者は命じた。

「持っている金を全部出せ」大矢が財布をさし出すと、中身を素早く調べてから、若者は満足したようにうなずき、朝美の方へ視線を転じて、

「<u>あんたも出すんだ</u>」(異端者)

("좋아 이 근처에서 멈춰." 청년이 명령했다.

"가지고 있는 돈 전부 꺼내." 大矢가 지갑을 꺼내자, 안을 빠르게 확인하고서 청년은 만족했다는 듯이 끄덕이며 朝美쪽으로 시선을 돌려,

"너도 꺼내.")

위 예문에서 알 수 있듯이 저자는 의식과 무의식과는 상관없이 「命令する、指示する」라는 지문으로부터 「ノダ」를 명령의 의미로 사용하고 있는 것이다. 물론 예문과 같이 「わめく、言う、叫ぶ」와 의미도 보인다.

(62) 「僕はなにも雅信を折檻しようと気はない。<u>じゃが、奴を見つけたら首に縄をつけてでも連れてくるんだ</u>!」榊原はわめいた。(雇われ探偵)

("나는 추호도 雅信를 꾸짖을 마음은 없어. 그렇지만, 녀석을 발견하면 목에 밧줄을 걸어서라도 데리고 와라!" 榊原는 소리쳤다.)

(63) 「別にバカなことでもないだろう。おれだって高校時代、同じ電車の中で会う女学生が好きになって、思い切ってラブレターを渡したことがあるよ」

「そんなんじゃない」と、三田村は怒ったようにいった。

「<u>つまらないことをいい合ってないで、犯人の遺留品がないかどう</u>

か、調べるんだ!」と、亀井が二人を叱りつけるようにいった。

(十津川)

("딱히 바보 같은 짓도 아니잖아. 나 또한 고등학교 시절, 같은 지
하철 안에서 만난 여학생이 좋아져서, 큰맘 먹고 러브레터를 전해
준 적이 있어."

"그런 게 아냐."라고 三田村는 화내듯이 말했다.

"쓸데없는 소리 하지 말고 범인의 유류품이 없는지 알아봐!"하고,
亀井가 두 사람을 야단치듯이 말했다.)

(64) 村瀬は、燃える背広を必死で脱ごうともがいていた。

「転がれ!」走りながら、杉山はそう叫んだ。

<u>「転がって消すんだ!」</u>(哀しい)

(村瀬는 불타는 양복을 필사적으로 벗으려고 몸부림치고 있었다.

"굴러!" 달리면서 杉山는 그렇게 외쳤다.

"뒹굴러 꺼!")

이상, 「ノダ」가 대화문에서 명령의 용법으로 사용되는 문법적인 근거
가 되는 호격과의 공기하는 예문들을 검토하였다.

다음은 문법화의 정도에 대하여 검토해 보자.

4.3. 문법화

「ノダ」가 대화문에서 명령의 용법으로 사용되면서 정도의 차이는 있
지만 형식화가 진행되고 있는 것으로 보이는 몇 가지 점을 지적하기로 한다.

첫 번째로는 「のだ」가 명령의 용법에서는 「んだ」로 형식화, 문법화가
진행되고 있다는 것이다. 일반적으로 「のだ」는 「のだ、のです、んだ、

んです」 등의 변이형을 대표하여 표시한 것이다. 설명의 용법에서는 이들 변이형이 모두 나타나지만, 명령의 용법에서는 그렇지 않고 「んだ」로 형식화된다는 것이다. 하지만, 정중체인 「です」와 접속된 형식인 「んです」의 예문이 전혀 없는 것은 아니다. 다음 예문을 보자.

(65) 久保は包丁を投げ出すと、うずくまっている衣子へと駆け寄った。
「しっかりして!」
ネクタイを外すと、食い込んだ跡が痛々しく残っている。久保は必死に衣子を揺さぶった。
「しっかりするんです! 奥さん!」(昼下がり)
(久保는 부엌칼을 내던지고는, 웅크리고 있는 衣子에게 달려갔다.
"정신 차려!"
넥타이를 풀자 파고든 자국이 애처롭게 남아 있다. 久保는 필사적으로 衣子를 흔들었다.
"정신 차리세요! 사모님!")

(66) 「とにかく、早く片付けてください! 遺体を発見したときにこの部屋になかったものは、全部撤去するんです!」(鍵)
("어쨌든 빨리 정리하세요! 시신을 발견했을 때 이 방에 없었던 것은 전부 철거합니다!")

정중체가 명령의 「ノダ」에 잘 안 쓰이는 것은 <명령>이라는 행위가 주로 사회적으로 지위가 높은 화자가 자기보다 아랫사람인 청자와의 사이에 일어나는 언어적 행동이라는 점을 생각하면 당연한 결과인지도 모른다.

두 번째로는 긍정형인 「ノダ」보다 다음과 같이 부정형인 「ンジャナイ」

가 보다 형식화가 진행되고 있는 것 같다. 예문을 먼저 보기로 하자.

(67) 「おい!」と佐久間は武を怒鳴りつけて、

「失礼なこと言うんじゃねえ! 早く中へ案内しろ! <u>お茶を淹れるんだ!</u>」

「あ、あの……僕らは別に……」(セーラー)

("야!" 하고 佐久間는 武에게 호통치며,

"실례되는 소리 하지 마! 어서 안으로 안내해! 차를 내와!"

"아, 저기... 우린 별로...")

(68) 「気安く手を動かしたらブッ放す。<u>動くんじゃない</u>……よし、そのナ
ンバープレートのカラクリとやらを聞かせてくれたら命を助けてや
ろうじゃないか。」(雇われ探偵)

("멋대로 손을 움직이면 죽인다. 움직이지 마라... 좋아, 그 번호판
장치인지 뭔지를 알려주면 목숨은 살려주도록 하지.")

(69) 「そんなことよりいいのかよ」

「何が?」

「何がって。あんた、クビになるよ」

「俺の事心配してくれてんの? だよな、実は君達以外といい子が多い
んだよね」

「<u>チッ、ガキ扱いすんじゃねぇよ</u>」(ラブ)

("그것보다 괜찮은 거야?"

"뭐가?"

"뭐가라니, 너, 잘린다고"

"나를 걱정해주는 거야? 그렇네, 사실은 너네들 의외로 좋은 애가
많네."

"쳇, 아이 취급하지 마.")

(70) 助手席の窓がノックされる。はっとして見ると、三田だった。

「やっぱり来ましたね」そう言って勝手に乗り組んでくる。

「てめえ、脅かすんじゃねえよ」

「ぼくも気になったんですよ。寮にいても落ち着かないし」

(真夜中)

(누군가 조수석 창문을 두드린다. 슬쩍 보니, 三田였다.

"역시 오셨군요" 그렇게 말하며 멋대로 차에 탄다.

"이 자식, 깜짝 놀라게 하지 마."

"저도 신경 쓰였어요. 기숙사에 있어도 진정되지 않고")

(71) しかし、思うように体のきかなくなった老婦人にとっては、若いもの
    たちが自分を追い越したり、よけて行ったりするときに、いかにも
    迷惑そうに顔をしかめて、こっちをにらんで行くのが腹立たしい。
    中には、まともに、「グズグズ歩いてんじゃねえよ」とまで、言って
    行くものがいる。(十字路)

    (그러나 뜻대로 몸이 잘 움직이지 않게 된 노부인에게 있어서, 젊
    은이들이 자신을 추월하거나, 비켜가거나 할 때 정말이지 성가신
    듯이 얼굴을 찡그리며 이쪽을 노려보고 가는 것이 화가 난다. 그
    중에는 정면으로 "꾸물꾸물 걷지 좀 마."라는 말까지 하고 가는
    사람도 있다.)

(72) 誰かが俺の尻を蹴っとばし、俺は意気地なく膝をついた。

    「甘えるんじゃねえや。立てと言ったら立つんだ」(雇われ探偵)

    (누군가가 내 엉덩이를 걷어찼고 난 맥없이 무릎을 꿇었다.

    "응석 부리지 마. 일어서라고 하면 일어서.")

(73) 「どうやら自分の立場がわかったらしいな。わかったら、あんたが親
    の傘の下でいいおもいをしていられるのはおれのおかげだとおも
    え。そのことを一分一秒でも忘れるんじゃねえぞ」(異端者)

    ("아무래도 자기의 입장을 알게 된 것 같네. 알았다면 너가 부모
    의 품속에서 행복한 생활을 영위할 수 있는 건 내 덕이라고 생각
    해. 그것을 일분일초라도 까먹지 말라고.")

제2부 본론 239

(74) 「殺しはしない。俺の命令にしたがいさえすればな。<u>だから、馬鹿な</u>
<u>真似をしようなんて気を起こすんじゃないぜ</u>」(雇われ探偵)

(“죽이진 않아. 내 명령에 따르기만 하면. 그러니 바보 같은 짓을
하려는 생각은 하지 마.”)

이들은 부정명령인 금지의 의미를 실현하고 있는데, 앞의 두 예문은
종조사가 접속이 안 된 예문이고 나머지 예문에서는 「よ、や、ぞ、ぜ」
등의 종조사가 나타난 예문이다. 명령의 의미로서 금지는 이미 실현된
동작에 대한 제지적 명령과 아직 미실현 사태에 대한 예방적 명령이 있
는데 「ンジャナイ」은 두 용법 모두 가능하다.

세 번째로 「ノダ」가 형식화된 것으로서는 다음과 같은 「ンダナ」의 예
문이 있다.

(75) 「きさまいったい何者だ」

「<u>言葉遣いに注意するんだな</u>。おれにそんな口をきいた義理かよ。一
言おれがしゃべれば、あんたは破滅するんだぜ」(異端者)

(“네 이놈, 도대체 뭐 하는 놈이냐.”

“말투에 주의해라. 나한테 그런 말 할 상황이냐. 내가 한마디만 하
면 너는 파멸이라고.”)

(76) 「俺、よく分かったよ……一五年前、森田貴美子を殺した犯人の気持
が」

「……誰なんだ」

「<u>せいぜい頭働かせて、考えるんだな</u>」(眠れる)

(“나, 잘 알았어… 15년전, 森田貴美子를 살해한 범인의 기분을.”

“….누구야.”

“열심히 머리를 굴려서 생각해 봐.”)

(77) 「馬鹿も休み休み言いたまえ。<u>慈善事業がしたかったら、会社へなど</u>
    <u>入らずに救世軍へでも行くんだな</u>」(不良社員)

    ("바보 같은 소리 작작 해라. 자선사업이 하고 싶은 거면 회사 같
    은데 들어가지 말고, 구세군에라도 가라.")

(78) カプセルが育子の目の前に置かれる。育子は、バックからティッシュ
    ペーパーを出して、その中にカプセルをくるんだ。
    「<u>じゃ、大事に持ってるんだね</u>」と、男はニヤリと笑った。

    (やり過ごし)

    (캡슐이 育子의 눈앞에 놓인다. 育子는 가방에서 휴지를 꺼내 그
    안에 캡슐을 감쌌다.
    "그럼, 조심히 가지고 있으렴."하고, 남자는 빙긋 웃었다.)

(79) 神崎は、諦めたように、
    「もう行っていい。<u>今度は、妙な所をうろつかないで帰るんだぞ</u>」
    「うろつきたくても、お金、ないもん」(卒業)

    (神崎는 체념한 듯
    "이제 가도 된다. 이번에는 이상한 곳 어슬렁거리지 말고 돌아가
    라."
    "어슬렁거리고 싶어도 돈이 없는걸.")

(80) 小松は、どうにも落ちつかなかった。鬼沢からポンと肩を叩かれて、
    「いいか! <u>よく見張るんだぞ</u>」と言われて来たのだが……。

    (やり過ごし)

    (小松는 도저히 진정되지 않았다. 鬼沢가 툭 하고 어깨를 두드리며,
    "알겠나! 잘 감시 해!" 라는 말을 듣고 왔건만...)

상기 예문에서 확인할 수 있듯이 「ンダナ」형식 이외에 다른 종조사가
접속된 「ンダネ、ンダゾ」 등도 보인다. 명령의 용법인 「ンダ」와 차이점

중 하나로는 이들은 모두 긴박한 상황에서 쓰이는 형식은 아닌 것 같다. 또한 순수한 명령의 의미에서 벗어나 조언이나 주의하는 것 같은 뉘앙스도 느껴진다.

이상, 세 가지 관점에서「のだ」가 명령의 용법에서는「ンダ」로 형식화, 문법화가 진행되고 있는 모습을 살펴보았다. 이 형식이 정말로 문법화 경로의 궤도에 진입했는가 하는 문제도 포함하여 금후 점차적으로 변화해가는 명령의「のだ」용법의 실태를 주시해 볼 필요가 있다.

4.4. 명령형 명령문과의 차이

다음으로, 만약 명령 용법의「のだ」를 인정한다면 그 다음 단계로 명령형에 의한 명령문과의 이 명령의「のだ」와의 차이점은 무엇인가 하는 것이 문제가 된다. 우선 예문을 보자.

(81) えぐられて凹んでいる「緊急退避所」と書かれた場所があった。そこへ
逃げ込めばいいようだ。距離はたぶん三メートル。その三メートル
が無限のようだった。
「立て、早く立つんだ」(終電)
(도려내고 움푹 판「긴급 대피소」라고 써진 장소가 있었다. 그리로
도망가면 될 것 같다. 거리는 아마 3미터. 그 3미터가 무한한 것
같았다.
"일어나, 빨리 일어나.")
(82) 「お―、働いています働いています、まるで失恋の痛手を仕事で誤魔
化すかのように」

「―」

「働け働け、働くんだ、永尾完治!」

「―」

「フラれちまった悲しみを、破れたハートを、エネルギーにして働くんだ」(東京ラブ)

("오- 일하고 있습니다. 일하고 있습니다. 마치 실연의 상처를 일로 승화시키려는 듯이."

"―"

"일해라 일해, 일하는 거야. 永尾完治!"

"―"

"차여버린 슬픔을, 부서진 마음을, 에너지로 일하는 거야.")

(83) 「……分からない。覚えてないわ」と呟いた。

拓殖は唇をかんだ。あと一歩なのに!額にいつの間にか汗が浮いている。綾子は全身で息をつくと、「疲れたわ……眠りたい」と横になりかけた。

自分で気付かない内に、拓殖は綾子の腕を荒々しくつかんでいた。

「思い出すんだ! よく考えろ!」(さびしがり屋)

("...모르겠다. 기억이 나지 않아."하고 중얼거렸다.

拓殖은 입술을 깨물었다. 앞으로 한 걸음이거늘! 이마에 어느샌가 땀이 흥건하다. 綾子는 온몸으로 크게 숨쉬며, "지쳤어... 자고 싶어."하고 누우려 했다.

자기도 모르는 새에 拓殖는 綾子의 팔을 몹시 거칠게 잡고 있었다.

"기억해 봐! 잘 생각해봐!")

위 예문에서 「のだ」의 명령 용법은 명령형의 뒤에 위치한 것을 알 수 있다. 이 두 명령 용법의 순서를 바꾸면 「#立つんだ、立て」「#働くん

だ、働け」와 같이 약간 부자연스러운 문장이 되는데, 전후 문맥을 고려하면 원문의 순서가 역시 자연스럽다. 이 이유에 대해서는 田野村(1990:25)에서 이미 지적된 바가 있는데, 거기에서는 「とすれば、聞き手が話し手の要求をすでに承知している状況こそ、「のだ」が命令に用いられやすいことになる(그렇다면, 청자가 화자의 요구를 이미 알고 있는 상황에서 「のだ」가 명령의 의미로 사용되기 쉽다는 것이 된다.)」와 같이 설명하고 있다.

하지만 (82)에서는 같은 동사는 아니지만 「思い出すんだ! よく考えろ!」와 같이 「のだ」에 의한 명령문이 선행되는 예문도 보인다. 이와 같은 현상과 이유에 대해서는 잠시 보류하기로 하고, 상기 예문들과 유사하게 명령의 의미를 실현하고 있는 「のだ」예문을 조금 더 살펴보기로 하자.

(84) 「きみの部屋から直接行ってはいけない。まずタクシーに乗れ。そして何度か乗り換えるんだ。途中大きなホテルに入って、エレベーターを上下しろ」(異端者)

("네 방에서 직접 가서는 안 돼. 우선 택시를 타. 그리고 몇 번 환승해. 도중에 큰 호텔에 들어가서 엘리베이터를 오르내려.")

(85) 圭子は青ざめた。

「―下りろ。ここを出るんだ」圭子は、先に立って、階段を下りた。スナックの狭い店内を通って、表に出る。

「いいか、妙なまねすると、命はないからな!」と、岩井は言った。

「歩くんだ」(青春)

(圭子는 창백해졌다.

"-내려가. 여기를 나가는 거야." 圭子는 앞장서서 계단을 내려갔다. 좁은 제과점 안을 지나, 밖으로 나간다.

"알겠나, 수상한 짓 하면 죽은 목숨이야!"하고 岩井는 말했다.

"걸어가."）

(86) 「あなた!」幸江が悲鳴を上げる。

「早く逃げるんだ!」

親子三人、玄関へ辿りつくと、転がるように外へ飛び出した。いつの間にかサンダルを引っかけていたのが、不思議なくらいだった。

「ともかく一家から離れるんだ!」(卒業)

（"당신!" 幸江가 비명을 지른다.

"빨리 도망쳐!"

부모 자식 3명이 현관에 다다르자, 구르듯 밖으로 뛰쳐나갔다. 어느새 샌들을 신은 건지 신기할 정도였다.

"어쨌든 집에서 벗어나!"）

(87) 天堂が英子に注射器の針を突き立てようとしているのを見ると、ギョッとして立ちすくんだ。

「近寄るな!」天堂が怒鳴った。

「この娘の命を助けたかったら、みんな離れるんだ」(青春)

（天堂가 英子에게 주사기 바늘을 꽂으려 하는 것을 보고서, 깜짝 놀라 꼼짝 못했다.

"가까이 오지 마!" 天堂가 소리쳤다.

"이 아이의 목숨을 구하고 싶다면, 모두 떨어져."）

(88) 「また放り投げられたいのか?」

「い、いやだよ!」

「じゃさっさと立て! 下の車へ行くんだ! 早くしろ!」(セーラー)

（"또 내동댕이 쳐지고 싶은 거냐?"

"시, 싫어!"

"그럼 빨리 일어서! 밑에 있는 차로 가! 빨리 해!"）

(89) 「ど、どこへ行くの?」

「黙ってついて来りゃいいんだ」男は促した。

「歩け。エレベーターへ行くんだ」逆らっても仕方がない。

(ハム下)

("어, 어디로 가는 거야?"

"입 다물고 따라오면 돼." 남자는 재촉했다.

"걸어. 엘리베이터로 가." 거역해봤자 소용이 없다.)

실제 예문에서는 위와 같이 [명령형+「のだ」 명령문]만 나타나는 것이 아니라 명령형 대신에 부정명령문이나 금지 등도 나타나기 때문에, [명령형/부정명령문「のだ」 명령문+「のだ」 명령문과 같이 요약할 수 있다.

또한 선행문은 같은 동사의 명령형에서 벗어나 (84)부터 (89)와 같이 유사한 동사가 사용되는 경우도 다수 관찰된다.

다음 예문들은 평서문을 선행문으로 하는 경우이다.

(90) 「あなた!」衣子は夫の胸へ飛び込んで行った。

「大丈夫だよ。……もう安心するんだ」明石は衣子を抱いて、そっと言った。(昼下がり)

("여보!" 衣子는 남편의 가슴에 달려들었다.

"괜찮아…. 이제 안심해." 明石는 衣子를 껴안고서 나직이 말했다.)

(91) 「動くと死ぬぞ。じっとしているんだ」

悪夢だわ……これは……まさか現実じゃない……。(セーラー)

("움직이면 죽어. 가만히 있어."

악몽이야… 이건… 절대로 현실이 아니야….)

(92) 「上がらなくていい。ホームの下に逃げ込むんだ」ホームの下?

やっとその頃になって事態を飲み込んだ。自分はホームから線路に転落したのだ。(終電)

("안 올라가도 돼. 승강장 밑으로 도망가." 승강장 밑?

그제서야 겨우 상황을 이해했다. 나는 승강장에서 선로로 추락한 것이다.)

(93) 男は、「まだだ」と、いった。

「あと五百万ばかり、入れるんだ」

浜田は、仕方なくいわれるままに、五百万円を入れると、男は、ボストンバックを、抱えて、

「今から、五分間、そのままにしているんだ。さもないと、容赦なく、殺すぞ!」(EF)

(남자는 "아직이다."라고 말했다.

"앞으로 5백만 정도 넣어라."

浜田가 하는 수 없이 시키는 대로 500만엔을 넣자, 남자는 짐가방을 안고서,

"지금부터 5분간 그대로 있어라. 그렇지 않으면 가차 없이 죽인다!")

(94) 「おかしいって、なぜですか?やたらに、開けるというのは、まずいですよ」

と、専務車掌がいう。

清水は、いらいらして来て、

「僕は、捜査一課の刑事だ。早くあけるんだ!」

と、怒鳴った。(EF)

("이상하다니 어째서요? 무턱대고 여는 것은 위험해요"

라고 여객전무가 말한다.

清水는 초조한 듯이 다가와서,

"나는 수사 1과의 형사다! 빨리 열어라!"

하고 소리쳤다.)

(95) 「せいぜい頑張っているけれど、とてもしつこいの。もちこたえられそうもないわ」

「それをもちこたえるんだ。ぼくはかかわり合いになるのはごめんだ
ね」(異端者)
("힘껏 노력하고 있지만, 너무 끈질겨요. 견딜 수 있을 것 같지 않
아요."
"그래도 견디어라. 난 말려들게 되는 것은 질색이야.")

이상의 예문을 검토해 보면 선행연구의 지적대로 「명령형＋「のだ」명
령문」과 같이 단순히 생각할 수 없다. 「のだ」명령문에 선행하는 문장은
명령형은 하나의 유형에 불과하기 때문에, 문제가 되는 언어 현상의 일
반화로는 「선행문＋「のだ」명령문」으로 생각하는 것이 적절할 것 같다.

따라서 명령형 명령문과 「のだ」명령문과의 중요한 차이점도 여기에
있다고 생각된다. 즉, 「のだ」명령문의 경우는 선행문과의 관련성이 있다
는 점이다. 그러면 그 이유는 역시 「のだ」형식에 내재되어 있는 문법적
인 특성에 의한 것이라고 추측된다. 즉, 「のだ」명령문은 설명 용법의 「の
だ」와 같이 <기술문-설명문>이라는 <설명의 구조>에서 일탈된 용법이
지만, 기술문이 아니라 선행문이라는 존재는 아직 없어지지 않았다.라는
것이다.

5. 나오기

이상, 본서에서는 대화문에 나타나는 소위 명령의 「のだ」를 대상으로
하여 그 문법적인 의미와 특징을 고찰했다. 중요한 논점을 요약하면 다
음과 같다.

먼저 대화문에서 사용되는「のだ」를 대상으로 전통문법에 따른 문장의 유형과 순서바꾸기(turn-taking)현상이 일어나는지에 대한 유무에 따라서,「의문문＋평서문」「평서문＋평서문」「명령문＋평서문」「의뢰문＋평서문」「권유문＋평서문」등 5분류하였다.

두 번째로 이러한「のだ」들을 담화구조 중 ＜설명의 구조＞라는 관점과「のだ」의 기능이라는 관점에서 전형적인 용법으로 보고, ＜설명의 구조＞와 설명의 기능을 상실한「のだ」즉, ＜명령＞과 ＜감탄＞의 용법을 비전형적인 용법으로 구별하였다.

세 번째로는 명령의「のだ」용법을 대상으로 하여,

1) 담화구조의 이행(설명에서 명령의 구조),

2) 감동사(オイ、サア)와 공기,

3) 문법화,

4) 명령형 명령문과 차이,

등의 관점에서 그 문법적인 의미와 특징에 대하여 고찰하였다.

하지만 여기서 논의를 하지 못한 문제들도 많이 남아 있다. 특히 대화문에서 보이는「のだ」의 비전형적인 용법 중, ＜감탄＞의 의미를 실현하는「のだ」용법에 대해서는 전혀 언급하지 못했다. 모두 금후의 과제로 하지 않으면 안 된다.

8

「ノダ」와 〈-ㄴ 것이다〉

제8장

「ノダ」와 <-ㄴ 것이다>

1. 들어가기

문장체 텍스트에서 의미적인 결속성에 관여하는 대표적인 문법적인 장치는 접속사나 지시사, 시제와 상(aspect)과 같은 수단들이 일반적으로 알려져 있다. 하지만 한국어의 문말 표현 중 하나인 다음과 같은 <-ㄴ 것이다> 구문도 이러한 텍스트 결속성과 유사한 기능이 보이는 것 같다.

(1) 밖에서 문을 여닫는 소리가 들려왔다. 순범은 다시 긴장했으나 밖은 곧 잠잠해졌다. 외출에서 돌아온 투숙객인 듯 했다. 얼마나 시간이 흘렀을까? 테이블에서 잠이 들었던 순범은 흠칫 놀라 잠이 깼다. 또 밖에서 문을 여닫는 소리가 들려왔던 것이다.(무궁화2)

(2) 당나라의 시성(詩聖)이라고 불렸던 시인 두보(杜甫)는 "관 두껑을 덮고서야 일이 정해진다"고 썼다. 죽어서야 그 인물의 업적이 결정된

다는 것이다.(은교)

  상기 예문(1)은 선행문(테이블에서 잠이 들었던 순범은 흠칫 놀라 잠이 깼다.)과
후행문(또 밖에서 문을 여닫는 소리가 들려왔다.)과의 의미를 「결과—원인」의
인과관계에 의해 연결되고 <-ㄴ 것이다>는 이러한 문장 간의 논리적인
의미를 명시적으로 나타내고 있다고 할 수 있다. 한편 (2)는 후행문(죽어
서야 그 인물의 업적이 결정된다.)이 선행문(관 두껑을 덮고서야 일이 정해진다.)의
의미를 보다 상세히 보충하여 설명해 주는 역할을 하고 있고, <-ㄴ 것
이다>가 이러한 논리관계를 유표(有標)적으로 나타내고 있다고 보여진다.
  이하 본서에서는 현대 한국어의 <-ㄴ 것이다>[1] 구문을 대상으로 하
여 텍스트 결속성,[2] 시간적 한정성, 설명의 구조, 이중판단, 접속조사 등
의 관점에서 고찰하기로 한다. 또한 실제 소설에서 사용되고 있는 예문
을 대상으로 하는 실증적인 방법론에 의거하여 그 의미와 기능적인 특징
을 고찰하여 <-ㄴ 것이다>의 의미와 기능의 본질 규명에 일조하기로
한다.

---

1) 필자가 대상으로 하는 <-ㄴ 것이다>는 문법화가 진행되어 하나의 문형표현화가 이루어
   진 것으로 신선경(1993)의 <것이다2>에 해당하는 용법이다. 또한 박소영(2001) 등에서도
   지적한 대로 아래와 같은 <-ㄴ 것이다>구문은 의미상 이질적인 면이 있기 때문에 논의
   의 대상에서 제외하기로 한다.
   가. 그의 말에 의하면, 알마아타에 살던 그녀 네가 키르기즈스탄으로 간 것은 벌써 몇 달
      이나 되었다는 것이었다. (박소영(2001:136))
   한편 구문적으로는 <-는 것이><-는 것도> 등 비종결형의 용법도 본 논의에서 제외하
   기로 하고 기본적으로 종결형 용법만을 대상으로 한다. <-ㄴ 것이다>로 대표되는 것 중
   에는 <-던 것이다>, <-ㄴ 것이었다> 등의 과거형도 있지만 본서에서는 문장체 텍스트
   를 주된 대상으로 하고 있기 때문에 시제 문제는 잠시 유보하기로 한다.
2) 고영근(1995)(1999), 박소영(2001)에서는 응결성과 응집성이라는 용어가 보이고 박영순
   (2004)에서는 결속성(bindingness, cohesion)과 응집성(semantic coherence)을 구별하여 사용
   하고 있다. 본서에서는 편의상 후자의 입장을 따르기로 한다.

2. 선행연구

그동안 의존명사 '것'과 지정사 '이다'로 형태가 분석되지만 하나의 문법적인 형태로 문법화된 <-ㄴ 것이다>에 관한 연구는 다각적인 관점에서 이루어져 이미 적지 않은 연구 성과의 축적이 있다. 예를 들면 역사적 연구로 김언주(1996), 통사적 연구로는 신성경(1993), 의미·화용·담화적인 관점에서는 강소영(2004), 박나리(2012), 김종복·이승한·김경민(2008), 텍스트 기능론적인 연구로는 박소영(2001), 안인경·강병창(2009), 장경현(2010), 한국어 교육적 측면에서는 장미라(2008), 조인정(2011) 등을 들 수 있다.

이하에서는 중요한 선행연구와 <-ㄴ 것이다>의 형태 분석, 그리고 통사적인 특징 등도 소개해야 하지만 필자의 준비 부족과 지면 문제도 있어 본서의 논의와 깊은 관련이 있는 텍스트 기능론적인 연구에 한정시켜서 간략히 검토한 후, 문제점과 남겨진 과제를 살펴보기로 한다.

2.1. 박소영(2001)

박소영(2001)은 <-은 것이다>의 기능을 개별 문장 안에서 논의하는 것은 무의미하며 텍스트 안에서 그 형태가 실현되는 명제와 다른 명제 간에 성립되는 관계를 분석해야 비로소 그 기능을 밝힐 수 있다고 하면서 새 정보 초점화, 응결성 장치를 주된 기능으로 보고 아래와 같은 용법을 제시하고 있다.

(3)[3] 류다를 만나고 싶다는 말은 그러나 그 이튿날 아침에도 내 입에서

나올 기회가 없었다. 교육원에서 느닷없이 전화가 걸려와 마침 차편이 있어서 호텔로 보내니 우슈토베라는 곳을 다녀오라고 거의 강권하다시피 했던 것이다. (*했다, *했던 것이리라)(하얀 배:35)

(4) 가령 우즈베키스탄의 수도 타슈켄트에서 극동 러시아의 블라디보스크나 우스리스크 등지로 떠나는 사람이 꽤 있는데, 이는 머나먼 몇만 리의 이역인 것이다. 그러니까 떠난다는 것은 그야말로 죽지못해 살길을 찾아 떠나는 것을 <u>의미하는 것이다</u>.(것이리라)(하얀 배:54)

(5) 그와 동시에 그의 몸이 변하기 시작한다. 더 이상 묘사할 것도 설명할 것도 없다. 그는 조명 속에서 완전히 노출된 채 괴물로 <u>변해 가는 것이다</u>.(얼음:26)

(6) 중앙 아시아에서 러시아의 바이칼로 가는 방법도 상당히 어렵게 되어 있었다. 그래서 비행기에서 그 호수의 한 쪽 자락을 내려다 본 것으로 갈증을 달래야 <u>했던 것이다</u>. (하얀 배:44)

(7) 그런데 [그 그림이 오려져서 스크랩북 속에 끼어 있다가] 십여 년이 지난 최근에 다시 나의 눈앞에 <u>나타난 것이다</u>. 나는 그림을 찬찬히 살펴보며 개똥벌레를 찾아본다. 그러나 여전히 아무 곳에서도 그 곤충은 눈에 띄지 않는다.(얼음:20)

(8) 내가 도망치던 시절은 아득한 유신 시절이었다. 그러나 나는 여전히 그 망령에 <u>쫓기고 있는 것이었다</u>.(하얀 배:56)

(이상, 박소영(2001:140-145))

접속사 등도 참고하면서 예문 번호순으로 (3)은 선행문(류다를 만나고 싶다는 말은 그러나 그 이튿날 아침에도 내 입에서 나올 기회가 없었다.)과 후행문(교육원에서 느닷없이 전화가 걸려와 마침 차편이 있어서 호텔로 보내니 우슈토베라는 곳을

---

3) 인용 부분의 예문 번호는 박소영(2001)의 번호와 달리 일관성을 유지하기 위해 일련번호로 처리하기로 한다.

다녀오라고 거의 강권하다시피 했다.)이 이유라는 의미적인 관계를 갖기 때문에 <-은 것이다>를 응결성 장치가 주된 기능이라는 것이다. 또한 이 두 문장에서 후행문은 초점이 되는 신정보이기 때문에 새 정보 초점화라는 기능을 하는 것으로도 보인다. 같은 방법으로 (4)는 요약, (5)는 부연, (6)은 결과의 용법이고 (7)과 (8)은 기타 용법으로 분류하였다. 단문(單文) 레벨이 아닌 텍스트 레벨에서 <-은 것이다>의 의미와 기능을 규명하려는 의도는 타당하고 적절하다고 보인다. 하지만 용법들의 분류기준이 명시적이지 않고 또한 용법 간의 유기적인 관련성이 보이지 않는 점이 아쉬운 점으로 남는다. 또한 결과라는 용법과 기타로 분류된 용법과 어떠한 차이가 있는지도 의문이 남는다.

2.2. 안인경 · 강병창(2009)

안인경 · 강병창(2009)은 '-ㄴ 것이다'의 텍스트 기능을 수사구조이론[4] (RST)에 의거하여 고찰하고, 기존의 논의와 같이 단순히 '강조'라는 기능만으로는 설명할 수 없는 텍스트기능을 아래와 같이 지적했다.

· <비의도성 이유(NON-VOLITIONAL CAUSE)>

(9) [그는 "유레카"라고 외치며 물 밖으로 뛰쳐나왔다.]←[해결방안을 발견한 것이다.][5]

---

4) 수사구조이론에 대해서 안인경 · 강병창(2009)을 참조.
5) 화살표는 방향에 따라 [핵]←[위성]의 의미이다.

· <상세화(ELABORATION)>

　(10) [어미가 술에 취해 비틀거리며 집에 돌아오자 새끼들이 울며불며
　　　난리를 쳤다.]←[첫째는 뒤로 돌아서서 에미 얼굴 한번 안 쳐다보
　　　고 억장이 무너져라 한숨을 몰아쉬고 있고, 둘째는 에미 오목가슴
　　　을 콩콩 찧어대며 엄마가 이러면 자기들은 누굴 믿고 어떻게 살아
　　　가야 하느냐며 악다구니를 써댔던 것이다.]

· <환언(RESTATEMENT)>

　(11) [그렇지만 스트레스는 질병의 진행에 악영향을 미친다.]←[다시 말
　　　해서 병과 싸우려는 신체의 능력에 부정적인 영향을 주는 것이다.]

· <요약(SUMMARY)>

　(12) [상품과 자본의 흐름은 범지구적으로 자유로운 데 반해, 그 조절과
　　　통제는 개별 민족국가 차원에 국한되어 있다.]←[요컨대 경제가 정
　　　치를 집어삼키고 있는 것이다.]

· <양보(CONCESSION)>

　(13) [저녁상을 물리고 한참 묵묵히 앉아 있던 그는 하룻밤의 잠자리를
　　　청할 줄 알았는데]→[뜻밖에 머슴살이를 부탁하는 것이었다.]

　　　　　　　　　　　　　　　　　　　　　　　　(안인경·강병창(2009:94))

　기존의 논의와 달리 텍스트가 중요도에 따라 핵(nucleus)과 위성(satellite)으

로 나누어지며 인접한 명제들이 논리(수사) 관계에 의해 단편적, 직선적으로 나열되지 않고 귀환적[6](recursive) 방식으로 텍스트가 구성된다는 수사구조이론(RST)에 근거하여 '-ㄴ 것이다'의 기능을 지적한 점은 상당히 흥미롭고 시사적이다.[7]

하지만 이 논의에서도 용법 간의 유기적인 상관성이 보이지 않으며 또한 <양보>라는 용법은 약간 이질적으로 생각된다. 이 용법은 기존 논의에서 사건의 '강조'라는 용법으로 생각해도 되는 것인가 하는 의문점이 남는다.

3. 예비적 논의

본 연구에서는 큰 틀 즉, 거시(macro)적인 관점에서는 기존의 논의 중 안인경·강병창(2009)의 수사구조이론을 받아들여 텍스트 구조를 생각하는 것이 타당하다고 생각된다. 하지만 한편으로는 인접하는 문장을 고찰하는 미시(micro)적인 관점도 필요하다고 생각된다. 이하에서는 미시적인 관점의 본격적인 고찰을 위한 예비적인 논의로 정상철(2014abc)(2015)에서 일본어의 <のだ(NODA)>구문을 고찰할 때 이미 소개한 용어와 개념을 한 번 더 들기로 한다. 이는 한국어 <-은 것이다>구문을 고찰하기 위함으

---

6) 안인경·강병창(2009)에서는 다음과 같이 도식화하고 있다.
  (9) a. ●-●-●-●-●-●-●
    b. [●]-≺[●←-●]-≻[●-→●]⇔[●←-●]]](안인경·강병창(2009:92))
7) 본서와 유사한 입장에서 <-ㄴ 것이다>의 텍스트기능을 강조한 장경현(2010)에서는 선행 행위 설명, 선행 발화 설명, 상황설명, 원칙 설명, 발화 완료, 선행 발화 요약 등의 용법을 지적했다.

로, 《설명의 구조》라는 용어로 두 문장 간의 텍스트 결속성의 문제를 생각해 보고 또한, 시간적한정성이라는 개념도 간단히 소개하기로 한다.

3.1. 설명의 구조와 구성요소

우선 《설명[8]의 구조》란 텍스트 레벨에서 의미적인 결속력을 갖는 「기술문-설명문」의 유기적인 결합 관계를 말한다. 이때 구문적으로 설명대상을 제시하는 선행 문장이 《기술문》[9]이라는 구성요소가 되고, 설명대상에 관하여 설명하는 후속 문장이 《설명문》이라는 구성요소가 된다. 이 두 구성요소는 부분(part)으로서는 상호작용, 또한 동시에 대립하면서 전체(whole)로서는 《설명의 구조》를 구축해 간다. 《설명의 구조》 밖에 있는 선행문과 후행문은 물론 설명의 범주에는 무관심하며 더 이상 이 범주의 구성요소로서 기능하지 않게 된다.[10]

아래 예문에서 확인할 수 있듯이 이러한 설명의 구조는 <-때문이다><-ㄴ 것이다>와 같은 유표형식(marked form)[11]에 의해 명시되기도 하

---

8) 설명에 관한 정의는 기본적으로 정상철(2014b)을 따르기로 한다. 여기서 간단히 부연설명을 하자면 명사술어문을 <주제-평언/해설/설명>이라고 할 때 <설명>이다. 따라서 주제의 속성에 관해서 설명하자면 이러이러하다 등의 <설명>이다.

9) 여기서 기술문과 설명문은 편의적인 용어인데 즉, 발화형태(기술문, 의견문, 지식문)를 의미하는 것이 아니라 설명의 구조에서 선행하는 문장을 기술문, 또 후행하는 문장을 설명문이라고 부르기로 한다. 따라서 본서의 기술문/설명문은 奧田(1990)의 《説明され》文/《説明》の文이나 피설명항/설명항 등의 용어와 같은 의미이다. 이하에서는 기술문을 편의상 <   >로 표시하고 설명문을 <   >로 표시하기로 한다.

10) 텍스트 분석의 이론적인 배경으로는 奧田(1990)(2015), 안인경·강병창(2009) 등을 참조.

11) 설명의 구조에서 설명문을 나타내는 대표적인 유표형식은 <-때문이다><-ㄴ 것이다>이고 다른 문법적 형식적인 표시가 없는 문장이 무표형식의 설명문이 된다.

지만 (15)와 같이 무표형식인 경우도 있다. 후자의 경우 기본적으로 설명문에 시간적한정성이 없는 문장이 온다.

(13) 만약 그의 연주회라면 나는 긴말 없이 따라나섰을 것이다. 하지만 직접 만나는 것은 아무래도 불편했다. 파르티타 사장은 내가 망설이는 것을 이해하지 못했다. 망설였지만 결국 가기로 했다. <u>이유는 역시 그의 연주 때문이었다.</u>(악기)

(14) 강인호의 머릿속으로 안개 자욱한 그 학교의 첫 풍경이 지나갔다. 유리가 과자를 사먹으며 들어오고 청색 고급승용차가 떠나고……<u>그 살육보다 잔인한 현장이 자신이 마주친 첫 장면이었던 것이다.</u>
(도가니)

(15) 내가 수목원으로 온 뒤 어머니는 아버지와 살던 집을 처분했다. <u>대지 팔십 평에 건평 사 십오 평짜리 이층 단독주택이었다.</u> 아버지는 늘 교도소에 갈 준비를 하고 있었는지, 집과 임야 오백여 평을 어머니 이름으로 등기를 해놓았다. 어머니는 아버지의 동의 없이 집을 팔 수 있었다.(숲)

대표적인 기술문은 화자가 직접적인 경험을 통하여 사건을 확인하여 전달하는 동사술어문이 되고, 또한 전형적인 설명문은 사고의 도움을 받아 상상이나 판단으로 확인하여 전달하는 명사술어문과 같은 경우일 것이다. 따라서 기술문과 설명문, 또한 양자의 논리적인 관계는 명제내용이 운동인가 상태인가 특성인가 하는 의미적 타입과도 밀접한 연관이 있다.[12] 물론 [그는 결국 시골로 돌아갔다. 회사에 사표를 낸 것이다.]와 같이 기술문과 설명문 모두가 동사술어문만으로 구성된 경우도 있다. 이

---

12) 명제내용의 일반화와 시간적한정성에 대해서는 奧田(2015), 工藤(2014)도 참조.

경우, <-ㄴ 것이다>가 의무적으로, 만약 생략하면 [그는 결국 시골로 돌아갔다. 회사에 사표를 냈다.]와 같이 사건의 시간적 순서가 다른 별개의 문장이 되어버린다.[13]

이러한 인접한 설명의 구조는 대략 단순구조(기술문+설명문)와 확대구조((기술문+기술문)+설명문, (기술문+설명문)+설명문)와 같은 종류가 있다. 앞의 예문이 단순구조이며 뒤의 예문이 확대구조의 예이다.

(6) 한번은 상급생인 문예반장이 누가 흡연을 했느냐고 우리를 닦달했다. 담배꽁초가 너저분하게 널려있는 날이 종종 있었던 것이다.

(개밥)

(7) 그러므로 「그해 겨울」에서 그려지고 있는 주인공인 '나'의 방황은 덧없이 흘러 다닌다거나 정처없이 돌아다닌다는 뜻의 방황은 아니다. 새로운 것을 구하면 방황하고, 더 큰 것을 찾고자 하는 데에 그 참뜻이 있다. <u>눈에 보이지 않는 '결단'을 감행하고자 방황하는 '나'는 그러한 의미에서 탐색의 주인공이며, 대학을 버리고 고통스러운 방황의 과정을 거쳐, 다시 출발지로 돌아감으로써, 격리→시련→재편입의 절차를 거치고 있는 것이다.</u>(초상)

3.2. 시간적한정성

이미 奧田(1988), 工藤(2002), 정상철(2012) 등에서도 소개한 바와 같이 시간적한정성(temporal localization)이란 문장레벨에서 화자가 구체적인 시간 속에서 액츄얼(actual)하게 일어나고 있는 현실 세계의 일시적인 상황을 묘사

---

13) 여기에 해당되는 것은 후술하는 「결과-원인」의 설명문이 대표적이다.

하는 문장인지, 아니면 현실 세계의 상황 묘사가 아닌 사고에 의해 일반화된 퍼텐셜(potential)한 항상(恒常)적인 판단을 나타내는 문장인가 하는 것이다. 이 개념을 술어문의 종류와 관련해서 말하자면 전자는 기본적으로 동사술어문이 되고 후자는 주로 명사술어문이 된다.[14)

> (1-1) ①밖에서 문을 여닫는 소리가 들려왔다. ②순범은 다시 긴장했으나 밖은 곧 잠잠해졌다. ③외출에서 돌아온 투숙객인 듯했다.

①②는 시간적한정성이 있는 문장이며 ③은 시간적한정성이 없는 문장이 된다. 동사술어문의 전자의 경우는 주로 기술문으로 사용되고 한편 명사술어문의 후자의 경우는 다른 문법 수단 없이도 설명문으로 사용될 수 있다. 언어를 통한 인간의 의사소통에서 <지각하고 체험할 수 있는 특정한 시간 속에서 일어나는 일시적이며 우발적 현상>을 전달하느냐 <사고에 의해 일반화된 항상적인 특징>을 전달하느냐는 매우 중요한 일일 것이다. 이하에서는 이 차이를 시간적한정성의 유무로 구별하기로 하는데 이것은 <-ㄴ 것이다>의 용법에 유기적으로 관여하기 때문이다.

4. <-ㄴ 것이다>의 기능과 하위용법

실제 소설 등에서 수집한 예문을 분석한 결론을 먼저 말하자면 <-ㄴ

---

14) 여기서 기본적이라고 하는 것은 동사술어문이라도 탈시제문이나 가능문 등은 시간적한정성이 없는 문장이 되기 때문이다. 물론 동사성 명사술어문은 시간적한정성이 있으며 보다 상세한 것은 정상철(2012), 奧田(2015), 工藤(2014), Givón(2001) 등을 참조.

것이다>의 본질적인 기능은 <설명>이라고 할 수 있고 그 하위용법으로
는 크게 <인과관계 설명>, <환언관계 설명>, <강조 설명>으로 분류할
수 있다.

이하에서는 구체적인 예문을 대상으로 하위용법에 관하여 개략적인
설명을 하기로 한다. 먼저 예문을 보자.

> (8) 서유진은 링에 오르는 복서처럼 마르고 가는 팔을 휘저으며 씩씩하
> 게 걸어가다가 그 자리에 멈추어섰다. 핸드백을 놓고 내린 것이 떠
> 올라서였다. 그러고 보니 차 열쇠를 뽑아 핸드백에 넣고는 그만 기
> 세좋게 차 문을 잠그고 닫아버린 것이다. (도가니)
>
> (9) 그들이 이수를 찾아온 이유는 단 한 가지였다. 엄마가 가져갈 몫의
> 재산을 어떻게든 줄이려는 것. 이십 년 넘게 같이 살았음에도 그들
> 에게 엄마는 호적만 같을 뿐 동거인 수준도 안 됐던 거다.(신사2)

상기 예문은 둘 다 인과관계에 의한 설명을 나타내는 것이다. 즉, 선행
하는 기술문에 대해서 후행하는 <-ㄴ 것이다>에 의한 설명문이 인과관
계로 이루어진다는 것이다. 따라서 설명문 앞에 '왜냐하면' '그러니(까)'
등의 접속사가 나타나는 경향이 있고, 없는 경우는 보충해서 전후 문장
의 의미를 생각해 볼 수 있다.

인과관계 설명의 하위분류로는 (8)과 같은 [결과-원인]의 관계가 인정
되는 <원인[15]설명문>과 (9)와 같이 [결과-이유]의 관계가 인정되는 <이

---

15) 필자는 실제적 관계를 나타내는 <원인>과 논리적 관계를 나타내는 <이유>를 구별하는
입장이다. 이러한 입장에 근거가 되는 이론적인 배경에는 다음과 같은 것이 있다.
·理由 : 이유는 근거라고도 하며 광의(廣義)로는 사물이 성립하기 위한 <實在的根據>
또는 명제가 주장되기 위한 <論理的根據>를 같이 의미한다. 전자는 사물들의
실제적 관계를 가리키는 것으로 원인과 같은 의미이며 시간적으로 선행하는 사

유설명문>이 있다.[16]

다음은 환언(메타)관계에 의한 설명의 예문이다.

(10) 한번은 바다에 간 일도 있었다. 泰安半島였다. <u>오랫동안 민주화 운동에 투신했던 후배 시인이 죽어 조문 가는 길을 서지우와 은교가 따라나선 것이었다.</u>(은교)

(11) 엄마의 하는 양이 마치 어린아이를 달래는 것 같다.
"안 해."
약이 바짝 오른 할머니가 냅다 공을 팽개처버린다. <u>잠잠한가 싶던 할머니의 응석이 또 시작된 것이다.</u>(이별)

(12) "혈관을 놓치면 다시 지혈이 불가능해요. 그 상태로 병원으로 이송해야 해요."
"뭐?"
강일 씨가 어처구니없다는 듯 물었다. 그리고 두 번째 위기가 찾아왔다. <u>어딘가에서 희미한 열차 소리가 들려오기 시작한 것이었다.</u>(반창꼬)

(13) 연수는 수술실 앞 복도에 쭈그리고 앉아 손가락으로 무수한 동그라미를 그렸다. <u>수술의 성공을 뜻하는 의사들의 오케이 사인을 자신도 모르게 흉내 내고 있는 것이다.</u>(이별)

이 예문들은 모두 선행하는 기술문의 일부분이나 전체의 의미를 <-ㄴ 것이다>를 사용한 설명문에서 다른 말로 바꾸어 상세히 혹은 보충하여

실을 원인, 거기에 후속하는 사실을 결과라고 부른다. 후자는 협의의 이유이며 명제간의 논리적인 관계를 나타내는 것으로 <認識根據>라고도 한다. 그 때 추론상 선행하는 명제를 이유, 후속하는 명제를 귀결(결과)라고 부른다.
(以上, 廣末渡外6人(1988), 번역은 필자)

16) 이러한 하위분류의 기준이나 의미 등에 관해서는 뒤에서 보다 상세한 논의를 참조.

설명하고 있다. 따라서 '바꾸어 말하면', '요컨대'와 같은 접속사가 자주 같이 쓰이는 것이 보인다.

<-ㄴ 것이다>의 환언관계설명의 하위 타입으로서는 (10)(11)과 같이 기술문의 전체의 의미를 대상으로 하는 <전체환언설명문>과 기술문의 일부분을 대상으로 하는 <부분환언설명문>으로 나뉘어진다.

다음은 강조[17]용법이다.

> (14) 하지만 알고 있다. 모든 책임이 나에게 있다는 것을, 강일 씨가 이렇게 된 것도, 그런 강일 씨와 만난 내가 고통스러워하는 것도 그리고 우리가 이별할 수밖에 없는 원인도 <u>나는 처음부터 강일 씨에게 떳떳하지 못한 여자였던 거다.</u>(반창꼬)
>
> (15) 여하튼 나는 석대가 맛보인 그 특이한 단맛에 흠뻑 취했다. 실제로 그날 어둑해서 집으로 돌아가는 내 머릿속에는 그의 엄청난 비밀을 담임선생에게 일러바쳐 무얼 어째 보겠다는 생각 따위는 깨끗이 씻겨지고 없었다. 나는 그의 질서와 왕국이 영원히 지속되기를 믿었고 바랐으며 그 안에서 획득된 나의 남다른 누림도 그러하기를 또한 믿고 바랐다. <u>그런데 그로부터 채 넉 달도 되기 전에 그 믿음과 바람은 허망하게 무너져 버리고 몰락한 석대는 우리들의 세계에서 사라지게 되고 마는 것이었다.</u>(영웅)

상기 예문에서 확인할 수 있듯이, 「나는 처음부터 강일 씨에게 떳떳하지 못한 여자였다.」「그런데 그로부터 채 넉 달도 되기 전에 그 믿음과 바람은 허망하게 무너져 버리고 몰락한 석대는 우리들의 세계에서 사라

---

17) 강조라는 문법 용어는 애매한 점이 적지 않다. 여기에서는 정(2015)에서 정의한 대로 생략이 가능하다는 특징과 제한된 용법에 한정에서 사용하기로 한다.

지게 되고 말았다.」와 같이 강조 용법은 <-ㄴ 것이다>를 생략해도 텍스트의 의미가 크게 달라지지 않는다는 점이 특징적이다.

이러한 강조 용법도 크게 두 가지로 분류할 수 있다. 먼저 (14)와 같이 이미 설명문이 명사술어문으로 선행하는 문장과 의미적인 결속성을 유지하고 있는 경우이다. 이 경우, <-ㄴ 것이다>를 명시적으로 표시하면 선행하는 기술문과 후행하는 설명문을 문법적으로 결속시키는 효과가 나타나 의미적으로 보다 견고한 결속장치가 되어 강조의 효과를 나타내게 된다. 다른 하나는 (15)와 같이 '그런데', '결국', '드디어'와 같은 접속사와 나타나는 경향이 있는데 이 경우는 「기술문＋기술문」과 같은 비설명구조의 텍스트에 화자(혹은 작가)가 강제적으로 <-ㄴ 것이다>를 접속시켜서 「기술문＋설명문」의 설명구조로 텍스트를 변환시키게 된다. 하지만 이것은 의미적인 결속성이 결여된 설명구조가 되기 때문에 후행하는 문장을 부각시켜 강조하는 효과만 남게 되는 것이다.

이상, <-ㄴ 것이다>의 본질적인 기능을 <설명>이라고 보고 그 하위 용법으로 인과관계 설명, 환언관계 설명, 강조 용법 등이 인정되는 점에 대하여 고찰했다.

다음은 기술문과 설명문을 구성하는 문장의 명제내용이나 시간성, 모달리티 등에 대하여 인과관계 설명문에 한정해서 살펴보기로 한다.[18]

---

18) 지면상의 문제도 있고 강조 용법을 예외로 한다면 환언관계 설명보다는 인과관계 설명문이 보다 적절하기 때문이다.

5. 인과관계 설명문의 특징

여기서는 <-ㄴ 것이다>의 용법 중 인과관계 설명문을 대상으로 하여 명제내용의 의미적 타입과 시간성, 그리고 현실성 등의 관점에서 설명문의 특징에 관하여 살펴보기로 한다.

5.1. 명제내용의 의미적 타입

먼저 예문을 보자.

(16) "아, 알았어요. 해요. 한다구요. 그 대신 학원 등록비에 보태게요, 한 달 알바비 미리 주세요, 할아부지." 마지막 말은 육성으로 들렸다. 그 애가 전화기를 귀에 댄 채 대문을 밀고 들어온 것이다.

(은교)

(17) 근덕댁은 코를 훌쩍이기 시작했다. 워낙 정이 많은데다 친언니처럼 따르던 엄마를 두고 가려니 마음이 아픈 것이다. (이별)

(18) 그들은 왜 슈퍼컴퓨터가 요격명령을 못 내리는지 비로소 알 수 있었다. 지금 날아오고 있는 것은 바로 초정밀의 정보 분석 방해 회로와 인공지능이 내장된 세계 최고급의 핵탄두 미사일이었던 것이다.(무궁화1)

(19) 이른바 연작 형태의 구성법에 의거하고 있는 이 삼부작은 확실히 한 편의 에피소딕한 장편소설과 독립된 세 편의 중편소설의 집합과의 중간에 위치하고 있다. 그러기에 주인공인 '나'의 의식의 추이는 각 작품에 그려진 시간과 공간에 배경에 따라 단절과 연관을 함께 드러내면서 전체적으로 일관성을 유지할 수 있는 것이다.

(초상)

예문 (16)은 <원인설명문>으로 밑줄 부분에서 알 수 있듯이 기본적으로 시간적한정성이 있는 동사술어문이 나타난다. 반면 (17)(18)(19)은 <이유설명문>인데 시간적한정성도 제한이 없으며 또한 술어문의 종류도 제한이 없다.[19]

5.2. 시간성

다음은 택시스(taxis), 상(aspect), 추상화 등 설명문의 시간성의 관점에서 양자의 차이를 검토해 보기로 하자.

> (20) 뭐야, 자해 공갈범? 차 안에서 잠시 굳어 머리를 벅벅거렸다. 그러다 뒤쪽에서 울리는 경적 소리에 퍼뜩 정신을 차렸다. <u>그사이 신호가 바뀐 것이었다.</u> 하지만 여자는 여전히 요 앞에 쓰러져 있었다.(반창꼬)

> (1) 밖에서 문을 여닫는 소리가 들려왔다. 순범은 다시 긴장했으나 밖은 곧 잠잠해졌다. 외출에서 돌아온 투숙객인 듯했다. 얼마나 시간이 흘렀을까? 테이블에서 잠이 들었던 순범은 흠칫 놀라 잠이 깼다. <u>또 밖에서 문을 여닫는 소리가 들려왔던 것이다.</u>(무2)

상기 예문은 모두 <원인설명문>으로 개별적인 사건을 묘사하고 있고 동사술어문의 상(aspect) 형식도 완성상(perfective form, 완망상)이 주로 사용된다. 또한 기술문과 설명문이 사건을 계기적으로 나타내고 있는데 흥미로운 점은 현실 세계의 사건순서와 반대로 제시되기 때문에 주의할 필요가 있

---

19) 물론 언어학적인 <이유>는 논리 관계뿐만 아니라 실제 관계도 나타내기 때문일 것이다.

다. 즉, 다음과 같이 화자(작가)의 주체적인 태도를 엿볼 수 있다.

(20-1) 계기관계

◆ 현실 세계 사건순서:

[신호가 바뀌었다] → [경적 소리에 정신을 차렸다]

[밖에서 문을 여닫는 소리가 들려왔다] → [흠칫 놀라 잠이 깼다]

◆ 설명문의 사건제시순서:

[경적 소리에 정신을 차렸다] → [신호가 바뀌었다 + ㄴ것이다]

[흠칫 놀라 잠이 깼다] → [밖에서 문을 여닫는 소리가 들려왔다 +
ㄴ것이다]

또한 여기서 설명문의 <-ㄴ 것이다>는 의무적이고 필수형식이 된다. 반면 다음과 같은 <이유설명문>은 이러한 제약이 없다.

(21) 방청석에서 비명소리와 함께 욕설이 튀어나왔다. 강인호는 자신도
모르게 유리의 얼굴을 자신의 가슴에 끌어당겼다. 수화를 보지 못
하게 하려고 말이다. 유리는 인호의 품에 고개를 묻고 들지 않았
다. 울고 있었던 것이다.(도가니)

(22) "윤이 오빠보단 울 오빠인 게 낫죠. 안 그래도 울 엄마 아빠가 빨
리 장가가서 손주 안기라고 닦달인데, 누구 땜에 못 가고 있거든
요"

두말할 것도 없이 세라 얘기였다. 결혼도, 결혼 후에 세트처럼 달
라붙을 출산도 세라와는 관계가 없는 장르였다. 임태산이 싫은 게
아니다. 결혼을 한 후 덕지덕지 불어나는 피로한 과정들이 싫은
거다.(신사2)

(23) 「원 이 사람, 뭐 이런 걸 다 사 왔어?」

말은 이렇게 하면서도 부장은 흐뭇한 듯했다. 선물도 지나치면 뇌
물이 되지만, 적적한 곳에 적절하게 건네진다면 주는 사람이나 받
는 사람이나 흐뭇한 인정을 느낄 수 있는 것이다.(무궁화1)

<이유설명문>은 이미 지적한 바와 같이 시간적한정성에 제한이 없다. 시간적한정성이 있는 경우도 예문 (21)과 같이 기술문과 설명문은 동시적이다. 이와 관련해서 동사술어문일 경우는 계속상(imperfective form, 비완만상) 형식이 주로 사용된다. 또한 개별적인 사건뿐만 아니라 반복/습관이나 일반적인 내용도 올 수 있다.

5.3. 존재론적 모달리티

먼저 존재론적인 모달리티란 대상적인(명제) 내용이 현실적인 것인가 아니면 가능적, 필연적인 내용인가 하는 것이다.

(24) 그러나 이윽고 우리들은 점점 술이 오를수록 의기소침해지고 말수
가 줄어드는 스스로를 발견했다. 자신도 모르게 주머니에 손이 들
락거렸고, 화장실 같은 데서 만나면 행여 숨겨 있는 돈이 없는가
를 서로 간에 은근히 물었다. 일은 완전히 거꾸로 되어 술이 취하
면서 차차 제정신이 돌아와 술값이 걱정되기 시작한 것이었다.

(초상)

(25) 눈이라도 한바탕 퍼부으려 하는지 하늘은 잔뜩 흐려 있었다. 아버
지는 차창 밖으로 멀거니 시선을 던진 채 깊은 생각에 빠져 있다.

아침에 벌어졌던 소동이 내내 마음에 걸렸던 것이다. (이별)

(26) 서지우가 출판사로부터 고액의 보너스를 받았다는 소문을 들었지만 나는 아무 말도 하지 않았다. 그런 건 어쨌든 용서할 수 있다. <u>돈은 훔칠 수 있는 것이다.</u> (은교)

(27) "법정소란죄로 입건합니다. 감치하세요."

신발을 던진 농인이 끌려나가면서 지르는 이상한 비명소리가 법정을 더욱 괴괴한 침묵 속으로 빠뜨렸다. 여자 농인 몇은 눈물을 닦고 있었다. 어차피 듣지도 말하지도 못하는 그들이었다. <u>그러니 누군가가 자신들을 폄훼하는 것을 그렇게 속수무책으로 바라보고만 있어야 했던 것이다.</u> (도가니)

먼저 (24)는 <원인설명문>으로 현실 세계의 내용을 나타내고 있어, 다른 모달리티는 부자연스럽다. 반면 (25)(26)(27)에서 확인할 수 있듯이 <이유설명문>에서는 현실, 가능, 필연적인 것이 모두 가능하다는 차이가 있다. 이러한 현상은 후자의 경우 논리 세계의 이유뿐만 아니라 기술문과 시간적으로 동시적인 관계에 있는 현실 세계의 이유도 포함하기 때문이라고 생각된다.

이상의 논의를 정리해 표로 나타내 본다면 다음 <표 1>과 같이 된다.

〈표 1〉

특징	종류	원인설명문	이유설명문
명제내용	시간적한정성	유	유/무
	의미적 타입	운동/상태	운동/상태/특성/본질
시간성	택시스	계기적	동시적
	상(aspect)	완망상	비완망상
	추상화	개별	개별/습관/일반
Mod	존재론적 M	현실	현실/가능/필연

6. 명사화의 메커니즘

<-ㄴ 것이다>구문은 종래 기존의 연구에서 지적되어 왔듯이 의존명사 「것」에 의해 설명문을 명사화하는 기능이 인정된다. 그렇다면 <-ㄴ 것이다>의 의해 문장을 명사화하는 것이 구체적으로 어떠한 의미인지 이하의 몇 가지 관점에서 살펴보기로 하자.

먼저 텍스트 레벨에서 설명의 구조화가 일어난다. 즉, (20-2)과 같은 「기술문+기술문」의 텍스트에 <-ㄴ 것이다>가 부가되면 (20-3)과 같이 「기술문+설명문(-ㄴ 것이다)」와 같은 설명의 구조로 텍스트를 변화시키고 선행문과 후행문 간의 결속성을 문법적으로 명시하게 된다.

(20-2) [신호가 바뀌었다] → [경적 소리에 정신을 차렸다]
(20-3) [경적 소리에 정신을 차렸다] → [신호가 바뀐 것이다]

두 번째로 설명의 구조화와 연동하는 대표적인 명사문을 「A는/은 B이다.」[20]라고 한다면 텍스트 레벨에서 기술문이 A에 상응하는 역할을 하고 설명문이 B의 역할을 하게 된다. 환언하면 이러한 문법 장치는 텍스트 레벨에서 기술문(경적 소리에 정신을 차렸다.)이 선행한다.라는 구문적인 위치를 이용하여 두 문장의 주제(topic, theme)가 되며, 후행하는 설명문(신호가 바뀌었다.)이 기술문의 내용에 대하여 설명/평언/논평(comment, rheme)의 기능을 하게 되는 것을 의미한다. 이것을 한 문장으로 표현하자면 「경적소

---

20) 여기서 대상으로 하는 명사술어문은 기본적이며 대표적으로 생각되는 정언문(定言文) 즉, 주제(topic)와 설명/평언/논평(comment)으로 나누어지는 구조를 가진 문장을 의미한다. 명사술어문의 기본적인 특징 등에 관해서는 佐藤里美(1997)(2009) 등이 시사적이다.

리에 정신을 차린 것은 신호가 바뀐 것이다(바뀌었기 때문이다.)」와 같이 될 것이다. 본서에서 <-ㄴ 것이다>의 본질적인 기능을 <설명>이라고 생각하는 것은 이러한 근거와 이유에 의한 것이다.

세 번째로는 위 사실과 관련해서 정보구조 이론적인 측면에서 생각해 보자면 기술문이 구정보가 되고 설명문이 신정보가 된다는 사실도 어렵지 않게 납득할 수 있다. 하지만 수사조이론(RST)의 측면 즉, 텍스트 차원에서 보면 기술문이 보다 중요한 핵(nucleus)이 되고 설명문이 위성(satellite)의 기능을 담당하게 된다.

네 번째로는 명사술어문의 의미가 기본적으로 시간적한정성이 있는 운동보다는 시간적한정성이 없는 본질(本質)을 나타낸다는 점에 주목할 필요가 있다. 왜냐하면 설명문 즉, <-ㄴ 것이다>가 붙는 문장이 이미 상태를 나타내는 형용사술어문이나 명사술어문이라면 의미적으로는 여분 혹은 이중(二重)의 장치가 된다. 따라서 이 경우는 강조의 효과가 나타나게 된다. 하지만 동사술어문의 경우는 운동을 본질로 바꾸는 기능을 수반한다.

마지막으로 <-ㄴ 것이다>의 설명문은 이중판단[21]의 문장이라고 할 수 있다. 예문(28)을 다시 보자.

> (28) 밖에서 문을 여닫는 소리가 들려왔다. 순범은 다시 긴장했으나 밖은 곧 잠잠해졌다. 외출에서 돌아온 투숙객인 듯했다. 얼마나 시간이 흘렀을까? 테이블에서 잠이 들었던 순범은 흠칫 놀라 잠이 깼다. 또 밖에서 문을 여닫는 소리가 들려왔던 것이다. (=(1))

---

21) 일본어의 「ノダ」를 대상으로 하여 奧田(1990)에서 이미 이중판단이라는 용어가 사용되고 있다.

상기 예문을 보면 ≪설명의 구조≫에서 설명문으로 기능하는 <-ㄴ 것이다>구문은 화자(작가)가 단문 레벨에서 직접적인 지각경험(청각)을 통해 현실 세계를 판단하는 인식적 판단이 먼저 이루어지고 있다. 그런 다음 텍스트 레벨의 기술문과의 관계에서 「결과-원인」이라는 인과관계로 파악하는 논리적 판단이 반영되어 화자의 판단이 이중으로 기능하고 있는 것이다.[22]

이상, <-ㄴ 것이다> 구문의 특징을 성립과정의 측면에서 몇 가지 특징을 고찰했다.

7. 나오기

이상 본서에서는 문장체 텍스트를 주된 대상으로 하여 <-ㄴ 것이다>의 본질적인 기능에 대하여 고찰하였다. 실증적인 방법에 의거하여 <-ㄴ 것이다>의 예문을 검토한 결과 그 본질은 <설명>이라고 생각된다. 또한 <-ㄴ 것이다>의 하위 용법으로는 인과관계 설명, 환언관계 설명, 강조 등이 주된 용법임을 알 수 있었다. 마지막으로 인과관계 설명문을 대상으로 하여 설명의 구조 안에서 기능하는 기술문과 더불어 설명문의 특징에 관해서도 검토하였고 또한 명사화의 메커니즘에 대해서도 고찰하였다. 하지만 논의하지 못하고 남겨진 문제도 적지 않다. 먼저, 고찰의 편의상 문장체 텍스트에 한정시킨 본 고찰은 회화체 텍스트와 비교해서 어

---

22) 강소영(2004) 등에서 <-ㄴ 것이다>를 양태 구문화 되었다는 지적이 보이나 이중판단으로 보는지는 확실하지 않다.

떠한 상관성이 있는지 라고 하는 큰 문제가 남아 있다. 또한 <-ㄴ 것이다>가 통시적으로 어떠한 성립과정을 거쳤는지, 통사적으로는 「이 우산은 내 것이다」와 같은 문장의 <-것이다>와 어떠한 관련을 갖는지도 논의할 수 없었다. 모두 금후의 과제로 할 수밖에 없다.

제3부

결론

1. 각 장의 결과 요약

이상, 지금까지 본 연구에서 논의한 중요한 논점을 각 장별로 요약하면 다음과 같다.

우선 제1장의 내용이다.

첫 번째로 ≪설명의 구조≫는 「기술문-설명문」이라는 하위 구성요소로 이루어진다. 기술문은 기본적으로 시간적한정성이 없는, 화자가 직접확인한 동사술어문이 오고 설명문에는 사고에 의한 일반화라는 인식을 통한 명사술어문이 오는 경우가 많다. 만약 시간적한정성이 있는 동사술어문이 설명문으로 기능하기 위해서는 「くらい庭に電灯の光がさっと流れた。啓造たちの寝室に灯りがついたのである」의 경우와 같이 「ノダ」라는 유표형식이 필요하게 된다.

두 번째로 유표형식의 설명문에는 대표적으로 「ノダ」「ワケダ」「カラダ」

「タメダ」 등의 형식이 있다. 먼저「ワケダ」는「기술문, 기술문 - 설명문」과 같은 확대 구조를 취하면서 귀결 설명의 기능을 한다. 또한「カラダ」「タメダ」는 기본구조를 이루어 인과관계에 의한 설명에 사용된다. 한편「ノダ」는 이유나 원인 등의 인과관계뿐만 아니라 전체보충설명이나 부분보충설명 등 비인과관계에 의한 설명에도 쓰이는 폭넓은 의미/용법을 갖는 대표적인 형식이라고 할 수 있다.

세 번째로 무표형식의 설명문은 동사술어문, 형용사술어문, 명사술어문 모든 술어문에서 가능한데 기본적으로 시간적한정성이 없는 <본질>과 <특성>을 나타내는 경우가 많다. 대상적 내용이 본질이나 특성이라는 것은 이미 그 자체로 설명문으로 기능할 수 있는 조건을 충족하고 있는 것이다. 또한 무표의 설명문보다 기술문이 선행된다는 구문적인 특징은 무표형식의 설명문에 있어 의무적이라고 할 수 있다.

이상이 본서에서 논의한 주요 논점인데 지면 관계상 혹은 필자의 능력의 한계로 인하여 비종결법의 용법이나 회화체의 용법 등 충분히 논의하지 못한 점도 많다. 모두 향후의 과제로 남겨두기로 하겠다.

제2장에서는 인과관계를 나타내는「ノダ」설명문을 대상으로 하여 먼저 원인설명문과 이유설명문으로 분류하였다. 이 두 가지 설명문을 대상적인 내용의 의미적 타입과 시간성 그리고 모달리티 등의 관점에서 고찰하여 다음의 <표 1>과 같은 차이를 확인하였다.

<표 1> 「인과관계 ノダ문의 문법적인 특징」

특징	종류	원인설명문	이유설명문
대상적 내용	시간적한정성	유	유/무
	의미적 타입	운동/상태	운동/상태/특성/본질
시간성	택시스	계기적	동시적
	애스펙트형식	완성상	계속상
	추상화	개별	개별/습관/일반
모달리티	존재론적 모달리티	현실	현실/가능/필연
	인식적 모달리티	직접	직접/간접

제3장에서는 비인과관계를 나타내는 「ノダ」설명문을 대상으로 하여 먼저 전체보충설명문과 부분보충설명문으로 크게 분류하였고 전자는 다시 구체화와 일반화, 치환(말바꾸기)으로 하위분류하여 그 문법적인 특징을 검토해 보았다. 이러한 「ノダ」설명문을 대상적인 내용과 그 의미적 타입, 또한 시간성과 모달리티 등의 관점에서 고찰하여 <표 2>과 같은 문법적인 특징을 지적하였다.

<표 2> 「비인과관계 ノダ문의 문법적인 특징」

특징	종류	전체보충			부분보충
		구체화	일반화	치환	
접속부사		例えば	つまり、要するに	言い換えれば	×
명제 내용	시간적한정성	유	무	유/무	유/무
	의미적 타입	운동/상태	특성/본질	운동/상태/특성/본질	운동/상태/특성/본질
시간성	택시스	동시적	동시적	동시적	×
	애스펙트	계속상	미분화	완성/계속	×

	추상화	개별	일반	개별/습관/일반	개별/습관/일반
모달리티	존재론적 M	현실	현실/가능/필연	현실	현실
	인식론적 M	직접	직접	직접	직접/간접

　제4장에서는 종래 강조의 「ノダ」용법이 각기 연구자마다 내연과 외연이 다르다는 점에서 출발하여 「ノダ」의 생략 가능성을 강조 용법의 특징으로 보고, 시간적 한정성과 임의성, 설명의 구조, 이중판단, 접속조사 등의 관점에서 강조 용법의 「ノダ」문에 대하여 고찰했다. 중요한 논점을 두 가지로 정리하자면 다음과 같다.

　첫 번째로 강조 용법의 「ノダ」문을 크게 2분류했다. 즉, ≪설명의 구조≫라는 틀 안에서의 설명구조적인 강조인가 아니면 비설명구조적인 강조 용법인가이다. 이들 중 후자의 경우가 강조 용법의 「ノダ」문의 대표적인 용법으로 생각되는데 이 타입은 술어의 종류에 따라서도 조금씩 차이를 보인다. 하지만 보다 중요한 하위 타입으로는 선행문과 시간적으로 계기적 관계에 있는 전경적인 사건의 강조인가 동시적 관계에 있는 배경적인 사건의 강조인가 하는 점이다. 한편 전자의 경우는 이유설명, 전체보충설명, 부분보충설명을 강조하는 하위용법이 있다.

　두 번째로는 강조 용법의 「ノダ」문의 문법적인 특징에 관한 것이다. 즉, 설명의 「ノダ」문과 달리 강조 용법의 「ノダ」문은 1)기본적으로 설명구조 밖에서 「ノダ」가 나타나고(기술문+기술문+ノダ), 2)단문 레벨의 인식적인 판단만을 나타내며, 3)「どころが、しかも、まして」등의 접속사가 많이 보이고, 4)선행문과 후행문이 시간적으로 계기적인 관계에서는 동

사술어문의 완성상(perfective) 형식을 사용하여 사건 전개의 중요한 전경(fore-ground)적인 사건을 강조하게 되고, 동시적인 관계를 나타내는 경우에는 주로 계속상(imperfective) 형식으로 배경(background)적인 사건을 강조한다.

또한 설명구조의 「ノダ」문은 원인설명문을 제외하고 모든 용법에서 강조 용법이 가능하다는 점도 지적했다. 하지만 본서의 한계도 있다. 예를 들면 문장체의 문말 용법만을 논의의 대상으로 했기 때문에 앞으로는 화용론을 시야에 포함한 회화체까지 논의의 범위를 확대하여 고찰할 필요가 있다고 생각된다.

제5장에서는 「ノダロウ」문장의 <설명성>에 대하여 고찰하였다. 중요한 논의의 결과를 요약하면 다음과 같다.

먼저, 「ノダロウ」문장은 인식 모달리티와 설명 모달리티가 아주 밀접하게 관여하고 있다는 사실을 보다 명시적으로 나타내는 유표형식(marked form)이다. 즉, 「スル-スルダロウ」의 대립으로 보여주는 인식 모달리티에서도 유표형식에 해당하며, 「ノダ-ノダロウ」의 대립에서 나타나는 설명 모달리티에서도 유표형식이다.

두 번째는 「ノダロウ」문장은 「ノダ」의 생략 여부에 따라서 의무적인 용법과 임의적인 용법이 있는데 이 사실은 기술문과 설명문의 대상적인 내용(술어형식)과 밀접하게 연관되어 있다.

세 번째는 「ノダロウ」은 크게 인과관계 설명, 보충관계 설명, 강조 용법으로 분류되는데 인과관계는 다시 원인설명과 이유설명으로, 보충관계 설명은 전체보충설명과 부분보충설명으로 하위분류된다.

마지막으로 강조 용법은 주로 설명문의 술어가 명사술어문인 경우가 많은데 물론 이와 같은 현상은 명사술어문의 본질이나 특성을 나타내는 대상적인 내용과 밀접하게 관련된다.

제6장에서는 「ノダロウ」를 대상으로 하여 추론 방법, 전제문의 타입, 전제문과 추량문의 결합 방법 등의 관점에서 「ラシイ」와의 대조를 통하여 문법적인 의미로서의 <추량성(推量性)>에 대하여 고찰하였다.

첫 번째는 추론 방법에 관한 것이다. 「ノダロウ」의 경우, 귀납적인 추론과 연역적인 추론이 모두 가능한 반면 「ラシイ」의 경우는 귀납적인 추론만 가능하다.

두 번째는 전제문의 타입에 관한 것이다. 우선 「ラシイ」의 전제문은 기본적으로 화자의 직접경험에 의한 것인데 특히 청각 경험이 의한 정보가 특징적이다. 청각 정보가 특화되어 「전문(伝聞)」으로 발전되어 가는 것도 있고, 청각 정보를 근거로 화자의 주체적인 추론이 이루어지는 것도 있다. 또한 시각이나 촉각 등의 경험에 의한 정보를 근거로 추론이 성립되는 경우도 있다.

반면 「ノダロウ」의 전제문은 기본적으로 화자의 직접적인 경험에 의한 것이 많다. 하지만 「らしい、かも知れない、という」 등의 문말 형식의 사용에서도 확인할 수 있듯이 간접경험이 근거가 되는 경우도 있다.

세 번째는 전제문과 추량문의 결합 방법에 관한 것이다. 「ノダロウ」의 경우는 전제문과 추량문의 연결이 상당히 자유롭다. 복문의 종속절이 전제문일 경우 주절과 인과관계나 조건 관계로 연결이 될 수 있다. 또한 전제문이 선행/후행문인 경우는 구조적으로 또는 의미적으로 결합 될 수도 있다. 반면 「ラシイ」의 전제문은 선행하거나 후행하는 단문으로 나타

나 구조적으로도 의미적으로도 결합되는 경우가 일반적이다.

제7장에서는 대화문에 나타나는 소위 명령의 「のだ」를 대상으로 하여 그 문법적인 의미와 특징을 고찰했다. 중요한 논점을 요약하면 다음과 같다.

먼저 대화문에서 사용되는 「のだ」를 대상으로 전통문법에 따른 문장의 유형과 순서바꾸기(turn-taking)현상이 일어나는지 그 유무에 따라서, 「의문문+평서문」「평서문+평서문」「명령문+평서문」「의뢰문+평서문」「권유문+평서문」 등 5분류하였다.

두 번째로 이러한 「のだ」들을 담화구조 중 <설명의 구조>라는 관점과 「のだ」의 기능이라는 관점에서 전형적인 용법으로 보고, <설명의 구조>와 설명의 기능을 상실한 「のだ」 즉, <명령>과 <감탄>의 용법을 비전형적인 용법으로 구별하였다.

세 번째로는 명령의 「のだ」용법을 대상으로 하여, 1)담화구조의 이행(설명에서 명령의 구조), 2)감동사(オイ、サア)와 공기, 3)문법화, 4)명령형 명령문과 차이 등의 관점에서 그 문법적인 의미와 특징에 대하여 고찰하였다.

제8장에서는 문장체 텍스트를 주된 대상으로 하여 <-ㄴ 것이다>의 본질적인 기능에 대하여 고찰하였다. 실증적인 방법에 의거하여 <-ㄴ 것이다>의 예문을 검토한 결과 그 본질은 <설명>이라고 생각된다. 또한 <-ㄴ 것이다>의 하위 용법으로는 인과관계 설명, 환언관계 설명, 강조 등이 주된 용법으로 인정하였다. 마지막으로 인과관계 설명문을 대상으로 하여 설명의 구조 안에서 기능하는 기술문과 더불어 설명문의 특징

에 관해서도 검토하였고 또한 명사화의 메커니즘에 대해서도 고찰하였다.

하지만 논의하지 못하고 남겨진 문제도 적지 않다. 먼저 고찰의 편의상 문장체 텍스트에 한정시킨 본 고찰은 회화체 텍스트와 비교해서 어떠한 상관성이 있는지 라고 하는 큰 문제가 남아 있다. 또한 <-ㄴ 것이다>가 통시적으로 어떠한 성립과정을 거쳤는지, 통사적으로는 「이 우산은 내 것이다」와 같은 문장의 <-것이다>와 어떠한 관련을 갖는지도 논의할 수 없었다. 모두 금후의 과제로 할 수밖에 없다.

2. 남겨진 과제

본 연구에서는 주로 문장체에서 나타나는 <ノ ダ>를 대상으로 하여 텍스트 결속성, 시간적한정성과 문법화 등의 관점에서 고찰하였다. 하지만 본서에서 아직 논의가 부족하거나 다루지 못한 문제로 금후의 과제가 되는 것은 다음과 같은 점들을 생각할 수 있다.

우선 첫 번째로는 대부분 문장체의 <ノ ダ>만을 대상으로 했다는 점이다. 물론 연구의 출발점에서 순서로는 적절한 면도 있지만 향후 본 연구의 성과를 바탕으로 회화체에서 나타나는 <ノ ダ>를 보다 상세하게 고찰해야 할 필요가 있다. 문장체와는 다른 특징이 나타나는 환경에서 <ノ ダ>가 어떠한 기능을 하는지 보다 면밀하고 치밀한 검토가 이루어져 두 문체 간의 연속성에 대해서 자세한 고찰이 필요하다.

두 번째로는 본 연구에서는 주로 문장 끝에 나타나는 <ノ ダ>만을 대상으로 하였다. 하지만 비종결법의 <ノ ダ>도 이와 무관한 것은 아니다.

<ノダ>본질을 규명하기 위해서는 구문적인 위치에 따라서 나타나는 <ノダ>형식도 대상으로 하여 상호연관성이나 문법화의 정도 등도 고찰할 필요가 있다.

세 번째로는 시제(tense)나 상(aspect) 모달리티(modality) 등을 주요 범주로 하는 진술성에 대한 보다 심도 있는 이해와 명확한 정의, 그리고 규명이 필요하다. 이와 더불어 전체 모달리티 범주 안에서 <ノダ>문장을 비롯하여 <ワケダ><ハズダ> 등의 형식을 포함하여 설명 모달리티에 대한 보다 조직화되고 체계화된 연구도 시급하다고 생각된다.

네 번째로는 공시적인 관점에서 일본어나 한국어의 깊이 있는 대조 연구가 필요하다. 각 언어에는 문법화의 정도와 단계에 따라서 여러 가지 이형태가 존재할 가능성이 높다. 이러한 형식을 검토하고 규명하고자 할 때 <ノダ>문의 본질적인 측면을 시사할 수 있다.

다섯 번째로는 통시적인 관점에서 역사적인 변천 과정도 살펴볼 필요가 있다. 언어학이 역사과학이라는 사실을 받아들인다면 <ノダ>도 예외가 될 수 없다. <ノダ>문의 동태(動態)적인 과정이 규명된다면 <ノダ>에 대한 심도 있는 이해도 기대해 볼 수 있을 것이다.

참고문헌

┃ 日本語文獻

青木博史(2010)『語形成から見た日本語文法史』ひつじ書房.

庵攻雄他3名(2001)『中上級を考える人のための日本語文法ハンドブック』スリー
　　エーネットワーク

石神照雄(1986)「係結と文の質—「は」の構文の場合—」『日本語學』52、明治書院.

　　(1990)「否定と構文」『日本語學』9-12、明治書院.

井島正博(2010)「ノダ文の機能と構造」『日本語學論集』6、pp.75-117.

井島正博(2012)「モノダ・コトダ・ワケダ文の機能と構造」『日本語學論集』8、
　　pp.95-145.

尾上圭介(1979)「そこにすわる!」『言語』8-5、大修館書店.

大鹿薫久(1995)「本体把握—「らしい」の說—」『宮地裕・敦子先生古稀記念論文集　日本語
　　の研究』明治書院.

奥田靖雄(1984)「おしはかり(一)」『日本語學』3-12号　明治書院.

　　(1985)「文のさまざま(1)　文のこと」『教育語國語』80、むぎ書房.

　　(1988)「時間の表現(1)」『教育國語』94.　pp.2-17.

　　(1990)「說明(その1)-ので、のである、のです-」『ことばの科學4』むぎ書
　　房, pp.173-216.

　　(1992)「說明(その2)—わけだ—」『ことばの科學5』むぎ書房、pp.187-219.

　　(1993)「說明(その3)—はずだ—」『ことばの科學6』むぎ書房.

　　(1996)「文のこと—その分類をめぐって—」『教育國語』2-22号、むぎ書房.

　　(2001)「說明(その4)-話しあいのなかでの「のだ」-」『ことばの科學10』むぎ
　　書房, pp.175-202.

　　(2015)「述語の意味的なタイプ」『奥田靖雄著作集2言語學編(1)』むぎ書房.

奥田靖雄他(2000)『小學生のためのにっぽんご』(プリント版).

梶浦恭平(2008)「ノダの手續き的意味―說明のノダ文を中心に―」『第11回大會發表論文集』(第4号)日本語用論學會、pp.31-38.

紙谷榮治(1981)「「のだ」について」『京都府立大學學術報告人文』33、京都府立大學學術報告委員會.

菊地康人(2000)「「ようだ」と「らしい」―「そうだ」「だろう」との比較も含めて―」『國語學』51-1　武藏野書院.

喜田浩平(2013)「「らしい」と推論」『藝文研究』(104)、慶應義塾大學藝文學會、pp.236(109)-249(96).

金水敏(1986a)「連体修飾成分の機能」『松村明教授古稀記念國語研究論集』明治書院.

　　(1986b)「名詞の指示」『築島裕博士還暦記念國語學論集』明治書院.

　　(1989)「『報告』についての覺書」仁田・益岡(編)『日本語のモダリティ』くろしお出版.

　　(1990)「述語の意味層と叙述の立場」『女子大文學(國文篇)』41.

　　(1991)「伝達の發話行爲と日本語の文末形式」『神戸大學文學部紀要』18号.

　　(1992)「談話管理理論からみた「だろう」」『神戸大學文學部紀要』19号.

金田一春彦(1950)「國語動詞の一分類」『言語研究』15.

　　(1953)「不変化助動詞の本質(上)(下)」『國語國文』22-2・3.

工藤浩(1982)「叙法副詞の意味と機能」『研究報告集3』國立國語研究所.

　　(1989)「現代日本語の文の叙法性序章」『東京外國語大學論集』39.

工藤眞由美(1982)「シテイル形式の意味記述」『武藏大學人文學會雜誌』13-4.

　　(1989)「現代日本語のパーフェクトをめぐって」『ことばの科學3』むぎ書房.

　　眞由美(1990)「現代日本語の受動文」『ことばの科學4』むぎ書房.

工藤眞由美(1991)「出來事の表現－テンス・アスペクト体系とその機能」『國語研究』9　横浜國大.

　　(1995)『アスペクト・テンス体系とテクスト』ひつじ書房.

　　(1999)「青森縣五所川原方言の動詞のアスペクトとテンス」『國語學研究』38.

　　(1996)「「～ノデハナイ」の意味と機能」『横浜國立大學人文紀要』43号.

　　(2000)「否定の表現」仁田・益岡編『日本語の文法 2』岩波書店.

　　(2002)「現象と本質－方言の文法と標準語の文法－」『日本語の文法』2-2、pp.46－61、日本語文法學會.

　　(2004)「ムードとテンス・アスペクトの相關性をめぐって」『阪大日本語研究』16、pp.172-192.

　　(2004)「研究成果の概要」『日本語のアスペクト・テンス・ムード体系』ひ

つじ書房、pp.34-76.

 (2011)「時間的限定性という觀点が提起するもの」『韓國外大日本研究所國際シンポジウム』.

 (2014)『現代日本語のムード・テンス・アスペクト論』ひつじ書房.

工藤眞由美編(2002)『方言における動詞の文法的カテゴリーの總合的研究 報告書No.1』平成14年度 科學研究費助成金(基礎研究(B)(1)).

工藤眞由美・高江洲賴子・八龜裕美(2007)「首里方言のアスペクト・テンス・エヴィデンシャリティー」『大阪大學大學院文學研究科紀要』47.

工藤眞由美・仲間惠子・八龜裕美(2007)「与論方言動詞のアスペクト・テンス・エヴィデンシャティー」『國語と國文學』84-3, pp.53-68.

國廣哲弥(1967)『構造的意味論』三省堂.

 (1984)「『のだ』の意義素覺え書」『東京大學言語學論集』84.

 (1992)「『のだ』から『のに』・『ので』へ」-『の』の共通性」カッケンブッシュ寬子他編『日本語研究と日本語教育』名古屋大學出版會、pp.17-34.

久野章(1973)『日本文法研究』大修館書店.

 (1978)『談話の文法』大修館書店.

 (1983)『新日本文法研究』大修館書店.

國立國語研究所(1951)『現代語の助詞・助動詞-用法と實例-』秀英出版.

古座曉子(1987)「本來のたずねる文」『教育國語』91.

 (1989)「～か、のか-會話文における場合-」『教育國語』97.

齊美智子(2002)「ノダ文による「はたらきかけ」の表現」『人間文化論叢』第5巻 お茶の水女子大學大學院.

佐治圭三(1969)「「こと」と「の」一形式名詞と準体助詞一(その一)」『日本語・日本文化』1、大阪外國語大學研究留學生別科.

 (1972)「「ことだ」と「のだ」一形式名詞と準体助詞一(その二)」『日本語・日本文化』3、大阪外國語大學研究留學生別科.

 (1986)「『～のだ』再説―山口圭也氏・金榮一氏にこたえて―」『日語學習与研究』(34).

 (1991)『日本語の文法の研究』(「『のだ』の本質」(1981)再錄)ひつじ書房.

 (1997)「『～のだ』の中心的性質」『京都外國語大學研究論叢』15, pp.208-217.

佐藤里美(1997)「名詞述語文の意味的なタイプ」『ことばの科學8』むぎ書房 pp.143-176.

 (2001)「説明的なむすびつき」『教育國語』4-2, pp.1-14.

 (2009)「名詞述語文のテンポラリティー」『ことばの科學12』むぎ書房、pp.139-181.

澤田治美(1975)「日英語主觀的助動詞の構文論的考察」『言語研究』68号.

(1978)「日英語文副詞類(Sentence Adverbials)の對照言語學的な研究－Speech act理論の視点から－」『言語研究』74号.

(1993)『視点と主觀性－日英語助動詞の分析－』ひつじ書房.

柴谷方良(1978)『日本語の分析』大修館書店.

(1985)「主語プロトタイプ論」『日本語學』4-10.

(1989)「日本語の語用論」『講座日本語と日本語教育4』明治書院.

島袋幸子(1987)「今歸仁方言における動詞のテンス・アスペクト」『琉球方言論叢』論叢刊行委員會.

白川博之(1992)「終助詞「よ」の機能」『日本語教育』77.

鈴木英一(1990)『現代の英語學シリーズ5 統語論』開拓社.

鈴木重幸(1972)『日本語文法・形態論』むぎ書房.

(1979)「現代日本語の動詞のテンス」『言語の研究』むぎ書房.

高橋太郎(1975)「文中にあらわれる所屬關係の種々相」『國語學』103.

(1994)『動詞の研究』むぎ書房.

(2003)『動詞九章』ひつじ書房.

高山善行(1986)「＜推定表現＞と＜質問表現＞の交渉」『待兼山論叢』20

田窪行則(1986)「語用論」『言語學の潮流』勁草書房.

(1987)「統語構造と文脈情報」『日本語學』6-5.

(1990a)「談話管理の理論」『月刊言語』19-4 大修館書店.

(1990b)「對話における知識管理について」『東アジアの諸言語と一般言語學』三省堂.

(1992)「談話管理の標識について」『文化言語學－その提言と建設－』三省堂

(2010)『日本語の構造』くろしお出版.

田中茂範(1990)『認知意味論－英語動詞の多義の構造－』三友社.

田中望(1979)「日常言語における"說明"について」『日本語と日本語教育』(8) 慶応義塾大學國際センタ－、pp.49-64.

田野村忠溫(1990)『現代日本語の文法Ⅰ 「のだ」の意味と用法』和泉書院.

(1991)「『らしい』と『ようだ』の意味の相違について」『言語學研究』10 京都大學言語學研究會.

鄭相哲(2004)『日本語認識モダリティの機能的研究―ダロウを中心に―』J&C.

(2020)「「ノダロウ」と「ラシイ」の異同について」『日本語文學』91 日本語文學會、pp.81-101.

(2021)「いわゆる命令の「ノダ」について」『日本語文學』94 日本語文學會、pp.193

-213.

寺村秀夫(1971)「'タ'の意味と機能」岩倉具實教授退職記念論文集出版語後援會編『言語學
　　　　と日本語問題』くろしお出版.

　　　(1979)「ムードの形式と否定」『英語と日本語と』くろしお出版.

　　　(1982a)「テンス・アスペクトのコト的側面とムード的側面」『日本語學』1-
　　　12, 明治書院.

　　　(1982b)『日本語のシンタクスと意味Ⅰ』くろしお出版.

　　　(1984)『日本語のシンタクスと意味Ⅱ』くろしお出版.

　　　(1990)『日本語のシンタクスと意味Ⅲ』くろしお出版.

時枝誠記(1950)『日本文法口語篇』岩波書店.

中右實(1979)「モダリティと命題」『英語と日本語と』くろしお出版.

　　　(1980)「文副詞の比較」『日英語比較講座第2巻 文法』大修館書店.

　　　(1984)「質疑応答の發想と原理」『日本語學』3-4 明治書院.

　　　(1986)「意味論の原理(124)」『英語青年』.

　　　(1989)「ハリデイの機能文法を考える」『言語』17-10 大修館書店.

中島平三・外山滋生(編)(1994)『言語學への招待』大修館書店.

中野友理(2010)「話者は「ノダ」文の內容をどう捉えるか-既定性の再考-」『研究論集』
　　　　10,北海道大學大學院文學研究科, pp.113-132.

中畠孝幸(1990)「不確かな判斷」『日本語學文學』1 三重大學.

　　　(1991)「不確かな樣相」『日本語學文學』2 三重大學.

名嶋義直(2003)「命令・決意・忠告・願望のノダ文」『言語と文化』(4) 名古屋大學大學院 國
　　　　際言語文化研究科 日本言語文化專攻、pp.227-244.

　　　(2007)『ノダの意味・機能-關連性理論の觀点から-』くろしお出版.

西尾實他2人編(1982)『岩波國語辭典』岩波書店.

仁田義雄(1979)「文の表現類型」『英語と日本語と』くろしお出版.

　　　(1980)『語彙論的統語論』明治書院.

　　　(1981)「可能性・蓋然性を表す疑似ムード」『國語と國文學』58-5.

　　　(1985)「文の骨組」『応用言語學講座Ⅰ』明治書院.

　　　(1986)「現象描寫文をめぐって」『日本語學』5-2 明治書院.

　　　(1987)「日本語疑問表現の諸相」『言語學の視界』大學書林.

　　　(1989a)「述べ立てのモダリティと人称」『阪大日本語研究』1 号.

　　　(1989b)「現代日本語のモダリティの体系と構造」『日本語のモダリティ』くろ
　　　しお出版.

　　　(1989c)「行こうか戻ろうか」『日本語學』8-8 明治書院.

(1991)『日本語のモダリティと人称』ひつじ書房.

(1992)「判断から發話・伝達へ」『日本語教育』77.

仁田義雄・益岡隆志編(1989)『日本語のモダリティ』くろしお出版.

日本語記述文法研究会編(2003)『現代日本語文法4 第8部モダリティ』くろしお出版.

丹羽哲也(1988)「有題文と無題文、現象(描寫)文、助詞「ガ」の問題(上)(下)」『國語國文』57-6・7.

野田春美(1997)『日本語研究叢書9「の(だ)」の機能』くろしお出版.

(2012)「「のだ」の意味とモダリティ」澤田治美編『モダリティⅡ：事例研究』(ひつじ意味論講座4)ひつじ書房、pp.141-157.

野田尚史(1989)「眞性モダリティをもたない文」仁田・益岡(編)『日本語のモダリティ』くろしお出版.

(1996)『新日本語文法選書1 はとが』くろしお出版.

野村剛史(2003)「モダリティ形式の分類」『國語學』54-1, 國語學會, pp.17-31.

芳賀 綏(1954)「"陳述"とは何もの?」『國語國文』23-4.

(1962)『日本文法教室』東京堂出版.

橋本進吉(1948)『國語法研究』岩波書店.

蓮沼昭子(1990)「對話における確認行爲」輕井澤夏合宿レジュメ.

(1991a)「ヨウダ・ラシイとダロウ」『日本語教育論集』學研.

(1991b)「對話における「だから」の機能」『外國語學部紀要』4号, 姫路獨協大學外國語學部.

(1992)「終助詞の複合形「よね」の用法と機能」『對照研究－發話のマーカーについて－』2号.

(1993)「日本語の談話マーカーダロウとジャナイカの機能－共通認識喚起の用法を中心に－」第1回小出記念日本語教育研究會論文集.

林大(1964)「どう違うか-ダとナノダ-」時枝誠記・遠藤嘉基(監修)『講座現代語6 口語文法の問題点』明治書院, pp.282-289.

林大編(1984)『講座現代の言語2 言語と思考の發達』三省堂.

林四郎(1960)『基本文型の研究』明治図書.

早津惠美子(1988)「『らしい』と『ようだ』」『日本語學』7-4 明治書院.

樋口文彦(1996)「形容詞の分類―狀態形容詞と質形容詞―」『ことばの科學7』むぎ書房、pp.39-60.

(2001)「形容詞の評価的な意味」『ことばの科學10』むぎ書房、pp.43-66.

廣末渡外6人(1988)『岩波哲學・思想辭典』岩波書店.

福地肇(1983)「語順にみられる談話の原則」『月刊言語』12-12 大修館書店.

(1989)「機能文法の力とそのねらい」『月刊言語』17-10 大修館書店.

(1991)「言語分析における機能的視点」『月刊言語』20-4大修館書店.

藤城浩子(2007)「ノダによる「強調」「やわらげ」の內實」『日本語文法』7-2, pp.171-204, 日本語文法學會.

前田直子(1991)「"論理文"の体系性」『日本學報』10号 大阪大學文學部日本學研究室.

牧原功(1992)「ムードの形式と疑問化」輕井澤夏合宿レジュメ.

益岡隆志(1990)「モダリティ」『講座日本語と日本語教育12』明治書院.

(1991)『モダリティの文法』くろしお出版.

(2001)「説明・判断のモダリティ」『神戸外大論叢』52-4, 神戸市外國語大學研究會, pp.1-25.

(2007)『日本語モダリティ探求』くろしお出版.

松岡弘(1987)「『のだ』の文・『わけだ』の文に關する一考察」『言語文化』24, pp.3-19.

(1993)「再説一「のだ」の文・「わけだ」の文」『言語文化』30, pp.53-74.

松下大三郎(1924)『標準日本文法』紀元社.

松村明編(2006)『大辞林』三省堂.

三尾砂(1958)『話しことばの文法』法政大學出版局.

三上章(1953)『現代語法序說 シンタクスの試み』刀江書院(復刊1972くろしお出版).

宮崎和人・安達太郎・野田春美・高梨信乃(2002)『新日本語文法選書4 モダリティ』くろしお出版.

宮崎和人(2005)『現代日本語の疑問表現―疑いと確認要求―』ひつじ書房.

宮島達夫(1972)『動詞の意味・用法の記述的研究』秀英出版.

(1983)「狀態副詞と陳述」渡辺實(編)『副用語の研究』明治書院.

村木新次郎(1991)『日本語動詞の諸相』ひつじ書房.

村田勇三郎(1989)「機能英文法のすすめ」『言語』17-10 大修館書店.

毛利可信(1989)「迫りくる機能主義の波」『言語』17-10 大修館書店.

森田良行(1980)『基礎日本語2』角川書店.

(1988)『日本語の類義表現』創拓社.

森山卓郎(1988)『日本語動詞述語文の研究』明治書院.

(1989)「認識のムードとその周辺」仁田・益岡(編)日本語のモダリティ』くろしお出版.

(1990)「意志のモダリティについて」『阪大日本語研究』2.

(1992)「日本語における「推量」をめぐって」『言語研究』101.

八龜裕美(2008)『日本語形容詞の記述的研究―類型論的視点から―』明治書院.

(2012)「評価を織り込む表現形式」『屬性叙述の世界』くろしお出版、pp.69-90.

山口佳也(1975)「「のだ」の文について」『國文學研究』56、pp.12-24、早稲田大學國文學會.

吉田茂晃(1988)「ノダ形式の構造と表現効果」『國文論叢』15, 神戸大學文學部國語國文學會, pp.46-55.

吉田茂晃(2000)「＜ノダ＞の表現内容と語性について－＜ノダ＞は『説明の助動詞』か－」『山邊道』天理大學國語國文學會, pp.17-31.

▌英語文獻

Aikhenvald, A. (2016) "Sentence Types," Nuyts, J. and van der Auwera, J.(eds.) Modality and Mood, Oxford University Press.

Akatsuka,N. (1985) "Conditionals and Epistemic Scale," Language, 61.

　　　　(1990) "On the Meaning of daroo,"in Kamada, O. and Jacobsen, W.(eds.) On J apanese and How to Teach It, The Japan Times.

Aoki, H. (1986) "Evidentials in Japanese." in Chafe,W. and Nichols,J.(eds.) Evidentiality: The linguistic Coding of Epistemology, Ablex Publishing.

Austin,J.L. (1962) How To Do Things with Words,Cambridge MA : Harvard University Press.((1978)『言語と行爲』坂本百大譯、大修館書店)

Bhat, D.N.S. (1999) The Prominence of Tense, Aspect and Mood. Amsterdam : John Benjamins. pp.93, pp.103-183.

Bybee, J.L., Perkins, R. and Pagliuca, W.(1994) The Evolution of Grammar Chicago : University of Chicago.

Bolinger,D. (1977) Meaning and Form, London:Longman.

Comrie, B. (1976) Aspect. Cambridge: Cambridge University.

Dahl, ö. (1985) Tense and Aspect Systems. Oxford:Basil Blackwell.

Delancey, S.(2001) The mirative and evidentiality. Journal of Pragmatics33, pp.369-382

Dixon, R. M. W. (2012) Basic Linguistic Theory, vol.3 : Further Grammatical Topics. Oxford University Press.

Givón, T.(1982) Evidentiality and epistemic space. Studies in language. 6-1: pp.23-49

　　　　(2001) Syntax, vol I . Amsterdam: John Benjamins.

Heine. B (2003) Grammaticalization. The Handbook of Historical Linguistics. Blackwell

Hopper,Paul.J.,and Sandra A.Thomson.(1980)"Transitivity in grammar and discourse," Language, 56.

Hopper&Traugott (2003) Grammaticalization. Cambridge: Cambridge University.

Inoue, K. (1982) "AN INTERFACE OF SYNTAX, SEMANTICS,AND DISCOURSE STRUCTURES," Lingua,57. North　Holland Publishing Company.

(1990) "Three Types of Elliptical Sentences in Japanese," in Kamada, O. and Jacobsen, W. (eds.) On Japanese and How to Teach It, The Japan Times.

Jacobsen, W. M. (1992) The Transitive Structure of Events in Japanese, Kurosio Publishers.

Jespersen, O. (1924) The philosophy of grammars, London: George Allen and Unwin.

(1933) Essentials of English Grammar, George Allen & Unwin Ltd, London

Kamio,A. (1979) "On the notion Speaker's territory of information," in Bedell, G., Kobayashi, E.and Muraki,M. (eds.) Explorations in Linguistics: Papers in Honor of Kazuko Inoue, Tokyo: KENKYUSHA.

Kuno, S. (1987) Functional Syntax, The University Chicago Press.

Kuroda,S.Y. (1992) Japanese Syntax and Semantics, Kluwer Academic Publishers.

Lakoff, George. (1987) Women,Fire,Dangerous Things, The University Chicago Press.

((1993)『認知意味論』池上嘉彦・川上誓作他譯 紀伊國屋書店).

Levinson, S. C. (1983) Pragmatics, London: Cambridge.

Lyons,J. (1970) New Horizons in Linguistits.(『現代の言語學』田中春美監譯、大修館書店)

(1977) Semantics II, London: CambridgeUniversity.

M.A.K.Halliday and R. Hasan. (1976) Cohesion in English, London:Longman.

M.A.K.Halliday. (1985) An introduction to Functional Grammar, Edward Arnold.

Mann, W. C. and S. A. Thompson. 1988. Rhetorical Structure Theory. Text 8(3). pp.243 -281.

Martin Haspelmath, Matthew S. Dryer, Davd Gil, Bernard Comrie (eds.) (2005) The World Atlas of Language Structures. Oxford University Press.

Muraki, M. and Koizumi, M. (1989)"Territorial relations and Japanese final particle 'ne'," in Inoue.K.(ed.) Report Territicaland　Empirical Studies of the Properties of Japanese in term of Linguistic Universals Monbusho Grant for Specially Promoted Research (1) No.60060001.

Nakau, M. (1976) "Tense, Aspect, and Modality," in Sibatani, M. (eds.) Syntax and Semantics Vol.5 : Japanese Generative Grammar, Academic Press.

Palmer, F. (1979) Modality and English Modals, London : Longman.

(1986) Mood and Modality, London: Cambridge University Press.

(1990) Modality and Modals, London: Longman.

(2001) Mood and Modality. Cambridge : Cambridge University.

Shopen, T. (ed) (1985) Language Typology and Syntactic Description.Ⅲ. Cambride UP. pp.202-258.

Slobin, D. and A. Aksu. (1982) Tense, aspect and modality in the use of the Turkish evidential. in P. Hopper(ed. 1982.) Tense and Aspect, TSL #1, Amsterdam: J. Benjamins Posner,M.I. (1989) Foundations of cognitive science, The MIT Press.

Shiffrin,D. (1987) Discourse markers, Cambridge University Press.

Sibatani,M. (1985) "Passives and related constructions", Language, 61.

(1990) The languages of Japan, Cambridge University Press.

Stassen, L. (1997), *Intransitive Predication*, Oxford: Clarendon Press.

Taboada, M. and W. C. Mann. 2006. Rhetorical Structure Theory. Discourse Studies. 8(3). pp.423-459.

Traugott, E. C. and B. Heine.(1991) Approaches to GrammaticalizationⅡ. John Benjamins.

▌韓國語文獻

강소영(2004), 명사구 보문 구성의 문법화, 한국문화사.

고영근(1995), 단어, 문장, 텍스트, 한국문화사, pp.259.

고영근(1999), 텍스트 이론, 도서출판 아르케, pp.137-188.

김언주(1996), "'것'의 분포와 기능", 우리말 연구,6집, pp.179-216.

김종복·이승한·김경민(2008), "연설문 말뭉치에서 나타나는 '것' 구문의 문법적 특징", 인지과학, 19-3, pp.257-281.

박나리(2012), "'-는 것이다' 구문 연구", 國語學, 65, pp.251-279.

박소영(2001), "'-ㄴ 것이다' 구성의 텍스트 분석", 한국 텍스트과학의 제 과제, 역락, pp.135-158.

박영순(2004), 한국어 담화·텍스트론, 한국문화사, pp.13-133.

신선경(1993), "'것이다' 구문에 관하여", 國語學, 23, pp.119-158

안인경·강병창(2009), "'한국어 '-ㄴ 것이다' 의 텍스트 기능과 독일어 대응 형식에 관한 병렬코퍼스기반 연구", 언어와 언어학, 46집, pp.85-115.

이해윤·전수은(2007), "텍스트 유형별 비교 구조분석", 텍스트언어학, 23, pp.231-254.

장경현(2010), 국어 문장 종결부의 문체, 역락, pp.218-239.

장미라(2008), "'-은/는 것이다' 구성의 표현문형 설정과 교육방안에 대한 연구", 한국어교육, 20-2, pp.229-253.

조인정(2011), "표현문형 '은/는 것이다' 의 담화기능", 한국어교육, 22-2, pp.329-350.

전혜영(2005), "구어 담화에 나타나는 '-ㄴ 것이'의 화용 의미", 國語學, 46, pp.255-276.

정상철(2007), "無標形式의 무드적 의미에 관한 일고찰", 日本語文學, (35) 韓國日本語文學
會, pp.321-337.

(2012), "한국어 시상법 연구를 위한 몇 가지 제언", 국어학, 63, pp.361-390.

(2013), "명사술어문 과거형의 무도적용법에 관한 연구", 日本研究, 55, pp.233-
252, 한국외대일본연구소

(2014a), "일본어 설명모달리티에 관한 연구", 日本研究, 60, pp.505-523, 한국외대
일본연구소..

(2014b), "인과관계의 「ノダ」설명문에 관한 연구", 日語日文學研究, 91, pp.433-
452. 한국일어일문학회.

(2014c), "비인과관계의 「ノダ」설명문에 관한 연구", 日本語文學, 67, pp.251-
270, 일본어문학회.

(2015), "강조용법의 「ノダ」문에 관한 연구", 日本研究, 64. pp.449-468, 한국외
대일본연구소

(2016), "[-n kesita]의 텍스트기능과 의미", 텍스트언어학, 41, pp.245-267, 텍스트
언어학회.

(2018), 일본어 부정의문문에 관한 연구 -무드적 용법을 중심으로-, 한국외국어지
식출판원.

정상철 외 12명(2020), 『현대일본어 기초문법』, 한국외국어대학교 지식출판콘텐츠원.

▌日本語資料

▶ **小說**

赤川次郎『哀しい殺し屋の歌』實業之日本社文庫　→(哀しい)

『死が二人を分つまで』講談社文庫　→(死)

『死神のお氣に入り』講談社文庫　→(死神)

『やり過ごした殺人』光文社文庫 →(やり過ごし)

『半分の過去』新潮文庫　→(半分)

『いつもの寄り道』新潮文庫　→(いつも)

『僕らの課外授業』角川文庫　→(課外授業)

『復讐はワイングラスに浮ぶ』新潮文庫 →(復讐)

『勝手にしゃべる女』新潮文庫 →(勝手)

『七番目の花嫁』角川文庫　→(七番目)

『卒業』角川文庫　→(卒業)

『十字路』角川文庫　→(十字路)

『畫下がりの戀人達』角川文庫　→(畫)

『セーラー服と機關銃』角川文庫　→(セーラー)

『さびしがり屋の死体』角川文庫　→(さびしがり屋)

『結婚案內ミステリー風』角川文庫　→(結婚)

『三姉妹探偵団 4』講談社文庫　→(三姉妹)

『青春共和國』角川文庫　→(青春)

『吸血氣よ故郷を見よ』集英社文庫　→(吸血氣)

『ハムレット(上・下)』集英社文庫→(ハム)

『泥棒』角川文庫　→(泥棒)

淺田次郎『地下鐵に乗って』講談社文庫　→(地下鐵)

『天國までの百マイル』朝日文庫　→(天國)

井上靖『春の嵐・通夜の客』角川文庫　→(春の)

池波正太郎『男のリズム』角川文庫　→(男)

『梅安針供養』講談社　→(梅安)

石坂洋次郎『寒い朝』角川文庫　→(寒い朝)

市川哲也『名探偵の証明』創元推理文庫　→(名探偵)

五木寛之『白夜の季節の思想と行動』角川文庫　→(白夜)

糸井重里『話せばわかるか』角川文庫　→(話せば)

岩木章太郎『捜査一課が敗けた』立風書房　→(捜査一課)

內舘牧子『クリスマス・イヴ』角川文庫　→(クリスマス)

『ひらり 1、2、3、4』講談社　→(ひらり)

遠藤周作『海と毒藥』講談社　→(海)

『ぐうたら會話集第2集』角川文庫　→(ぐうたら)

片岡義男『ふたり景色』角川文庫　→(ふたり)

川端康成『雪國』新潮文庫　→(雪國)

『山の音』新潮文庫　→(山)

『眠れる美女』新潮文庫　→(眠れる)

北川悦吏子『最後の戀』角川文庫　→(最後)

『ロングバケーション』角川文庫→(ロング)

北　杜夫『惡魔のくる家』新潮文庫　→(惡魔)

金　泰吉『チャンムン』汎友文庫　→(チャンムン)

キムスンオク『無盡紀行』汎友文庫　→(無盡)

邦光史郎『夜の回路』春陽文庫　→(夜の)

光瀬龍『明日への追跡』角川文庫　→(明日)

小松佐京『シナリオ復活の日』角川文庫　→(シナリオ)

笹澤左保『愛人物語』文春文庫　→(愛人)

佐野　羊『二人で殺人を』角川文庫　→(二人で)

　　　　『遠い聲』徳間文庫　→(遠い聲)

柴門ふみ『ＴＶ版シナリオ東京ラブストーリー』小學館　→ (東京)

篠田節子『女たちのジハード』集英社文庫　→(女たち)

島田一男『同心部屋御用帳』春陽文庫　→(同心部屋)

曾野綾子『春の飛行』文春文庫　→(春)

高木彬光『女か虎か』角川文庫　→(女)

　　　　『失踪』角川文庫　→(失踪)

貴志祐介『鍵のかかった部屋』角川文庫　→(鍵)

多岐川恭『氷柱』講談社　→(氷柱)

武者小路實篤『友情』新潮文庫　→(友情)

　　　　　『幸福者』新潮文庫　→(幸福者)

立原正秋『あだし野』新潮文庫　→(あだし)

田辺聖子『返事は明日』集英社　→(返事)

つかこうへい『シナリオ蒲田行進曲』角川文庫　→(蒲田)

筒井康隆『心狸學・社怪學』講談社　→(心狸學)

富島健夫『二人が消えた夜』春陽文庫　→(二人)

西村京太郎『消えたドライバー』角川文庫　→(消えた)

　　　　『EF63形機關車の証言』角川文庫　→(EF)

　　　　『謀殺の四國ルート』角川文庫　→(謀殺)

野島伸司『101回目のプロポーズ』角川文庫　→(101)

　　　　『愛という名のもとに』角川文庫　→(愛)

花登　筐『どてらい男』角川文庫　→(どてらい)

林芙美子『浮雲』新潮文庫　→(浮雲)

東野圭吾『疾風ロンド』角川文庫　→(疾風)

　　　　『夢幻花』PHP研究所　→(夢幻花)

　　　　『容疑者Xの獻身』文芸春秋　→(X)

　　　　『祈りの幕が下りる時』講談社　→(祈り)

　　　　『ナミヤ雑貨店の奇跡』角川文庫　→(ナミヤ)

　　　　『ブルータスの心臓』光文社文庫　→(ブル)

平岩弓枝『日本のおんな』新潮文庫　→(日本の)
深谷忠記『Nの悲劇』光文社文庫　→(Nの悲劇)
松本清張『鬼畜』双葉文庫　→(鬼畜)
　　　　　『事故』文春文庫　→(事故)
　　　　　『水の肌』新潮文庫　→(水の肌)
　　　　　『点と線』新潮文庫　→(点と線)
三浦綾子『氷点(上・下)』角川文庫　→(氷点)
宮島健夫『若葉の炎』春陽文庫　→(若葉)
　　　　　『今夜の花』集英社　→(今夜)
宮部みゆき『人質カノン』文春文庫　→(人質)
森村誠一『棟居刑事の純白の証明』中公文庫　→(純白)
　　　　　『異端者』角川文庫　→(異端者)
　　　　　『花の骸』角川文庫　→(花の骸)
　　　　　『不良社員群』角川文庫　→(不良)
森　揺子『ホテル・ストーリー』角川文庫　→(ホテル)
山口　瞳『考える人たち』文春文庫　→(考える)
三好　徹『風に消えた男』角川文庫　→(風)
結城昌治『炎の終り』角川文庫　→(炎)
　　　　　『魚たちと眠れ』角川文庫　→(魚)
吉行淳之介『子供の領分』角川文庫　→(子供)
　　　　　『夕暮まで』新潮文庫　→(夕暮)
渡辺淳一『病める岸』講談社　→(岸)
和久峻三『裁判官の陰謀』角川文庫　→(裁判官)

▶ シナリオ・小説全集

① シナリオ作家協會編『'90年鑑代表シナリオ集』映人社
旭井　寧・井筒和幸『宇宙の法則』　→(ウチュウ)
一色伸幸『病院へ行こう』　→(ビョウイン)
齋藤　博『さわこの戀』　→(サワコ)
佐藤繁子『白い手』　→(シロイテ)
じんのひろあき『櫻の園』　→(サクラ)
西岡琢也『マリアの胃袋』　→(マリア)
野澤　尚『さらば愛しのやくざ』　→(サラバ)
松岡錠司『バタアシ金魚』　→(バタアシ)

丸內敏治『われに撃つ用意あり』 →(ワレニ)
山田太一『少年時代』 →(ショウネン)

② 『芥川賞全集第十二卷』文藝春秋
尾辻克彦『父が消えた』 →(チチ)
重兼芳子『やまあいの煙』 →(ヤマアイ)
靑野 聰『愚者の夜』 →(グシャ)
高橋三千綱『九月の空』 →(クガツ)
高橋揆一郎『伸予』 →(ノブヨ)
森 禮子『モッキングバードのいる町』 →(モッキング)
吉行理恵『小さな貴婦人』 →(チイサナ)

▌한국어자료

▶ 소설

공지영(2014), 『무소의 뿔처럼 혼자서 가라』, 지식공감 → (무소)
        (2009), 『도가니』, 창비 → (도가니)
김승옥(2004), 『무진기행』, 문학동네 → (무진)
김인숙/박민숙(2012), 『신사의 품격1·2』, 아우름 → (신사)
김중혁(2008), 『악기들의 도서관』, 문학동네 → (악기)
김진명(2010), 『무궁화 꽃이 피었습니다.1·2』, 새움 → (무)
김 훈(2010), 『내 젊은 날의 숲』, 문학동네 → (숲)
노희경(2015), 『세상에서 가장 아름다운 이별』, 북로그 컴퍼니 → (이별)
박범신(2010), 『은교』, 문학동네 → (은교)
이문열(1998), 『우리들의 일그러진 영웅』, 다림 → (영웅)
        (2004), 『사람의 아들』, 민음사 → (사람)
        (2005), 『젊은 날의 초상』, 민음사 → (초상)
정기훈(2012), 『반창꼬』, 박이정 → (반창꼬)

▶ 시나리오

① www.20woo.com
② www.kbs.co.kr/drama/sundaybest/script00090.html
『동갑내기 과외하기』 → (동갑내기)

『초록 물고기』 → (초록)

『넘버 쓰리』 → (넘버쓰리)

『찜』 → (찜)

『키스할까요』 → (키스)

『내 머리속의 지우개』 → (지우개)

『벙어리』 → (벙어리)

『연애의 목적』 → (연애)

『AM』 → (AM)

『강아지』 → (강아지)

『연애시대』 → (연애시대)

『요조숙녀』 → (요조숙녀)

『킬러들의 수다』 → (킬러)

『타짜』 → (타짜)

『각설탕』 → (각설탕)

『동감』 → (동감)

『미술관 옆 동물원』 → (미술관)

『신부수업』 → (신부수업)

『첫사랑』 → (첫사랑)

『불새』 → (불새)

『겨울연가』 → (겨울연가)

『지우개』 → (지우개)

『미안하다 사랑한다』 → (미안)

『사랑따윈 필요 없어』 → (사랑)

『새드 무비』 → (새드)

『계약결혼』 → (계약)

『고독』 → (고독)

『그녀』 → (그녀)

『우편배달』 → (우편배달)

『한강대교』 → (한강)

『내시의 처』 → (내시)

『풀 하우스』 → (풀)

『아름다운 이별』 → (이별)

『수영장에서 만난 그녀』 → (수영장)

『달중씨의 신데렐라』 → (신데렐라)

『마누라가 수상해』 → (마누라)

③ 제6회 94한국방송작가상 수상작품집
『76인의 포로들』 → (76)
『정팔도라는 노인』 → (노인)
『열세 살의 하느님』 → (하느님)
『사과 하나 별 둘』 → (사과)
『육체미 소동』 → (육체미)
『밤 비』 → (밤비)
『왔습니다』 → (왔습니다)
『김형욱 실종 미스터리』 → (김형욱)
『언제나 영화처럼』 → (언제나)
『종 자』 → (종자)
『재야인사 장준하의 죽음』 → (장준하)
『오박사네 사람들』 → (오박사)

④ 제7회 95한국방송작가상 수상작품집
『신문화 백년』 → (백년)
『서울의 달』 → (서울)
『21세기 신한국의 선택』 → (21)
『송성일의 최후의 시합』 → (시합)
『축 복』 → (축복)
『한 강』 → (한강)
『돌아온 영웅』 → (영웅)
『가위 바위 보』 → (가위)
『명태』 → (명태)
『광복의 메아리』 → (광복)
『성교육 제1장』 → (성교육)
『갯벌은 살아있다』 → (갯벌)